心理職のための身につけておきたい生物学の基礎知識

髙瀬堅吉 著

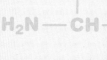

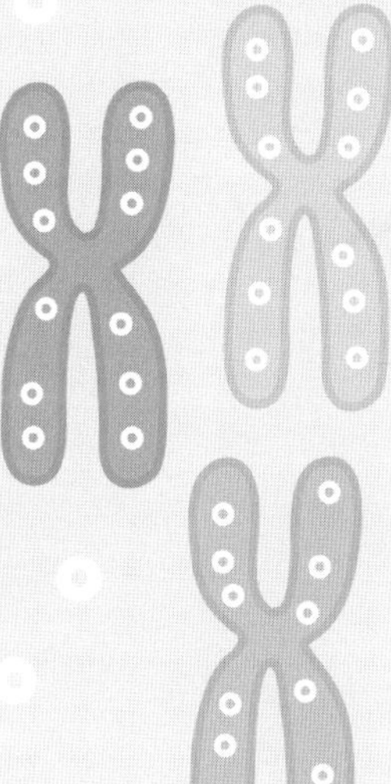

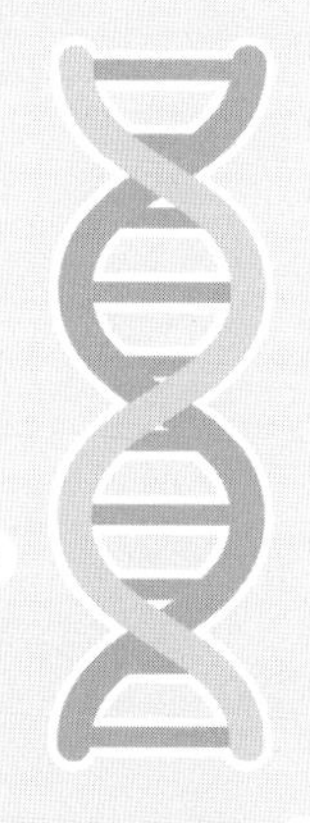

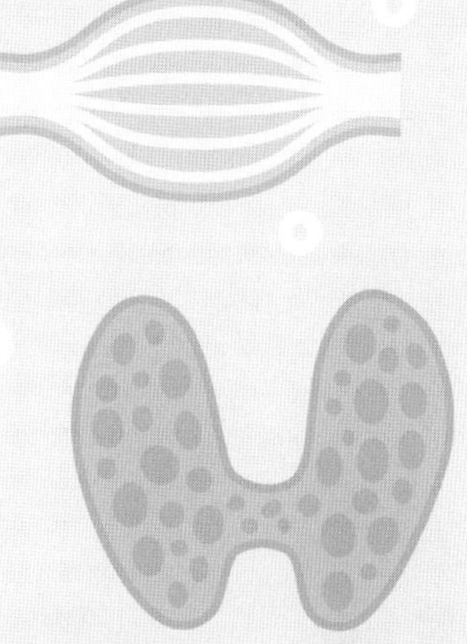

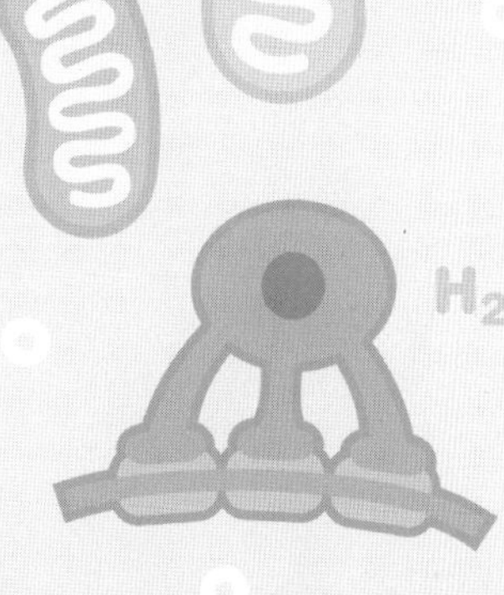

誠信書房

はじめに

2015（平成27）年9月9日に公認心理師法が成立し，日本で初となる心理職の国家資格が誕生しました。公認心理師は，保健医療，福祉，教育，その他の分野において，専門的知識および技術をもって，心理に関する支援を要する人の援助を行う実践家です。現在，心の健康問題は複雑かつ多様化しており，公認心理師が活躍する場は多岐にわたることが想定されます。また，実践のフィールドのみならず，研究のフィールドでも，心理学に対するニーズは多岐にわたっています。ハブサイエンスのひとつである心理学は，さまざまな専門領域と多職種連携，共同研究が展開可能なため，実践家，研究者を問わず，心理職に就く人は多くの知識，技術を身につけることが求められています。

そのなかでも，これからの時代を見据えたときに，心理職に就く人がまず備えるべき知識の最たるものが，生物学の知識です。しかも，ただ生物学を知っているだけでは十分ではありません。目の前で起きていることを，生物学の知識を用いて適切に理解・解釈・分析し，さらに，それを記述・表現して現場で活用する能力を身につけることが重要です。では，なぜ心理職に就く人にとって，このような能力が重要なのでしょうか。

公認心理師の職域は「保健医療，福祉，教育その他の分野」とされています。このなかで，保健医療の現場で飛び交う共通言語は，生物学の言葉が中心です。多職種連携が叫ばれる保健医療の現場で，公認心理師が共通言語を使用できない場合，どのように仕事を展開することが可能でしょうか。さらに，公認心理師は，保健医療の現場で支援対象となる人が抱える問題を，医師，看護師，薬剤師などのスタッフに適切に伝えて，共有することが求められています。逆に，彼らから伝わる情報を受けて，支援対象となる方に，心理師の立場から介入する必要があります。

この情報共有に際し，心の記述を生物学の記述に，生物学の記述を心の記述に変換することも，公認心理師には求められています。そのためには，本書で紹介する知識は最低限，身につけておく必要があるでしょう。

実践だけでなく，研究を行う心理職でも，本書で紹介された知見を身につけておくことは重要です。心理学と生命科学との共同研究が世界的に増加の一途をたどるなかで，日本ではそのような共同研究が推進されていないからです。日本の心理学研究を支える機関は私立大学が主ですが，私立大学における心理学を学ぶ学生の選抜には，生物学が課されていません。これが，日本における心理学と生命科学との共同研究の展開を妨げる，大きな要因となっています。

そこで本書では，このような日本独自の事情を鑑みて，まず基礎となる高校の生物学の知識を紹介し，それを発展させた大学の生物学の知識を次に紹介する，という構成をとりました。そして，できるだけ実際の現場の事例も紹介するように心がけました。

ただ，心に留めておいていただきたいことは，医学，看護学，薬学などの領域では，これよりも遥かに広く，深いレベルで人体の理解が求められており，医師，看護師，薬剤師などは，それを身につけて現場に臨んでいるという点です。そのため，公認心理師を目指す方も，心理学研究者を目指す方も，本書に書かれた内容にとどまらず，人体について学び，現場に出ても多職種と連携できるだけの「心の生物学的基盤」の理解を今後も目指す必要があります。そのファーストステップとして本書を活用していただけたなら，著者としてこれ以上，嬉しいことはありません。

2020年10月

高瀬 堅吉

CONTENTS

第 II 部　個体の構造と機能

第Ⅰ部 細胞の構成と機能

「細胞の構成や機能なんて心理学には関係ない」。そう思いながら，皆さんはこの本を読んでいるのでしょうか。そうだとしたら，その気持ちは私も理解できます。何を隠そう，私も大学で心理学を学ぶ前はそう思っていました。また，大学に入ってからもその思いは変わらず，講義で「心理学が対象とする『心』の基礎は『身体』にあります」と聴いても，正直ピンときませんでした。ただ，その思いが徐々に変化したのは医学部に勤めてからです。いわゆる「現場」を目の当たりにするようになり，心理学を学ぶ際に細胞の構成や機能に関する知識，広くは生物学の知識が必要だと思うようになりました。

私が目の当たりにした「現場」の話は本書の所々で触れるとして，まずは心理学を学ぶ（もしくは現在，心理学に関係したお仕事に就いている）皆さんにとって「生物学を学ぶことは重要である」ということを示すために，心理学が対象とする「心」と「細胞」の直接的な関係を示す事例を紹介したいと思います。

皆さんは**アルツハイマー病**という，認知症を引き起こす病気をご存知でしょうか。アルツハイマー病による認知症は，以下のような特徴を持つ心の病気です。

- 記憶，学習，および少なくとも 1 つ以上の，他の認知領域の低下の証拠が明らかである。
- 着実に進行性で緩徐な認知機能の低下があって，安定した状態が続くことはない。
- 混合性の病因の証拠がない（他の神経疾患，精神疾患，または全身性疾患がない）。

日本は人口に占める高齢者の割合（高齢化率）が他の先進国に比べて極めて高く，65 歳以上の人口が全人口の 21％を超える超高齢社会に，世界に先駆けて突入しました。今後は，医療関係者でなくとも認知症を患った方に出会うことがしばしばあるでしょう。

ここで，今の自分にとって近しい関係の方（親族，友人，医療従事者ならば患者さんなど）が，アルツハイマー病による認知症を発症したという状況を想像してみてください。アルツハイマー病による認知症は，記憶，学習機能が低下するだけでなく，感情や人格も変化します。「まるで今までと違う人になってしまった」，そう思う状況が病状の進行に伴って増えてくるでしょう。

では，どうしてアルツハイマー病にかかった方の心は変化するのでしょうか。その理由は明白です。脳を構成する**神経細胞**という細胞が，著しく減少するからです。細胞の減少が心の変化を生むことは，アルツハイマー病を含む心の病に関する多くの研究を通じて明らかになっています。では，失われた細胞を増やせば良いではないかと思うかもしれませんが，事態はそう簡単にはいきません。それはなぜか，という話は追ってするとして，とりあえず「心」と「細胞」の直接的な関係を示す身近な事例を１つ紹介できました。

仮に，皆さんが心理学や生物学の知識を何も持っていなかったとしましょう。アルツハイマー病にかかってしまった，自分にとって身近な方が示す記憶力，学習能力の低下や，感情，人格の変化を，皆さんはどのように理解するでしょうか。「歳をとると記憶力は低下するし，怒りっぽくなる」などは，経験的に知っているかもしれません。これは，心理学についての知識のない方が持つ，心についての知識や信念であり，**常識心理学**（commonsense psychology）と呼ばれます。

当然のことながら，この常識心理学の知識では，アルツハイマー病にかかった方に「歳をとったのだから仕方ないよ，それに，そんなに怒らないで」という声かけはできても，病状を適切に理解できていないので，回復につながる手助けは何もできません。また，アルツハイマー病は若者でもまれに発症することがあるため，「あいつ，付き合いづらくなったな」とか，「何かストレスがあるのかな」くらいで病気に気づかず，声かけすらしようとしないかもしれません。

このように，人（素人）が他人の行動や自分の行動を説明する際に用いる理論や信念を**しろうと理論**（lay theories）と呼びます。しろうと理論は自分や他人の行動に影響を及ぼすので，その理論が作られる過程や，その理論が行動に与える影響力は心理学の研究対象にもなっています。

では，生物学を含まない心理学の知識を，皆さんが備えていたとしましょう。アルツハイマー病という病名や症状は知っているので，「それ，アルツハイマー病かもしれないよ」ということは伝えられるかもしれません。また，臨床心理学を詳しく学んだ方ならば，低下した記憶や学習機能をサポートする環境調整を行い，さらに，感情や人格の変化に対しても共感的理解を示すことができるかもしれません。ただ，損なわれた機能がどうして戻らないのかなどの点は，生物学の知識がなければおそらく理解はできないでしょう。また，アルツハイマー病にかかった方が医師から処方された薬をなぜ飲まないといけないのかも，きっと十分には理解できないでしょう。

「そんなことがわからなくても，アルツハイマー病にかかった方が示す行動特性（心の様子）がわかれば，理解もできるし手助けもできる」と思うかもしれません。たしかにそうやって貫き通すことも可能なのですが，先に述べた常識心理学やしろうと理論という言葉からもわかるように，人は「わからないこと」に，あれやこれやと想像をめぐらす生き物です。もしかしたら，「今はこういう状態だけど，そのうち回復するかもしれない」という希望的な想像や，「薬が効かないと本人が言っているけど，医師は適切な処方をしていないのではないか」という悲観的な想像まで，「わからないこと」にさまざまな方法で，何も根拠のない自分の考えを適用するでしょう。

この場合，心理学に関するしろうと理論の生成は抑えられても，生物学に関するしろうと理論の生成は抑えられていないので，やはり病状の適切な理解が阻まれ，結果として事態は良い方向には向かいません。つまり，ありがちなしろうと理論は，物事の適切な理解を阻むだけでなく，たとえその事態が改善すべき事柄であったとしても，改善の機会をも逸してしまう可能性をもたらしてしまいます。たとえばアルツハイマー病であれば，しろうと理論が病状の適切な理解を阻んだ場合，早期に治療にとりかかれば症状をある程度に抑えられたものが，それができずに取り返しのつかない状態になることも，おおいに予想されるのです。

生物学の知識は日進月歩の勢いで蓄積されています。たとえば「神経細胞は，出生後は新しく増えることはない」。これは，つい最近までの生物学における常識でした。しかしその後，ある特定の脳の領域では，出生後でも神経細胞が増えることがわかりました。「増えるならば，アルツハイマー病はうまくやれば治せるのではないか」と思うかもしれません。しかし，その量はアルツハイマー病に伴い減少する神経細胞の量と比べると，けっして減少分を補うほどではありません。そこで，治療としてできることは，減少する神経細胞が担っている働きを補う薬を投与することになります。このように，生物学の知識があれば，理性的に自分のなすべきことが導き出せるのです。

現在，米国食品医薬品局では，以下の 4 つの**アルツハイマー病治療薬**を承認しています。

- ドネペジル（日本名：アリセプト®，ドネペジル®）
- リバスチグミン（日本名：イクセロンパッチ®，リバスタッチパッチ®）
- ガランタミン（日本名：レミニール®）
- メマンチン（日本名：メマリー®）

これらの医薬品は，神経細胞と神経細胞の間の情報を伝達する化学物質である**神経伝達物質**をコントロールすることで，減少する神経細胞が担っている働きを補います。その効果として，思考，記憶および発語能力を維持し，行動異常や精神症状の改善にも役立つ可能性があります。しかし，これらの医薬品はアルツハイマー病の病態そのものの進行に変化を与えるものではなく，人によって有効な場合もそうでない場合もあり，また，限られた期間のみしか効かない場合もあるのです。これもまた，生物学の知識があれば，それがなぜなのかが理解できるのですが，そうでなければ理解できずに，独自のしろうと理論をあれこれと作り始めるでしょう。

アルツハイマー病という心の病気を細胞レベルで考えることで，生物学のしろうと理論の生成は抑えられ，病状のより具体的な理解とともに，このあと，アルツハイマー病にかかった方がどのようになるのか，自分はその方に何ができるのかという点をうっすらと見通すことができます。心というかたちのないものの一部は，細胞，ひろくは生物学的理解を伴うと，極めてクリアに見つめることができるのです。また，アルツハイマー病だけでなく，統合失調症やうつ病，自閉症や注意欠陥多動性障害など，現在でも難治とされている精神神経疾患や発達障害は，それらの病状についての生物学的理解が増すと，よりいっそう，自分に何ができて何ができないのかがわかるようになります。

これが，私が医学部に勤めてから「現場」を通じて理解したことになります。すなわち，心の理解を促進するためには，生物学を学んで生物学のしろうと理論の生成を抑える必要があるのです。また，これまで述べたように，ありがちなしろうと理論は，物事が改善すべきものである場合，その機会をも逸してしまうという理由で不適当なのです。

本書ではこの観点に立って，心理学を学ぶ方，もしくはすでに心理学に関係した仕事に就いている方が理解しやすい，人の体に関する生物学の知識を紹介していきたいと思います。まず第 1 章では，身体の最小単位である**細胞**，それを構成する**分子**，さらに細胞が活動するために起きる化学反応（**代謝**）について見ていきましょう。

第1章　細胞

Cell

人の身体は 37 兆個の**細胞**からできているという報告があります。37 兆個，途方もない数です。細胞は身体の場所によって形が異なりますが，基本的な構成は同じです。

第1節　細胞膜

図 1-1 は**細胞**の基本的な構成を示しています。細胞は**細胞膜**と呼ばれる生体膜で包まれています。その内部には生体物質を含む水溶液があり，ここでは後で紹介する**代謝**が起こります。外界から内部を隔てる約 5 ナノメートル（nm）の厚みを持つ細胞膜は，脂質が二重になった層に**タンパク質**が埋め込まれた構造になっていて，細胞膜上のタンパク質は細胞膜を流動的に動きます。釣りをする場面を想像してみてください。竿を垂らした先に浮きがぷかぷかと浮いています。このときの水面が細胞膜で，浮きがタンパク質だとイメージするとわかりやすいかもしれません。

細胞膜の機能は，細胞を取り巻いて内部を保護するとともに細胞の形を維持し，細胞内外の物

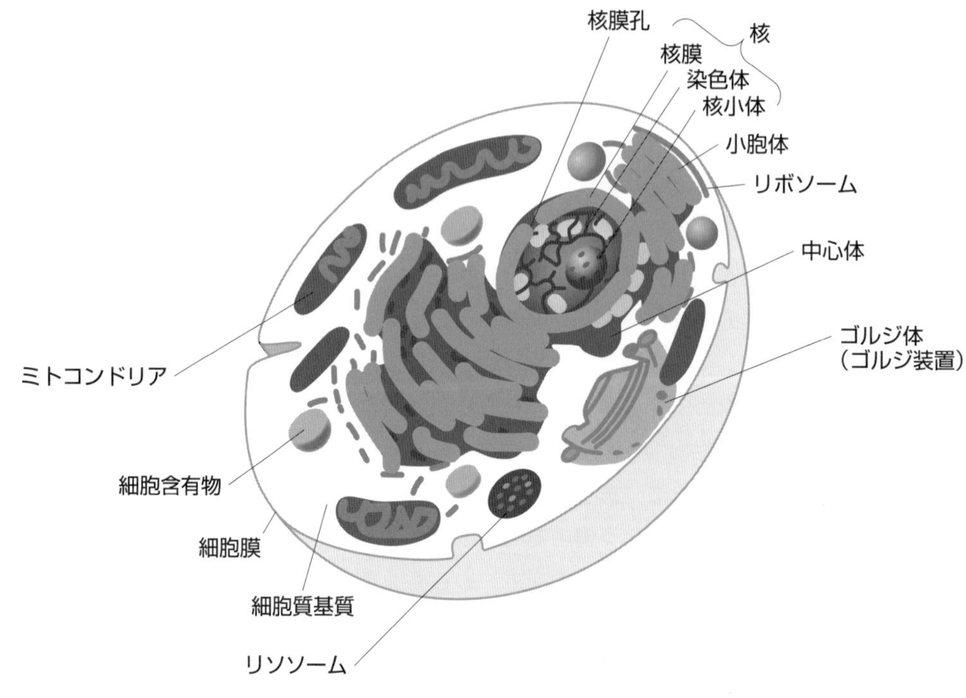

図 1-1　細胞の基本的構成

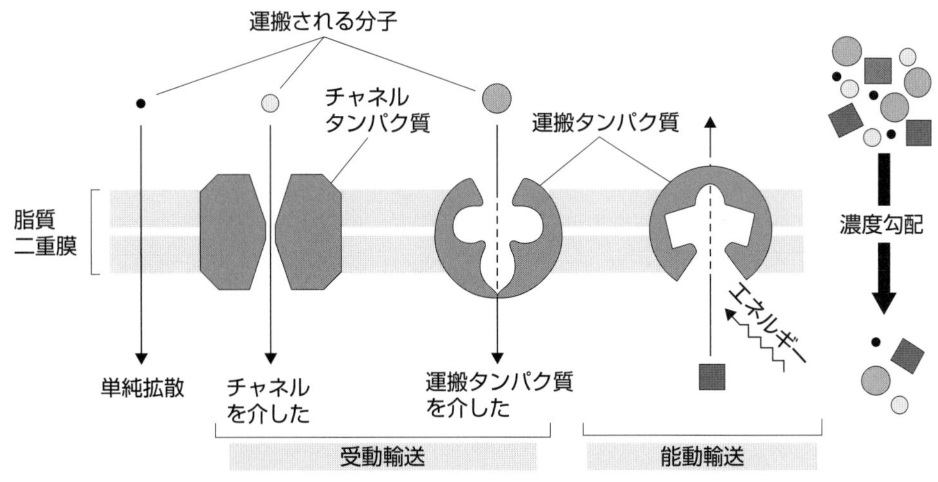

図 1-2　チャネルタンパク質と運搬タンパク質による物質の往来（和田，2006，p. 58）

質の出入りを調節します。特に重要なことは，細胞膜は脂質でできた二重の膜（**脂質二重膜**）なので，イオンや電荷を持った物質が細胞膜を通過できないことです。そのため，特定のイオンや電荷を持った物質を通過させることができるタンパク質が細胞膜に埋め込まれていて，細胞内外の物質の往来を可能にします。このタンパク質は**膜タンパク質**と呼ばれ，膜タンパク質には，イオンの流出入を可能にする**チャネルタンパク質**や，物質の運搬に関わる**運搬タンパク質**があります（図 1-2）。

通常，**疎水性**[＊1]の分子や，**極性**[＊2]のある小さな分子は，濃度勾配[＊3]に従う**単純拡散**によって，脂質二重膜である細胞膜を通過します。つまり，これらの物質は，何もしなくても細胞膜をスーッと通過してしまうわけです。一方，極性のある大きな分子，イオンや電荷を持つ分子は，膜に埋め込まれたチャネルタンパク質や運搬タンパク質によって運ばれます。このとき，**運搬タンパク質が濃度勾配に逆らって運搬するためにはエネルギーが必要になる**ことも，覚えておいてください。

第2節　細胞内小器官

それでは，細胞の内部を見ていきましょう。図 1-1 と照らし合わせながら読み進めてください。細胞の内部には**核**と呼ばれる構造物，さらに多くの構造物が詰め込まれています。これらの構造物は**細胞内小器官**と呼ばれ，それぞれ細胞の活動に必要な機能を担っています。では，それらを順に紹介していきます。

＊1　水に溶解しにくい性質のこと。
＊2　分子内に存在する電気的な偏りのこと。
＊3　濃度の濃淡を意味し，通常，分子は濃い濃度の区画から薄い濃度の区画へと移動する。

1．核

まずは核についてです。核は**核膜**と呼ばれる二重の膜で包まれており，この核膜には**核膜孔**と呼ばれるたくさんの穴が開いていて，核の内部と核の外にある**細胞質基質**をつないでいます。細胞質基質とは，細胞内小器官が浮かぶ液体部分の名称です。核膜に包まれた核の内部には**染色体**があり，ここに親から子に受け継がれる情報（遺伝情報）が収められています。染色体は細胞が分裂する際に観察される構造ですが，ふだんは核の内部にほつれて広がっており，これは**染色質**と呼ばれています。染色質は，細胞分裂が始まると凝集して，染色体になります。核の中には，**核小体**と呼ばれる直径１～３マイクロメートル（ミクロン：μm）程度の構造物もあります。これは後ほど説明するリボソームの原料を作る器官です。

2．小胞体

核以外の細胞内小器官を見てみましょう。すぐ近くに**小胞体**があります。小胞体は細胞質内に網状に存在し，**粗面小胞体**と**滑面小胞体**の２つがあります。粗面小胞体と滑面小胞体の違いは**リボソーム**が付着しているかいないかで，粗面小胞体にはリボソームが付着していますが，滑面小胞体にはそれがありません。

3．リボソーム

リボソームは遺伝情報からタンパク質を作る役割を担っています。作られるタンパク質は，細胞内で利用されるもの，細胞外へ分泌されるもの（分泌性タンパク質），膜に埋め込まれるもの（膜タンパク質）があり，細胞内で使われるタンパク質は小胞体に付着していないリボソーム（遊離リボソーム）で作られ，残りの２つのタンパク質は小胞体に付着しているリボソームで作られます。そして，小胞体に付着したリボソームで作られたタンパク質は，小胞体の中（小胞体腔）に入り，**ゴルジ体**（**ゴルジ装置**）へと送られます。

4．ゴルジ体

ゴルジ体は，分泌性タンパク質や膜タンパク質を，小胞に包んで送り出す働きをしています。ゴルジ体から送り出された小胞は細胞内にとどまり，必要に応じて細胞膜へと移動して，細胞膜と融合します。その際，小胞内部に貯蔵された分泌性タンパク質は，細胞外へと分泌されます。一方，膜タンパク質は小胞の膜に埋め込まれたかたちで細胞膜へと移動し，小胞が細胞膜と融合することで膜タンパク質は細胞膜に埋め込まれます。

5．ミトコンドリア

ミトコンドリアは，内外２枚の膜（**内膜**，**外膜**）から作られています。図 1-3 は図 1-1 に描かれたミトコンドリアを拡大したものです。内膜は，ミトコンドリア内に棒状あるいはヒダ状に張り出していて，この部分は**クリステ**と呼ばれています。ミトコンドリアは２枚の膜から作られているため，外膜と内膜の間に隙間があり，これは**膜管腔**と呼ばれています。また，内膜の内側にもスペースがあり，これは**基質（マトリックス）**と呼ばれています。ミトコンドリアの基質には，ミトコンドリアの独自のDNA（遺伝情報を伝える物質）とリボソームが含まれており，これらを使ってミトコンドリアは自立的に分裂して，数を増やすことができます。

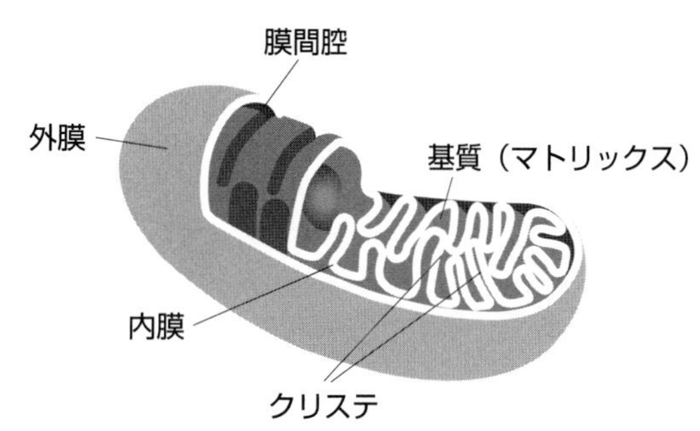

図1-3　ミトコンドリアの構造

ミトコンドリアは細胞の活動に必要なエネルギーを供給する働きをしていて，そのエネルギーは**ATP**（adenosine triphosphate：アデノシン三リン酸）という分子の形で作られ，必要な場所で使われます。

DNAやATPという言葉が出てくると，生物学に対して苦手意識を持つ人は読むのをやめたくなるかもしれませんが，これらは後で詳しく説明しますので，とりあえずDNAは遺伝情報を伝える物質，ATPは身体で使われるエネルギーの物質，くらいに覚えておきましょう。

COLUMN 1

ミトコンドリアは心の病に関係している？

ミトコンドリアは独自のDNAを持っています。このDNAに**変異**（遺伝物質の質的，量的変化および，その変化によって生じる状態）があり，ミトコンドリアが機能異常を起こして組織，臓器レベルでの臨床症状が出る病気を，**ミトコンドリア病**と呼びます。

ミトコンドリア病は，環境因子や薬剤によって後天的に発病することもありますが，60～70％はDNAの異常による先天性であることがわかっています。先天性のミトコンドリア病はいくつかの種類に分かれ，慢性進行性外眼筋麻痺症候群（chronic progressive external ophthalmoplegia：CPEO），MELAS（メラス）（mitochondrial myopathy, encephalopathy, lactic acidosis and stroke-like episodes），MERRF（マーフ）（myoclonus epilepsy associated with ragged red fibers）は，ミトコンドリア病にかかる方の大半を占めます。その他に，NARP（neurogenic muscle weakness, ataxia and retinitis pigmentosa），LHON（Leber hereditary optic neuropathy），Leigh（リー）症候群などもあります。

共通に見られることが多い臨床症状としては，眼瞼下垂（がんけんかすい）（まぶたが十分に開かない状態），外眼筋麻痺（眼球の向きを変える筋肉の麻痺），近位筋萎縮（軀幹（くかん），上腕，大腿部（だいたいぶ）の筋肉の萎縮），心筋障害（心臓の筋肉の機能不全）などの筋症状，視神経萎縮（大脳と眼球とをつなぐ神経の萎縮）や網膜色素変性症（網膜の特定の細胞の広範な変性）などの眼症状があり，感音性難聴（内耳などの感音器と呼ばれる部分の問題で起こる難聴）や糖尿病も，しばしば認められます。

ミトコンドリア病では，精神症状や神経心理学的異常も認められます。それらは意識障害，注意集中障害，気分障害，幻覚，人格変化などさまざまです。この症状の出方はミトコンドリア病の種類によって特徴があり，CPEOでは大うつ病が多く，双極性障害を呈することもあります。また，精神病エピソードや人格変化は，MELASに多く認められます。さらに，Leigh症候群では意識障害をしばしば伴うことも知られています。

ミトコンドリア病では認知機能障害も認められ，抽象的思考，論理的思考，記憶，語の流暢性，構成，計算，注意，遂行機能や視空間性認知などが障害されやすく，最初は限定的な障害であったものが慢性に進行し，認知症に至ることがあります。認知症は MELAS, MERRF などでしばしば見られ，NARP や Leigh 症候群などでは，若年あるいは小児例で知的障害や精神運動退行が認められることがあります。

Fattal ら（Fattal et al., 2017）がクリーブランド・クリニックにおいて，ミトコンドリア病と診断された 36 名について精神疾患の併発を **MINI**（Mini International Neuropsychiatric Interview）を用いて調べたところ，70％がなんらかの精神障害を有しており，生涯罹患率で見ると 54％が大うつ病，17％が双極性障害，11％がパニック障害を有していたそうです。このように，細胞内小器官も心の働きに関わっている事実は，たいへん興味深いことです。

COLUMN 2

ミトコンドリアをテーマにした小説・映画『パラサイト・イブ』

考えてみたら，ミトコンドリアだけが独自の DNA を持っているというのも，不思議なものです。1967 年，Margulis, L. が提唱した細胞の起源を説明する仮説に，「細胞内共生説」があります。この説によれば，その昔，酸素呼吸能力のある細菌が細胞内共生（ある生物の細胞中に別の生物が共生している状態）をして，ミトコンドリアの起源となったと言われています。

そう考えると，私たちの身体を作る細胞は，別の生物に寄生されたまま進化を遂げたと考えることができます。もし，寄生した生物が時を経て，生体の主導権を握るために人体に対して反乱を起こしたとしたら，人類はその脅威にどのように立ち向かえばよいのでしょうか。

このようなテーマをもとに描かれた小説が『パラサイト・イブ』です。作者の瀬奈秀明さんが，執筆当時，大学院博士課程に在籍する研究者だったことでも話題になりました。興味を持たれた方はぜひ読んでみてください。

6．リソソーム

リソソームの中は pH5 前後で酸性化されています。そして，加水分解[＊4]を触媒するさまざまな酵素が含まれており，リソソームは細胞の内外の成分を分解する機能を担っています。つまり，リソソームは細胞内のお掃除屋さんなのです。

このリソソームに機能異常が見られる遺伝性疾患に，**リソソーム病**があります。先ほどの COLUMN 1 に登場したミトコンドリア病と同じように，リソソーム病も精神症状を引き起こすことがわかっています。具体的には，リソソーム病にかかった方には知能低下が認められ，成人でリソソーム病を発症した場合は，精神疾患との鑑別[＊5]で問題になることがあります。リソソームが心の働きに影響を与えることがわかっていれば，知能低下の原因についてもさまざまな可能性を検討することができます。そのように考えると，心理学を学ぶ人にとって生物学の知識は，

＊4　水に反応し，反応したものが分解されて別の生成物が得られる反応のこと。

＊5　症状を引き起こす疾患を絞り込む作業のこと。

やはり必要なものだということがわかります。

7．細胞含有物

図1-1に描かれた細胞含有物は，細胞によって作られた細胞内の貯蔵物質や分泌物質の総称です。細胞含有物としては，液胞内に多量にある水をはじめ，炭水化物，タンパク質，脂肪，有機酸，色素，卵黄物質など，さまざまなものがあります。これについては，第2章「分子」のところで詳しく見ていきましょう。さまざまな細胞含有物は，粒状または結晶状に細胞内に存在するほか，水溶液としても存在します。図1-1の細胞含有物は，脂質が油滴として存在しているものを表しています。

第3節　細胞骨格

さて，いよいよ細胞のつくりや働きについての説明も終盤です。頑張りましょう。最後に，細胞骨格のお話をします。

細胞が一定の形を保つことができたり，細胞分裂を起こしたり，移動したり，あるいは細胞内の細胞小器官の動きを作り出したりするのは，すべて**細胞骨格**が行っています。骨格といっても細胞骨格はタンパク質の線維であり，固くはありません。細胞骨格には**微小管**，**アクチンフィラメント**，**中間径フィラメント**の3種類があります（図1-4）。

1．微小管

微小管は，細胞内の運搬の道筋を作る細胞骨格です。細胞内にはダイニンやキネシンと呼ばれる**モータータンパク質**があります。モータータンパク質は微小管という線路の上を走る運搬車のような働きをして，細胞小器官や小胞などを動かします。微小管は，このような線路の働き以外にも，細胞が分裂する際に染色体を動かす原動力にもなります。

また，**繊毛**（せんもう）や**鞭毛**（べんもう）も，微小管から作られています。繊毛や鞭毛は，細胞表面から突き出た線維状の構造で，細胞が移動する際に働くアンテナやプロペラだと思ってください。細く短く多数生えているものを繊毛，1本だけ長く生えているものを鞭毛と呼びます。

微小管は細胞の中で形成と消失を繰り返します。このとき微小管の形成に中心的役割を果たす細胞小器官は，**中心体**と呼ばれています（図1-1）。

①微小管

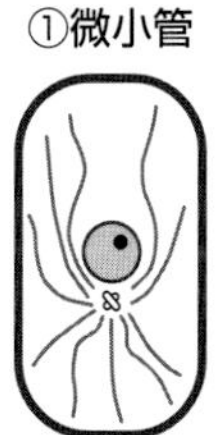

②アクチンフィラメント

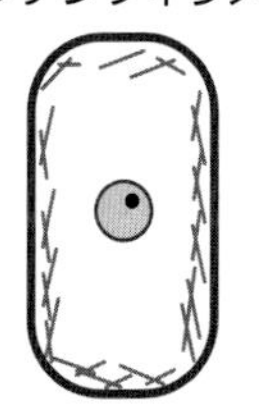

③中間径フィラメント

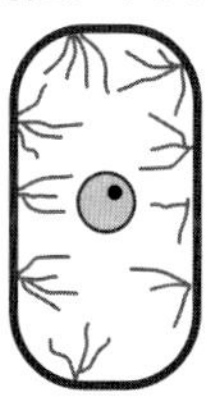

図1-4　細胞骨格の配置（和田，2015，p.69を著者一部改変）

2. アクチンフィラメント

アクチンフィラメントは細胞の表面にたくさんあり，細胞表面の形を変えたり，原形質流動[*6]を起こしたりして，細胞の運動に重要な役割を果たします。また，アクチンフィラメントは細胞分裂の際に細胞質分裂を行うのにも，重要な役割を担っています。ちなみに，個体の行動に必要不可欠な筋収縮では，アクチンフィラメントがモータータンパク質の一種であるミオシンと相互作用しながら，筋収縮を起こします。

3. 中間径フィラメント

中間径フィラメントは，主として細胞の形を保つのに重要です。また，核膜の内側にもあり，核の形を維持する役割も果たしています。

ここまでが，身体の最小単位である細胞の基本的な構成に関するお話です。いかがでしたか，少し難しかったでしょうか。苦手意識があると，１回読んだだけでは頭に入りづらいこともあると思います。ただ，今ここで学んだことは，細胞を１つの街に例えるのならば，その街の中にある施設が何をしているものかを理解したにすぎません。もし，ここまで読んでわかりづらいなと感じた方は，もう一度立ち止まって読み返すことをお勧めします。そして今度は，「街の地図を理解する」くらいの軽い気持ちで読んでみてください。

それでは，「ここまでの話はもう十分に理解できた」という人は，もう少しミクロな世界で身体を見ていくことにしましょう。次は，細胞を構成する分子についてのお話です。

＊6　細胞の内部で，細胞膜を含む細胞質や核を併せた領域が，流れるように動く現象のこと。

第2章　分子

第1節 水

細胞小器官の構造や働きをより深く理解するためには，それらを構成する分子について理解しておく必要があります。生体を構成している分子のなかで，割合が一番多いのは**水**です。ヒトでは70%を占めると言われています。また，生物によっては90%を占めるものもいます。生物が生きていくための生体の活動は，生体を構成する分子間の相互の働きが基本となりますが，その相互の働きを媒介するのが水です。そのため，水の性質を理解することは，細胞の構成と働きを理解するのと同じくらい，心の理解にとって重要なのです。

1．水分子

水は地球上に多く存在する分子ですが，分子というくくりで見てみると，非常に特異な性質を持っています。それは，水分子には電気的な偏り（分極）があり，さらに水分子同士が水素結合によって結合できる点です。

水分子は「H_2O」という分子式で記述されるように，2個の水素原子と1個の酸素原子によって構成されています。これらが水分子となった場合，2個の水素原子はプラスに帯電し，酸素原子はマイナスに帯電しています。そのため，水分子同士がくっつく際には，プラスの水素原子とマイナスの酸素原子がくっつくことになります。これはちょうど「H^+-O^--$\underline{H^+}$-O^--H^+」というような形になり，下線部の水素をはさんで酸素原子がくっつくように見えることから，**水素結合**と呼ばれています。

水素結合はくっつく力としては弱いため，簡単に結合が作られたり壊れたりします。そのため，水は分子量が小さいにもかかわらず，物質のねばりの度合い（粘性）が極めて高く，また沸点も氷点も他の物質に比べて高いという特徴を備えます。生体では，水分子を構成するプラスの水素原子とマイナスの酸素原子が，後から説明するタンパク質分子などの表面の電荷を帯びた原子と水素結合を作るので，水は電荷を帯びた分子を溶かすための良好な溶媒となるのです。

Column 3

心の病と水中毒

水中毒はその名のとおり，水に対して中毒症状を示す現象です。中毒とは，生体に対して毒性を持つ物質が許容量を超えて体内に取り込まれることにより，生体の正常な機能が阻害されることを指します。すなわち水中毒は，水がたくさん取り込まれた結果，生体の正常な機能が阻害される現象を指します。先ほど，水は生体の働きにとって重要だと説明しましたが，だからといって取りすぎも良くないのです。

そして，不思議なことに，この水中毒が心に病を抱えた精神疾患の患者さんにしばしば見られるとの報告があります。過剰の水分摂取は，軽症では疲労感，頭痛，嘔吐，浮腫を引き起こし，重症では脳浮腫による痙攣（けいれん），錯乱，意識障害や，肺水腫やうっ血性心不全等の身体障害を起こし，死に至ることもあります。人間の腎臓が持つ最大の利尿速度が，16 mL／分であるため，これを超える速度で水分を摂取すると，体内に水分が過剰になって細胞が膨化してしまい，それが原因となってさまざまな症状が出てしまうのです。

では，どうして精神疾患の患者さんに水中毒が多いのでしょうか。1つの原因として，向精神薬の副作用による口渇，それに伴う飲水の習慣化が挙げられます。また，精神疾患の病態（不安，焦燥，幻覚，妄想など）から飲水が習慣化して多飲傾向となったり，向精神薬の長期使用によって利尿を抑制するホルモンの分泌が促進されることも，原因として挙げられます。

水中毒の治療は，腎機能に問題がなければ水分制限が基本です。ただし，腎機能に問題がある場合は，別の治療法が適用されます。ヒトでは体の70％を水が占めるので，体内の水分量が体の機能に影響を及ぼすことは理解できますが，そもそも体には水分量のバランスを保つための機能が備わっています。心の病は，そのような生体のバランス調節機能も乱し，水への中毒症状につながる行為を誘発してしまうのです。

2．その他の分子

水以外に生体を構成する基本的な要素として，**タンパク質**，**核酸**，**多糖類**，**脂質**があります。これらの分子は，脂質を除いて，すべて**ポリマー**（重合体）として生体内に存在します。

ポリマーとは，**モノマー**（単量体）が**共有結合**[*7]して作られた，大きな分子のことを指します。たとえば，ポリ袋という言葉を皆さんも聞いたことがあると思います。このポリ袋の正式名称はポリエチレン袋で，このポリエチレン袋の素材となるポリエチレンは，エチレンというモノマーが結合したポリマーです。そのため，ポリエチレンと呼ばれています。

生体を構成するポリマーは，ポリマーに作用するモノマーとの間で，水が取れて共有結合したり，水が加わってポリマーが分解されたりします。前者は**脱水縮合**，後者は**加水分解**と呼ばれています。ここで登場した，ポリマー，モノマー，そして脱水縮合，加水分解という言葉は，これ以降も出てくるので覚えてください。

それでは，生体を構成する要素である，タンパク質，核酸，多糖類，脂質について，それぞれ順に見ていきましょう。

＊7　原子間での電子対の共有を伴う化学結合で，結合の力は非常に強い。

タンパク質

1．アミノ酸の構造

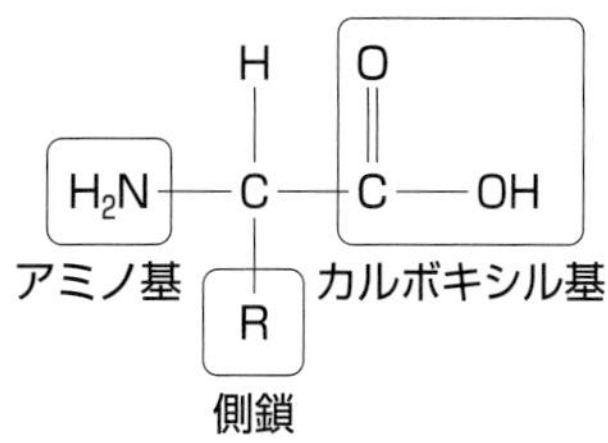

図 2-1　アミノ酸の構造式

タンパク質はアミノ酸をモノマーとするポリマーです。アミノ酸の中心は炭素原子Cで，ちょうど正四面体の重心にCがあり，各頂点に向かって4本の手が伸びている格好をしています。これを平面的に描くと，図 2-1 のような構造式になります。

4本の手のうち2本には，**アミノ基**と**カルボキシル基**がそれぞれ結合しています。急にアミノ基やカルボキシル基という化学用語を出されると，アミノ基って何？　カルボキシル基って何？と戸惑うかもしれません。とりあえず，水素原子2個，窒素原子が1個から構成される H_2N という分子がアミノ基，と覚えてください。また，COOH がカルボキシル基，と覚えてくれれば大丈夫です。これらも詳細に理解できるに越したことはないのですが，本書は「心の適切な理解に足るレベルの生物学の理解」を目的としているので，アミノ基とカルボキシル基についての詳しい説明は省くことにします。

話を戻しましょう。炭素原子から伸びている4本の手のうち2本には，アミノ基とカルボキシル基がそれぞれ結合しています。残りの手のうち1本には水素原子Hが結合し，もう1本にはアミノ酸の種類によってさまざまな分子群が結合します。これを**側鎖**と呼びます。アミノ酸の基本構造は，側鎖以外は共通で，側鎖は全部で 20 種類あることがわかっています。つまり，アミノ酸は 20 種類あるわけです。図 2-2 は 20 種類のアミノ酸の構造式を示しています。

さて，このアミノ基とカルボキシル基は，酵素の働きによって脱水縮合することができます。この脱水縮合による結合を，**ペプチド結合**と呼びます。図 2-3 は2つのアミノ酸のペプチド結合を表しています。R1 の側鎖を持つアミノ酸のカルボキシル基の OH と，R2 の側鎖を持つアミノ酸のアミノ基の H が，水を形成して外れ（脱水縮合），2つのアミノ酸はペプチド結合します。

隣り合ったアミノ酸が，次々とペプチド結合して鎖状につながったものを，**ペプチド**と呼びます。また，ペプチドに組み込まれたアミノ酸を，**残基**と呼びます。残基が2個のものを**ジペプチド**，3個のものを**トリペプチド**，4個のものを**テトラペプチド**などと言い，残基が 10 個以下のものを**オリゴペプチド**，多数つながれば**ポリペプチド**などと呼んでいます。そして，およそ 50 個以上つながった長いペプチドが，**タンパク質**です。タンパク質がアミノ酸をモノマーとするポリマーだということは，すでにお伝えしました。長い鎖をタンパク質だとすると，この1つ1つの鎖の輪がアミノ酸というわけです。ただ，この鎖は一直線に長い形で存在しているわけではないのです。次は，タンパク質の構造についてお話ししていきます。

2．タンパク質の一次構造

アミノ酸の並びを一列に表現したものを，タンパク質の**一次構造**と呼んでいます。図 2-4 はタンパク質の一次構造を示しています。一番左にある Ala は，アラニンと呼ばれるアミノ酸です。

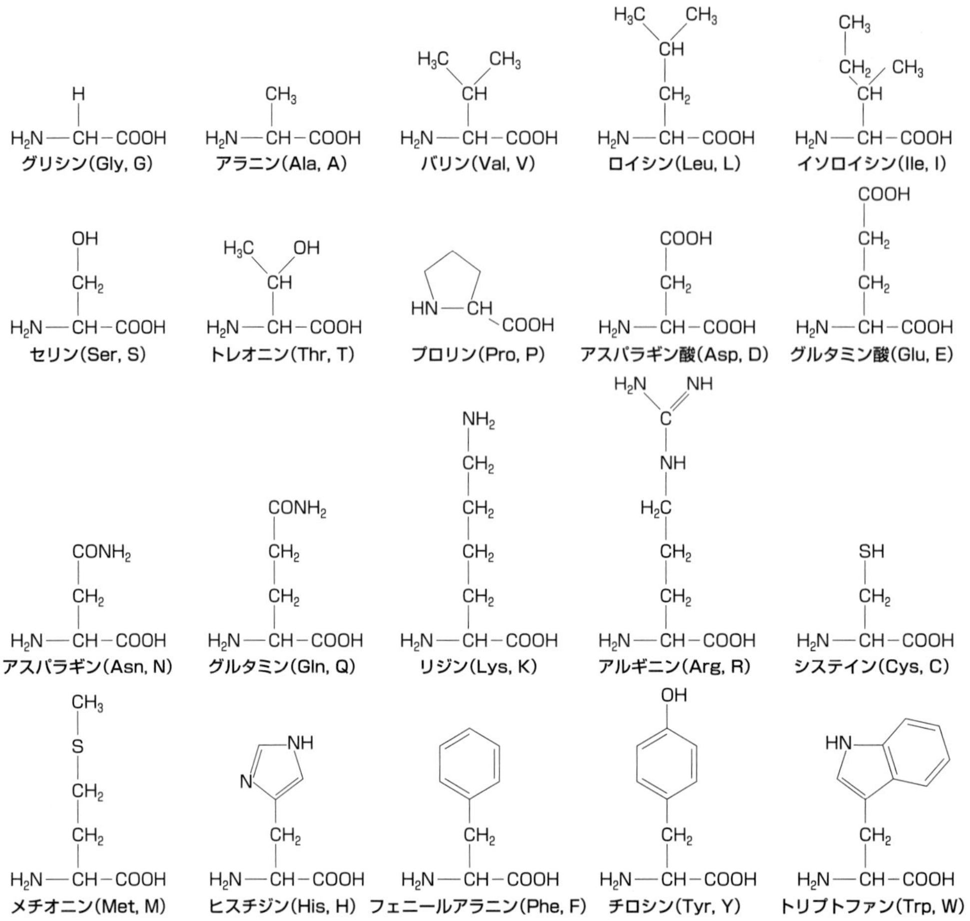

グリシン(Gly, G)　アラニン(Ala, A)　バリン(Val, V)　ロイシン(Leu, L)　イソロイシン(Ile, I)

セリン(Ser, S)　トレオニン(Thr, T)　プロリン(Pro, P)　アスパラギン酸(Asp, D)　グルタミン酸(Glu, E)

アスパラギン(Asn, N)　グルタミン(Gln, Q)　リジン(Lys, K)　アルギニン(Arg, R)　システイン(Cys, C)

メチオニン(Met, M)　ヒスチジン(His, H)　フェニールアラニン(Phe, F)　チロシン(Tyr, Y)　トリプトファン(Trp, W)

図 2-2　20 種類のアミノ酸の構造式

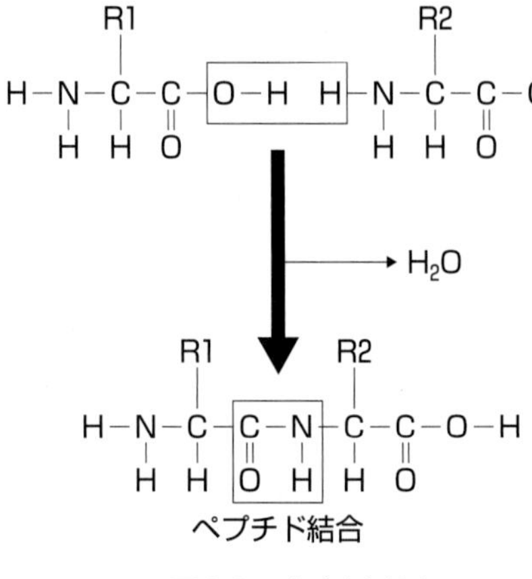

H_2O

ペプチド結合

図 2-3　ペプチド結合

ポリペプチド鎖のアミノ酸配列

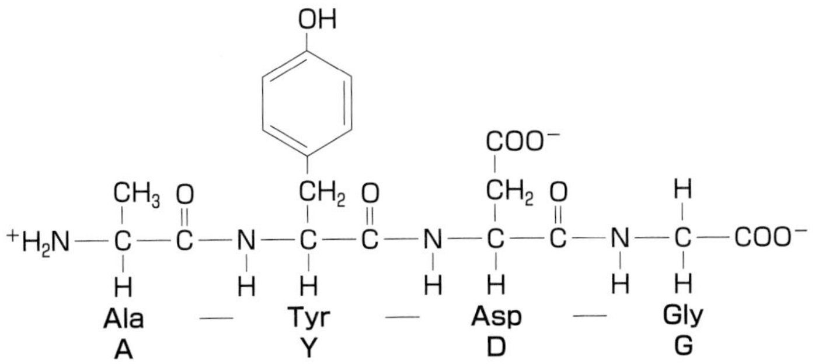

OH
COO⁻
CH3 O　CH2 O　CH2 O　H
$^{+}H_2N$—C—C—N—C—C—N—C—C—N—C—COO⁻
H　H H　H H　H H
Ala — Tyr — Asp — Gly
A　Y　D　G

図 2-4　タンパク質の一次構造

最も簡略的に示す場合は A と書きます。このアミノ酸の名称と略記については図 2-2 を参照してください。

図 2-4 では，アラニン，チロシン，アスパラギン，グリシンというアミノ酸の並びを，一列に表現しています。この書き方にはルールがあって，左側にアミノ基を，右側にカルボキシル基を書くことになっています。アミノ基が H_2N なので，左側は**N末端**とも呼ばれます。また，カルボキシル基は COOH なので，こちらは**C末端**とも呼ばれています。ペプチド結合は，はじめのアミノ酸のC末端と，次につながるアミノ酸のN末端で起こります。そのため，アミノ酸に番号を振る際は，N末端からC末端方向へ振っていくことも，書き方のルールとなっています。

ここで，図 2-2 で紹介したアミノ酸が全部で 20 種類あったこと，その 20 種類は側鎖の種類であったことを思い出してください。側鎖は大きさが異なるだけでなく，水に溶けやすい性質のもの（**親水性**）と，溶けにくい性質（**疎水性**）のものがあります。この 20 種類のアミノ酸の並び方と各アミノ酸の性質によって，できあがるタンパク質全体の形と性質が決まってくるのです。

3．タンパク質の二次構造

次はタンパク質の二次構造についてです。図 2-5，図 2-6 を見てください。それぞれ，**αヘリックス**，**βシート**と呼ばれる，タンパク質の二次構造が描かれています。ヘリックスとは，らせんを意味します。つまり，αヘリックスとは，タンパク質のらせん状の構造を指します。βシートのシートとは，薄くて広いもので，敷いたりかぶせたりするあのシートと同じ意味です。つまり，βシートとは，タンパク質のシート状の構造を指します。

では，なぜこのような構造をタンパク質はとるのでしょうか。ペプチド結合を作っている CO と NH は，O がマイナスに帯電し，H がプラスに帯電しているため，両者の間に水素結合を作ることができます。この水素結合によって形成される，部分的かつ規則的な繰り返し構造が，タンパク質の**二次構造**（αヘリックス，βシート）を作り出します。

αヘリックスは，あるアミノ酸の NH の水素原子が，３つ先のアミノ酸の CO の酸素原子と水素結合を作ることで，らせん構造をとります。タンパク質を模式的に表す際に，αヘリックスは図 2-5 の右に示したようにリボン状に描いたり，円筒で示したりします。βシートは，ポリペプ

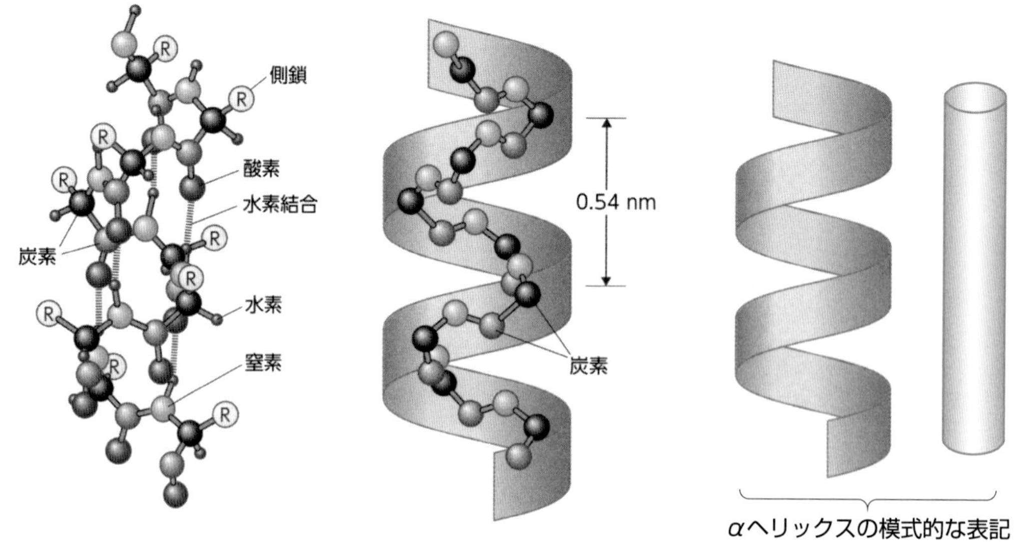

図 2-5　αヘリックス（和田，2006，p. 46）

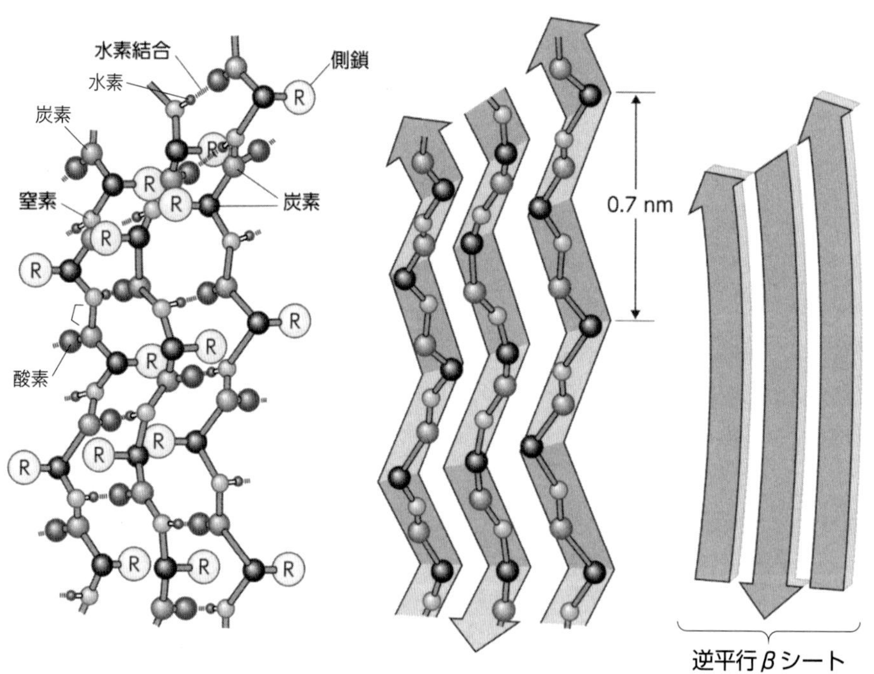

図 2-6　βシート（和田，2015，p. 58）

チド鎖が伸びた構造で，隣り合った鎖の間で水素結合が形成されます。そのため，シート状の広がりのある構造になります。これには，隣り合うポリペプチド鎖の向きが反対の逆平行βシートと，同じ向きの平行βシートがあります（図2-6）。

二次構造を作るかどうか，作った場合にαヘリックスとなるかβシートとなるかは，側鎖の種類と並び方によって決まります。

4．タンパク質の三次構造

タンパク質は，αヘリックスやβシートのみで作られるわけではなく，両者とそれをつなぐ無定形の部分が存在し，全体として立体的な構造をとることがわかっています。これがタンパク質の**三次構造**です。図2-7はβアミラーゼと呼ばれるタンパク質の三次構造を示しています。

三次構造は，親水性の側鎖が分子の表面に位置しようとする力，疎水性の側鎖が分子の内側に位置しようとする力，さらに分子間で相互に作用する力によって作られることがわかっています。三次構造は立体構造であるため，タンパク質の表面にはでっぱりや凹みができます。また，配列上は離れていたアミノ酸が立体構造をとることで近づき，それがタンパク質に機能を持たせる重要な部位となることもわかっています。そのため，熱などによって立体構造が壊れると，その機能が失われることがあります。

5．タンパク質の四次構造

ここまで，タンパク質の一次構造から三次構造までを紹介しました。これらはすべて，N末端からC末端までの一続きのポリペプチド鎖だったことを思い出してください。つまり，立体構造をとったとしても，それを解けば1本のアミノ酸の連なりなのです。このようなポリペプチド鎖が三次構造をとり，複数の三次構造の集合体が非共有結合によって作られる場合があります。これがタンパク質の**四次構造**です（図2-8）。

この四次構造では，それを作る個々のポリペプチド鎖（つまり三次構造）を，**サブユニット**と

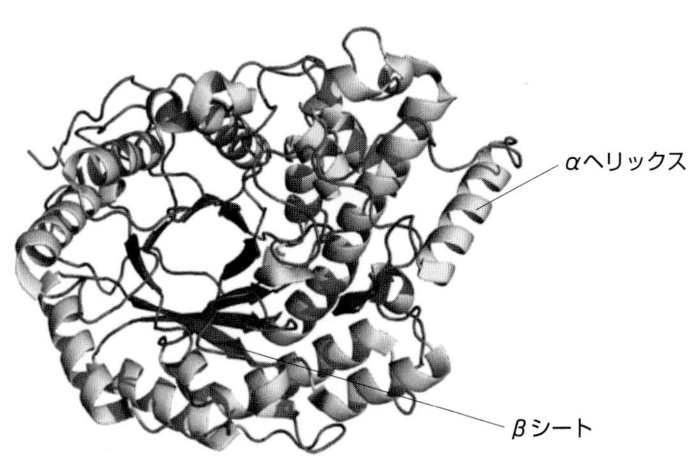

図2-7　タンパク質（βアミラーゼ）の三次構造

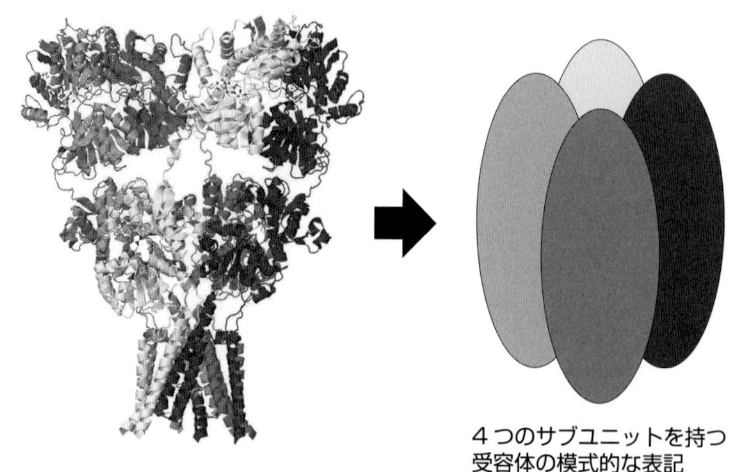

４つのサブユニットを持つ
受容体の模式的な表記

※各色はサブユニットを表している。

図 2-8　タンパク質（グルタミン酸受容体）の四次構造

呼びます。四次構造を作ることで，タンパク質はさらに複雑な形をとることができ，新たな機能を獲得することができるのです。

第3節　核酸

1．核酸の構造

核酸は，**ヌクレオチド**をモノマーとするポリマーです。ヌクレオチドは，**五炭糖**，**リン酸**，**核酸塩基**からできています。五炭糖とは，炭素原子Cが5個ある糖のことで，**リボース**あるいは**デオキシリボース**があります（図 2-9）。

炭素原子Cは，構造式を書く際には省略され，それぞれ番号が付加されます。図 2-9 のリボース，デオキシリボースでは，右端のCが1となり，あとは時計回りに5まで付けられています。それぞれ**1′末端**，**2′末端**，**3′末端**，**4′末端**，**5′末端**と表記されることを覚えておいてください。どうして「′（プライム）」が付くのかというと，核酸の場合，核酸塩基にも炭素原子があり，

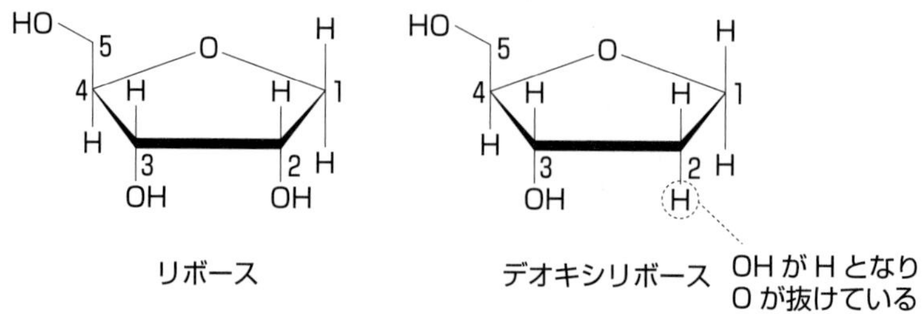

図 2-9　リボースとデオキシリボース

ここにすでに番号が付けられています。そのため，核酸塩基の炭素原子に付けられている1と，リボースまたはデオキシリボースの炭素原子に付けられている1とを区別するために，五炭糖の炭素の番号には「′（プライム）」をつけます。なお，図2-9はリボースまたはデオキシリボースそれぞれを単独で示しているため，「′（プライム）」を付けていません。

リボースとデオキシリボースの違いは図2-9に示されているように，リボースの2′末端OHが，デオキシリボースだとHになっている点にあります。核酸には**デオキシリボ核酸（DNA）**と**リボ核酸（RNA）**があり，DNAではデオキシリボースが，RNAではリボースが核酸を構成する材料として用いられています。それでは，まずはDNAについて詳しく見ていきましょう。

2．デオキシリボ核酸（DNA）

DNAにもアミノ酸の場合と同じように，共通の骨格があります。DNAの場合，共通の骨格はデオキシリボースとリン酸から作られ，この共通骨格のデオキシリボースの部分から，核酸塩基が飛び出した形をしています。リン酸と核酸塩基は，それぞれ，核酸を構成する物質名くらいで理解しておいてください。図2-10は，共通骨格であるデオキシリボースとリン酸に付く核酸塩基を示しています。核酸塩基は1′末端から出ています。この核酸塩基は，**アデニン（A）**，**グアニン（G）**，**シトシン（C）**，**チミン（T）**の4種類があり，それぞれ略称でA，G，C，Tと記されることのほうが多いです。

図2-10に示したようなDNAの連なりを「一本鎖（いっぽんさ）」と呼びます。また，通常，生体ではDNAは二本鎖で存在し，さらにその二本鎖はらせん構造をとることもわかっています。これは**二重らせん構造**と呼ばれています（図2-11）。DNAが二本鎖になる場合，核酸塩基同士が水素結合し，AはTと，GはCと組み合わせを作ることが，DNAの構造上の法則となっています。

それでは，DNAの構造がわかったところで，次はその働きについて見ていきましょう。

DNAには遺伝情報を保持する働きがあります。たとえば，私たちの髪の形状や瞳の色といっ

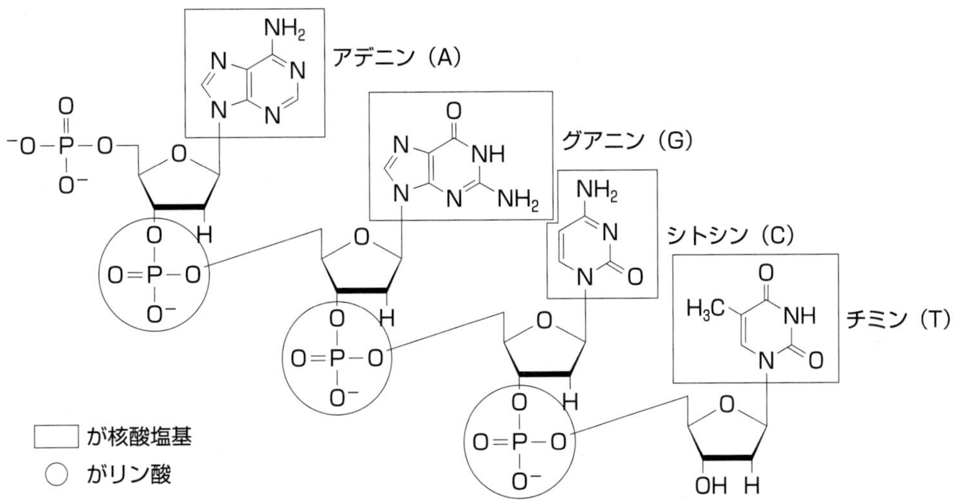

図2-10　共通骨格のデオキシリボースとリン酸に付く核酸塩基

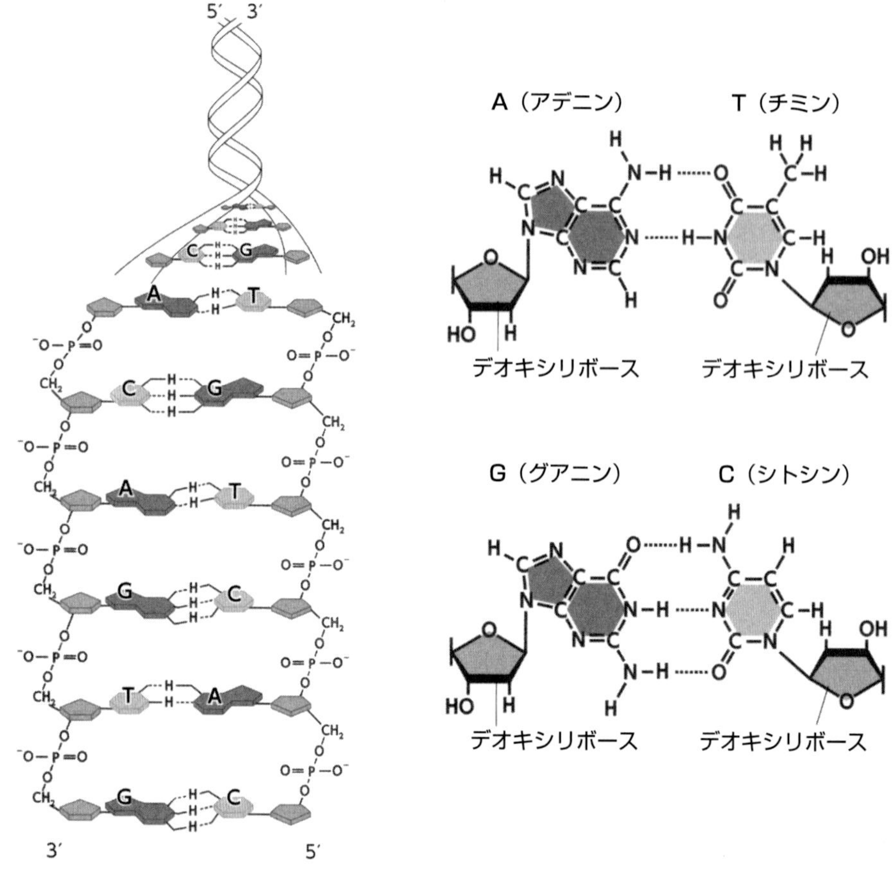

図 2-11　二本鎖 DNA の二重らせん構造（和田，2015，p. 61）

た形質が親から子へと伝わることは，皆さんもご存知だと思います。このような現象が**遺伝**です。そして，この遺伝に関する情報が遺伝情報と呼ばれ，遺伝情報を保持するものが**遺伝子**です。遺伝子が細胞の核の中の糸状構造である染色体（6 頁参照）に存在することが明らかになったのは，20 世紀初頭のことでした。現在では，哺乳類は 2 対の染色体を種固有の数だけ持っていて，ヒトの場合は 23 対あることがわかっています。この染色体は，先ほど紹介した二重らせん構造の DNA が，**ヒストン**と呼ばれるタンパク質に巻き付き，それが束を形成することで形を成します（図 2-12）。

3．メッセンジャー RNA（mRNA）

遺伝情報は，タンパク質の合成というかたちで，親から子へと受け継がれます。タンパク質を合成する際，二本鎖の DNA は一本鎖となり，露出した（つまり，AT もしくは GC の組み合わせを作っていない）核酸塩基に RNA が結合して，**メッセンジャー RNA（mRNA）**が作られます。DNA にはタンパク質の情報を保有する部分と，そうでない部分の両方が含まれるため，mRNA は**スプライシング**と呼ばれる過程で，タンパク質を合成するための情報を保有しない部分を取り

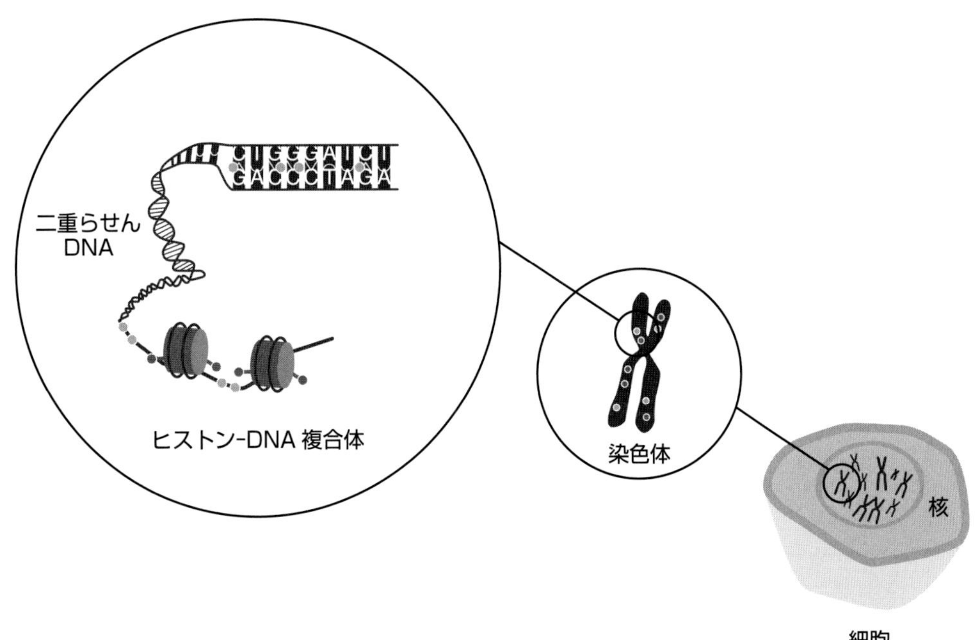

図 2-12　染色体の構成

除きます。

mRNA は，3つの塩基で1つのアミノ酸を作ります。そして，作られたアミノ酸が次々とペプチド結合することで，タンパク質が作られます。このDNA から mRNA が作られる過程を**転写**，そして mRNA からタンパクが作られる過程を**翻訳**と呼びます（図 2-13）。

ここまで読むと，ぼんやりとイメージできると思いますが，DNA は生涯にわたるタンパク質合成の過程を担っており，親から子への情報伝達の役割を担うというよりは，むしろ身体の設計図と考えたほうが理解しやすいです。

COLUMN 4

心と遺伝

心理学の初期の論争に，**遺伝-環境論争**（nature-nurture debate）があります。20 世紀前半の心理学は行動主義が席巻し，この時代の心理学者のほとんどが，行動は環境の影響によって成立すると考えていました。このような考え方は「環境主義」と呼ばれています。

しかし，心理学者のトライオン（Tryon, 1934）が**選択交配実験**（selective breeding experiment）をラットの迷路走行に絞って行い，学習能力は選択的に育てられることを示して環境主義に一石を投じました。トライオンはさらに**交差里親コントロール実験**（cross-fostering control experiment）も行い，遺伝以外の方法で学習能力が親から仔へ伝わった可能性も検討しました。その結果，迷路が得意な家系の仔を迷路が不得意な家系の親に育てさせても，迷路得意家系の仔の成績は良く，逆に迷路が不得意な家系の仔を迷路が得意な家系の親に育てさせても，迷路不得意家系の仔の成績は悪いままでした。

このトライオンの研究を皮切りに，多くの選択交配実験で行動と遺伝子，広くは心と遺伝子の関係を明らかにする試みがなされました。そして，心の発達は，遺伝子によって多分に調節されることが明らかとなったのです。

しかしその後，クーパーとズベック（Cooper & Zubek, 1958）は，心に与える遺伝子と環境の相互作用を示す極めて重要な研究を行いました。彼らは迷路が得意または不得意な家系のラットを，通常の飼育ケージ（貧環境），またはケージ内にトンネル，立体交差，看板などの環境刺激を置いた飼育ケージ（豊環境）で育てました。その結果，貧環境で育てられた場合にのみ，迷路が不得意な家系のラットは，迷路が得意な家系のラットよりも迷路学習の成績が悪いことが示されました。つまり，心の発達は遺伝子によって調節されるのですが，早期環境刺激はこの遺伝子の悪影響を克服することができたのです。

現在では，遺伝子を改変する技術が登場し，遺伝子改変動物を対象とした行動解析実験が行われ，心と遺伝子の関係に関する知見のさらなる集積が進んでいます。

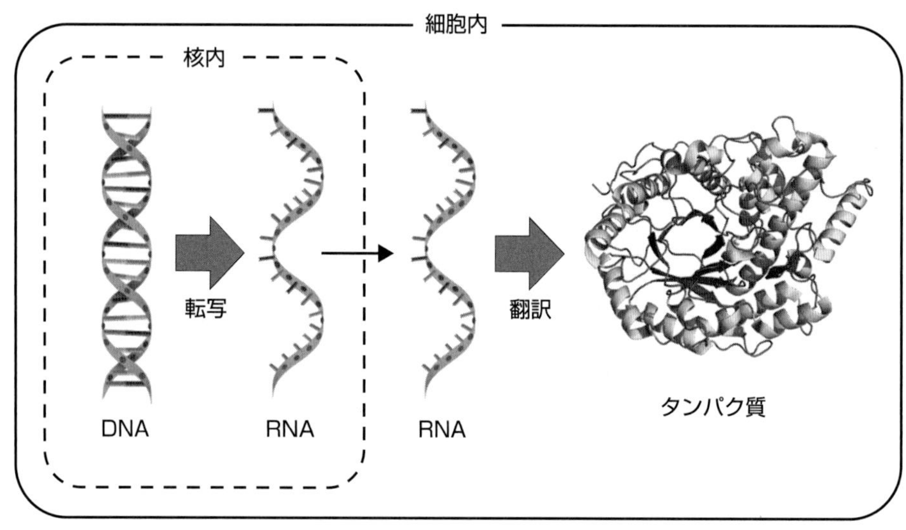

図 2-13　転写および翻訳の過程

第4節　糖質・脂質

1. 糖　質

低糖質ダイエットという言葉を聞いたことがあると思います。その代表的な方法は，食事から炭水化物（お米，パスタ，麺など）を抜くものです。炭水化物は，糖質と食物繊維からできています（表 2-1）。**糖質**は**単糖（類）**をモノマーとした生体物質です。2つの単糖が脱水縮合したものが**二糖類**，少数の単糖が縮合したオリゴ糖，多数の単糖が縮合した**多糖類**に分けることができます。

表 2-1 炭水化物，糖質，食物繊維

<table>
<tr><td rowspan="5">炭水化物</td><td rowspan="3">糖質</td><td rowspan="2">糖類</td><td>単糖類</td><td>ブドウ糖・果糖など</td></tr>
<tr><td>二糖類</td><td>ショ糖・乳糖・麦芽糖など</td></tr>
<tr><td colspan="2">多糖類</td><td>でんぷん・グリコーゲンなど</td></tr>
<tr><td rowspan="2">食物繊維</td><td colspan="3">水溶性食物繊維</td></tr>
<tr><td colspan="3">不溶性食物繊維</td></tr>
</table>

単糖類には，グルコース（ブドウ糖），フルクトース（果糖），ガラクトースがあり，二糖類にはスクロース（ショ糖），ラクトース（乳糖），マルトース（麦芽糖）などがあります。また，多糖類には，ブドウ糖が多数結合したでんぷんや，グリコーゲンがあります。これらは，いずれも炭素原子Cが6個の六炭糖で，主に生体のエネルギーとして使用されます。

低糖質ダイエットに効き目があるのは，身体へのエネルギーの供給を止めるためです。エネルギーの供給が絶たれた身体は，脂質からエネルギーを供給するようになるため，結果として脂肪が減少し，痩せるわけです。言われてみれば当たり前のことなのですが，糖質を避ければ食べても太らないという点が，従来の絶食ダイエットと比べると新鮮に映ったのかもしれません。

この糖質について，リボースやデオキシリボースは五炭糖で，同じ糖でも核酸の材料に用いられていたことを改めて思い出しましょう。同じ糖でも使われ方が異なるのです。また，食物繊維には水に溶ける水溶性のものと，溶けない不溶性のものがあることも，ついでに覚えておきましょう。

2. 脂 質

生体を構成する基本的な要素として，水，タンパク質，核酸，糖類について話してきました。最後は**脂質**です。脂質は，生物から単離される水に溶けない物質の総称だという考え方があります。そのため，特定の化学的，構造的な性質ではなく，その物質の溶解度によって定義する場合があります。脂質の役割としては，エネルギー源になるほかに，細胞膜の重要な材料になります（5頁「脂質二重膜」参照）。

第3章　代謝

ここまで，身体の最小単位である細胞，それを構成する分子について見てきました。第Ⅰ部の最後は，細胞が活動するために起きる化学反応，すなわち代謝について見ていきましょう。

人が生きていくためには，食物からいろいろな栄養分を取り出し，それらを利用しなくてはいけません。栄養分は生体を構成する基本的な要素に対応し，水，タンパク質，糖質（炭水化物），脂肪がそれに該当します。飲食したものは，いずれも消化器系によって消化され，モノマーにまで分解されて吸収されます。これらの栄養分のうち，特にタンパク質，炭水化物，脂肪は**三大栄養素**と呼ばれています。これらは身体を作る分子ですから，それを取り込んで身体を作る材料を供給すると考えると，三大栄養素が生命活動に必要な栄養素であることは十分に理解できると思います。

栄養分は身体を作るだけでなく，身体が動くためのエネルギーも供給してくれます。たとえば，歩いたり走ったりと身体を動かすためには，体中の筋肉を収縮させたり弛緩させたりする必要があります。このような筋肉の運動にはエネルギーが必要です。また，筋肉の収縮，弛緩をコントロールする神経細胞が活動するためにも，やはりエネルギーが必要となります。さらに，この神経細胞だけでなく，すべての細胞で，モノマーとして吸収されたアミノ酸を原料としてタンパク質が作られる際も，実はエネルギーが必要になるのです。

身体の活動は心の活動と密接に関わるとお話ししてきましたが，そう考えると，生命活動に必要なエネルギー供給の仕組みを知ることは，心の働きを支えるエネルギー供給の仕組みを知ることと同じだと考えることができます。ここでは，**解糖系**，**TCA 回路**，**電子伝達系**と呼ばれる，心の働きを支えるエネルギー供給の仕組みについて学んでいきましょう。

第1節　ATP

栄養素を取り込み，そこから身体に必要なエネルギーを取り出す作業を**代謝**，特に**エネルギー代謝**と呼びます。この代謝と呼ばれる作業のなかで重要な役割を果たすのが，**アデノシン三リン酸**（adenosine triphosphate），略して **ATP** と呼ばれる物質です。

ATP は，アデノシンという物質に，リン酸が3つ結合した物質です（図 3-1）。この ATP からリン酸が1つ外れると，**アデノシン二リン酸**（adenosine diphosphate：ADP）に，さらに1つ外れると**アデノシン一リン酸**（adenosine monophosphate：AMP）（アデニル酸）という物質になります。

ATP の3つのリン酸のうち，端にある2つのリン酸は結合が不安定で，1つだけ加水分解で切り離されて ADP になることがあります。このとき，エネルギーが放出されます。また，一度に2つのリン酸が切り離されて，エネルギーが放出されることもあります。リン酸が切り離されて放出されるエネルギーは，身体が生命活動を行うエネルギーとして利用されます。つまり，人の生命活動ひいては人の心の働きは，ATPから作られるエネルギーによって行われているのです。切り離される現象とは逆に，大きなエネルギーを発生するこのリン酸同士が結合する現象は，**高エネルギーリン酸結合（リン酸化）**と呼ばれています。

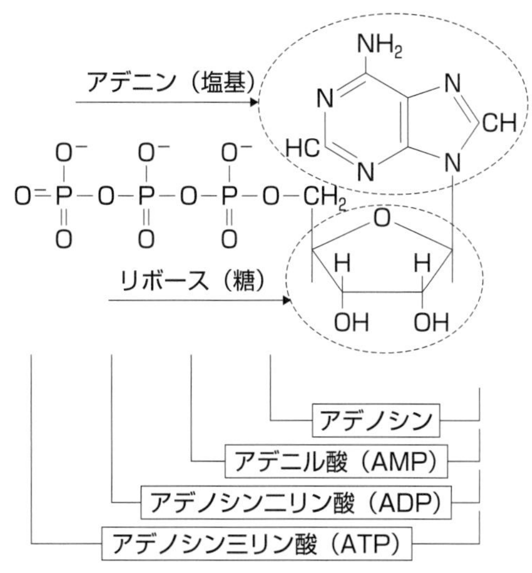

図3-1 ATPの構造式

まずここで覚えてほしいことは，ATPには生体が利用するエネルギーが蓄えられているということです。そして，必要に応じてリン酸を切り離し，その際に放出されるエネルギーを利用して，身体は生命活動を行うということも覚えておいてください。蓄え，必要に応じて使う。まるで通貨のようですね。「ATPは身体を駆け巡る通貨」だ，というイメージを持ちましょう。本章の冒頭で登場した三大栄養素は，多くのプロセスを経て，身体（心）の通貨，すなわちATPとなって生命活動に利用されています。

第2節 NAD

ATPに加えて，代謝において重要な働きを担うもう1つの分子が，**NAD**（**n**icotinamide **a**denine **d**inucleotide）です。NADは2個の水素イオンと電子を奪って，NADH（還元型NAD）となる性質を持ちます。

水素イオンと電子を奪うことが，どうしてエネルギー供給に関係するのかというと，そこには**酸化**と呼ばれる現象が深く関わっています。中学校で習う酸化とは，「酸素原子Oを得ること」でした。たとえば，酸化銅（CuO）を水素と反応させたときは，以下のような化学式になります。

$$CuO + H_2 \rightarrow Cu + H_2O$$

CuOはOを失ったので**還元**されており，H_2はOを得たので酸化されたわけです。これらは中学校での定義でした。酸化の顕著な例が**燃焼**で，これは熱というかたちで高エネルギーを発します。つまり，酸化はエネルギーを生み出す現象なのです。

以上は中学で習った酸化ですが，高校では「酸化とは電子を失うこと」であり，「還元とは電子を得ること」と教わったと思います。つまりNADは，2個の水素イオンと電子を奪ってNADHとなることで酸化を起こし，エネルギー供給に関わるのです。まだ少し「？」が残るかもしれませんが，先ほどのATPと今お話ししたNADの性質を頭にとどめて，どのようにエネルギー供給がなされるのかを，とりあえず見ていくことにしましょう。

第3節　エネルギー供給の仕組み

体内に取り込まれた単糖類のグルコースは，消化器系で吸収され，血液を通じて細胞に取り込まれます。ただ，常に食事にありつけるわけではないので，グルコースは肝臓にグリコーゲンというかたちで貯蔵されていて，しばらく食事をとっていない，しかしグルコースが必要というときには，グリコーゲンがグルコースに分解されて，今からお話しするエネルギー供給システムに利用されます。

血液中から細胞に取り込まれたグルコースは，①**解糖系**，② **TCA 回路**，③**電子伝達系**の一連の過程を経て，最終的に二酸化炭素と水となります。この過程でエネルギーが取り出されるのです。それぞれについて詳しく見ていきましょう。

1．解糖系

まず解糖系についてです。**解糖**とは，2つの ATP を使って4つの ATP を得る，つまり，差し引き2つの ATP を得る現象を指します（図 3-2）。これだけ覚えておけばよいとは思うのですが，もう少し詳細をお話しします。

図 3-3 を見てください。①のグルコースが細胞内にやってくると，ヘキソキナーゼという酵素がリン酸を付加して，②のステップに進み，このとき，ATP が1つ使われます。②から③のステップへの移行に際しては，グルコース-6-リン酸イソメラーゼという酵素が働きます。このように，図 3-3 の四角枠内には，代謝されて生成される物質が記載され，ステップが進むことを意味する矢印の横には代謝に必要な酵素の名前が記載されています。

見てもらうとわかるように，①から②，③から④への代謝の段階で，ATP が1つずつ使われています。そして，④の段階でできたフルクトース-1，6-ヒスリン酸はほぼ左右対称なので，ここで2つに切られて，最終的には⑤のグリセルアルデヒド-3-リン酸が2つできます。

そこからは，⑥から⑩までの物質は，それぞれ2つずつ作られます。注目していただきたいの

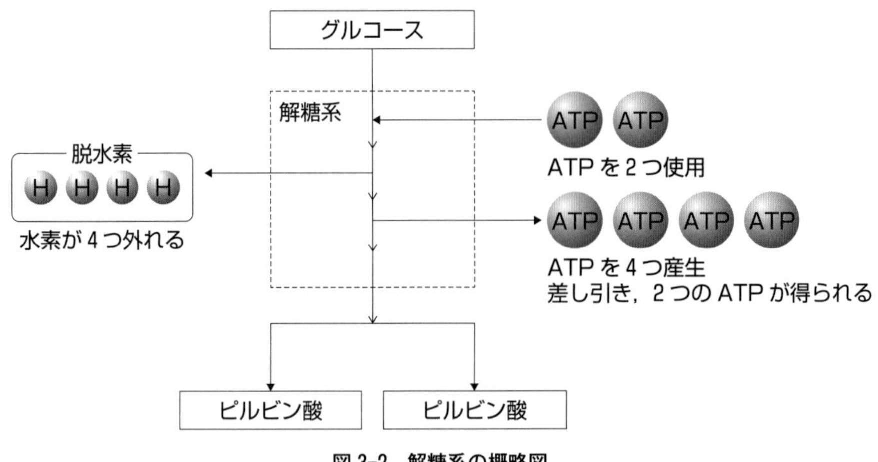

図 3-2　解糖系の概略図

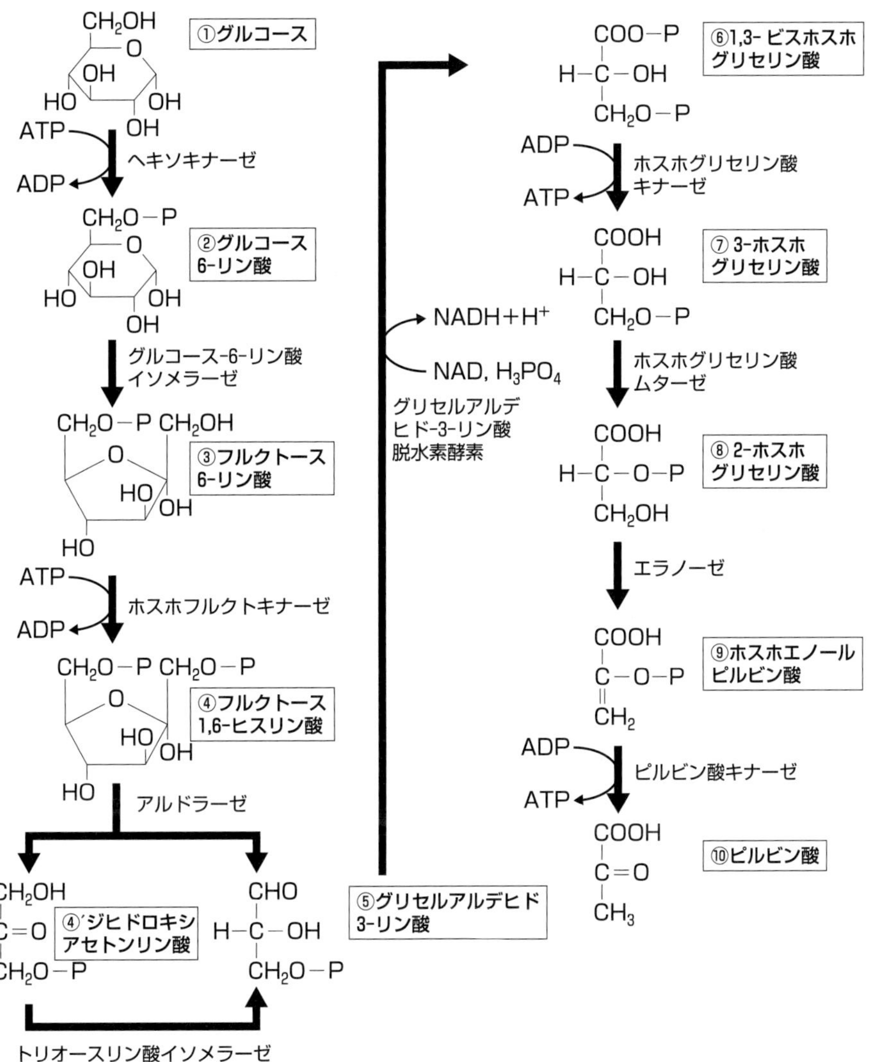

図 3-3　解糖の経路（和田，2006，p. 92）

は，⑥から⑦，⑨から⑩への代謝の段階で，ADP から ATP が 2 つずつ作られています。これが，先ほど図 3-2 のところで説明した「2 つの ATP を使って 4 つの ATP を得る。つまり，差し引き 2 つの ATP を得る」というところにつながります。また，⑩でピルビン酸が 2 つ作られていることも忘れないでください。この 2 つのピルビン酸は，TCA 回路に送られます。あと，⑤から⑥に移行する過程で，NADH と水素イオン（H^+）が 2 つ生成されています。これらは電子伝達系に送られます。

以上より，解糖系の役割は次の 3 点にまとめられます。

(1)　エネルギー物質である ATP を 2 つ作ること。

(2)　TCA 回路に，ピルビン酸を 2 つ供給すること。

(3)　電子伝達系に，NADH ＋ H^+ を２つ供給すること。

2．TCA 回路

次に TCA 回路について見ていきましょう。

解糖の過程で作られたピルビン酸は，ミトコンドリアのマトリックス（７頁参照）に取り込まれます。ここで，ピルビン酸はアセチル CoA に変えられ，この過程で，NADH ＋ H^+ が２つ作られます。その後，アセチル CoA はオキサロ酢酸と反応して，クエン酸になります。クエン酸は，cis-アコニット酸，次にイソクエン酸というかたちで順次反応していき，最終的にオキサロ酢酸になります（図 3-4）。TCA 回路のスタート地点がクエン酸であることから，これは**クエン酸回路**，または発見者であるドイツの化学者ハンス・クレブス（Krebs, H.）にちなんで**クレブス回路**とも呼ばれています。

１つのアセチル CoA が TCA 回路で代謝されることによって，最終的には GTP が１つ，NADH ＋ H^+ のセットが３つ，$FADH_2$ が１つ作られます。GTP はグアノシン三リン酸（guanosine triphosphate）の略称で，ATP のアデニンの部分が GTP ではグアニンになっていま

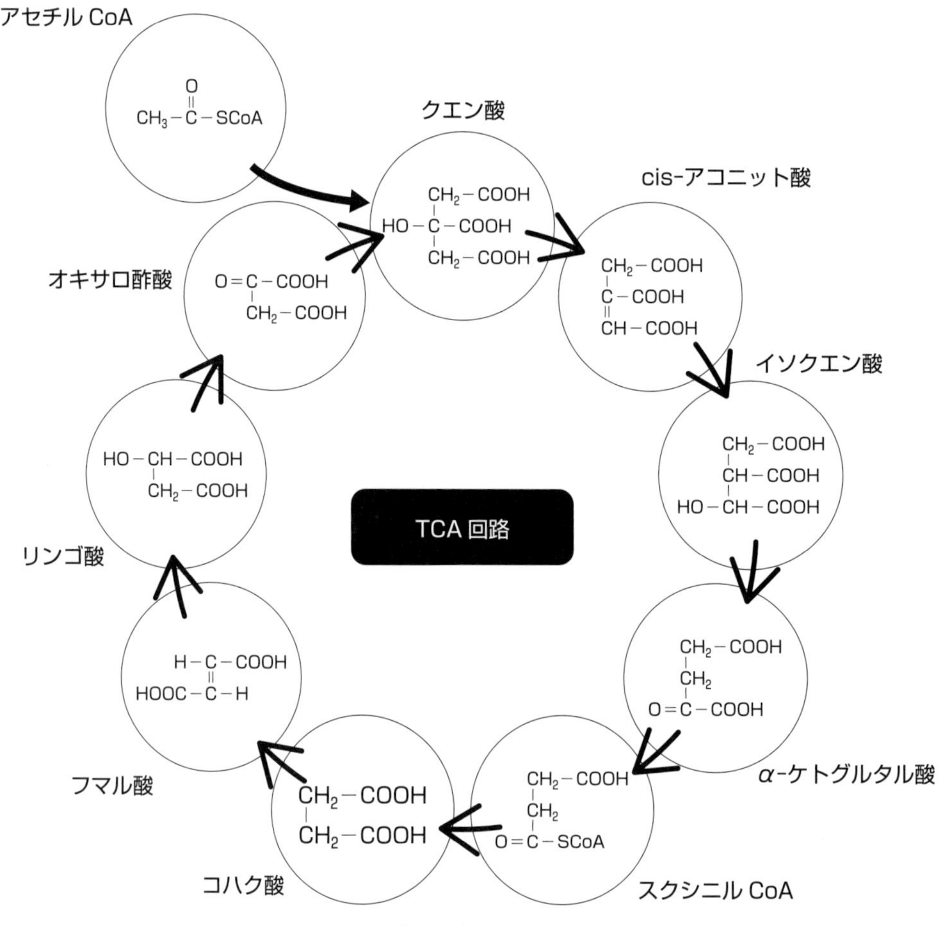

図 3-4　TCA 回路の概略図（和田，2006，p. 95）

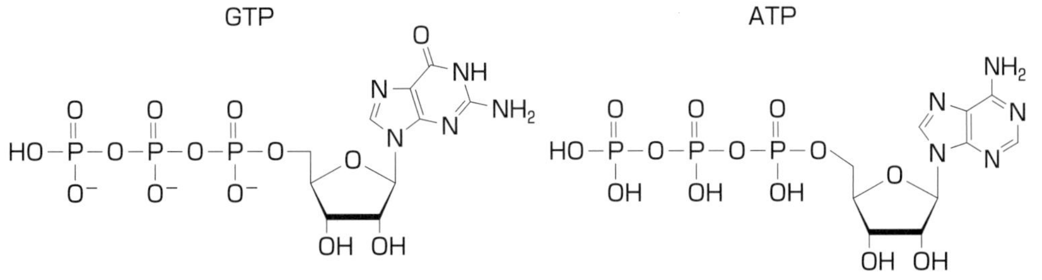

GTP　ATP

図 3-5　GTP と ATP の構造の比較

す（図 3-5）。ここで作られた GTP は，ADP にリン酸を渡して ATP を作ります。また，NADH ＋ H^+ と $FADH_2$ は，次の代謝系である電子伝達系に供給されます。

以上より，TCA 回路の役割は次の 2 点にまとめられます。

(1)　エネルギー物質である GTP を作ること。
(2)　電子伝達系に，NADH ＋ H^+ と $FADH_2$ を供給すること。

3．電子伝達系

最後は電子伝達系です。電子伝達系は，解糖系や TCA 回路で作られた NADH ＋ H^+ と $FADH_2$ を材料に，効率的に大量の ATP を作るためのシステムです。

電子伝達系では，はじめに解糖系や TCA 回路で作られた NADH ＋ H^+ と $FADH_2$ が，ミトコンドリアの内膜（6 頁参照）に運ばれてぶつかります。そして，内膜にぶつかった衝撃で，e^-（電子）と H^+（水素イオン）が飛び出します。次に，飛び出した e^- は内膜の中を流れていきます。H^+ は内膜を流れる電子のエネルギーにより膜間腔に移動し，膜間腔に大量 H^+ がたまっていきます。膜間腔にたまった大量の H^+ が，ミトコンドリアのマトリックスに移動するときのエネルギーで，ATP が作られます。ここでは 28 個もの大量の ATP が作られるのです。

以上が，解糖系，TCA 回路，電子伝達系と呼ばれる，心の働きを支えるエネルギー供給の仕組みです。これをまとめたものが図 3-6 になります。細胞内での解糖系，TCA 回路，電子伝達系の位置や，ATP が作られる過程で二酸化炭素（CO_2）と水（H_2O）ができることに留意してください。

また，このエネルギー供給の仕組みは，酸素を必要とする呼吸（**有気呼吸**）の場合です。激しい運動を行う場合は筋肉への酸素の供給が十分でなくなり，解糖系で生じたピルビン酸が細胞質基質で乳酸へと変わります。これは**無気呼吸**と呼ばれています。

第 4 節　まとめ

第Ⅰ部では，身体の最小単位である細胞，それを構成する分子，さらに代謝について見てきました。第Ⅰ部の冒頭で「心の理解を促進するためには，生物学を学んで生物学のしろうと理論の

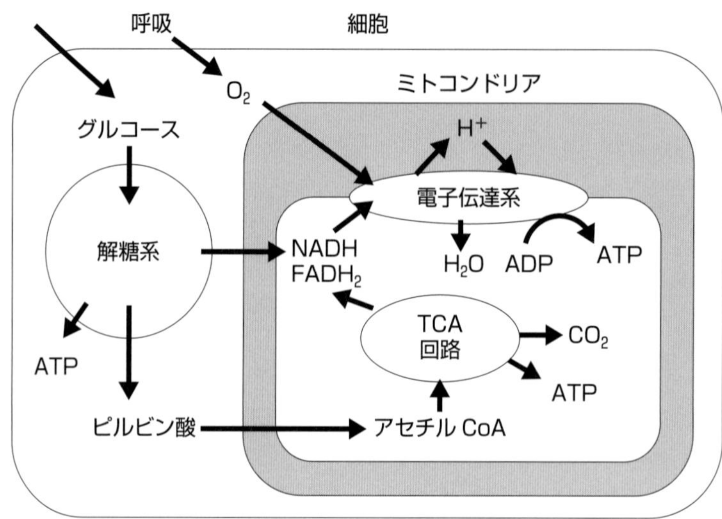

図 3-6　エネルギー供給の仕組み

生成を抑える必要があるのです」と書きましたが，生物の最小単位である細胞の構成と機能を知ることは，その第一歩となります。もう十分に理解したという方は，章末の確認テストを行ってみてください。それでは，第Ⅱ部では細胞によって構成される個体について，各システムで見ていくことにしましょう。

COLUMN 5

朝食が性格を決める？

食物摂取は，すべての種の生存に必要な恒常性を維持するために不可欠です。ただし，食物摂取は，私たちの行動に関わる複数の代謝過程にも，影響を与えることが報告されています。

海外の研究グループが行った研究では，異なる栄養素の組成で作られた朝食が，人の社会的行動を調節することが明らかにされています（Strang et al., 2017）。この研究では，炭水化物の比率が高い朝食をとった人は，低い食事をとった人と比較して，規範違反に対する社会的罰を与える行動を増加させることが示されました。社会的意思決定において，摂取した栄養素が引き起こしたこのような行動の変化は，血漿チロシンレベルの低下と因果関係があることも示唆されています。

この調査結果は，まさに「食は人をかたちづくる」ことを示したものだと言えるかもしれません。

挑戦!!　第Ⅰ部　確認問題

❶　人の身体は 37 兆個の（　　）からできている。

❷　細胞は（　　）と呼ばれる生体膜で包まれている。

❸　細胞膜は，脂質が二重になった（　　）に，（　　）が埋め込まれた構造である。

❹　膜タンパク質には，イオンの流出入を可能にする（　　）や，物質の運搬に関わる（　　）がある。

❺　細胞内部の構造物は（　　）と呼ばれる。

❻　核は（　　）と呼ばれる二重の膜で包まれており，（　　）と呼ばれる穴が開いている。

❼　小胞体は（　　）と（　　）の 2 つがある。

❽　小胞体に付着したリボソームで作られたタンパク質は，（　　）へと送られる。

❾　水以外に生体を構成する基本的な要素として，（　　），（　　），（　　），（　　）がある。

❿　（　　）は，アミノ酸をモノマーとするポリマーである。

⓫　隣り合ったアミノ酸が，次々とペプチド結合して鎖状につながったものを（　　）と呼ぶ。

⓬　ヌクレオチドは（　　），（　　），（　　）からできている。

⓭　核酸には（　　）と（　　）がある。

⓮　核酸塩基には（　　），（　　），（　　），（　　）の 4 種類がある。

⓯　DNA は二本鎖で存在し，（　　）と呼ばれる構造をとる。

⓰　DNA から mRNA が作られる過程を（　　），mRNA からタンパクが作られる過程を（　　）と呼ぶ。

⓱　心の働きを支えるエネルギー供給の仕組には，（　　），（　　），（　　）がある。

⓲　栄養素を取り込み，そこから身体に必要なエネルギーを取り出す作業を（　　）と呼ぶ。

⓳　人の生命活動，ひいては人の心の働きは，アデノシン三リン酸，略して（　　）から作られるエネルギーによって行われている。

⓴　ATP に加えて，代謝において重要な働きを担うもう 1 つの分子が（　　）である。

解答：①細胞，②細胞膜，③脂質二重膜，タンパク質，④チャネルタンパク質，運搬タンパク質，⑤細胞内小器官，⑥核膜，核膜孔，⑦粗面小胞体，滑面小胞体，⑧ゴルジ体（ゴルジ装置），⑨タンパク質，核酸，多糖類，脂質，⑩タンパク質，⑪ペプチド，⑫五炭糖，リン酸，核酸塩基，⑬デオキシリボ核酸（DNA），リボ核酸（RNA），⑭アデニン（A），グアニン（G），シトシン（C），チミン（T），⑮二重らせん構造，⑯転写，翻訳，⑰解糖系，TCA 回路，電子伝達系，⑱エネルギー代謝，⑲ATP，⑳NAD（nicotinamide adenine dinucleotide）

第Ⅱ部　個体の構造と機能

第Ⅱ部では，個体の構造と機能について学びます。個体の機能はいくつかのシステムに分かれていて，それぞれ，神経系，骨格系，筋系，感覚器系，内分泌系，循環器系，消化器系，呼吸器系，泌尿器系，生殖器系があります。

神経系は，心の機能を担う重要なシステムであることは言うまでもありません。本書では，はじめに脳を構成する神経細胞の情報伝達を，その後に身体全体を制御する神経系の作りと働きを紹介します。

骨格系は，骨，軟骨，靭帯を中心に作られるシステムで，身体の支柱の役割を果たします。また，筋系のなかでも，骨格筋は骨と共同して人体に運動性をもたらします。運動は行動の基盤となるため，骨格筋を学ぶこともまた，心の働きの生物学的基盤を知るために重要なプロセスと考えることができます。そして，平滑筋も自律神経系に支配されていることを考えると，心の働きと密接な関係があることがわかります。

感覚器系は，外部環境の変化を感じる感覚器官によって作られるシステムです。具体的には，目，耳，鼻，舌，皮膚などが，それに該当します。ここで受容された情報は，神経系を通じて脳に伝えられ，そこではじめて感覚として認識されます。感覚は，骨格系・筋系によって作られる個体の運動の発現に重要な役割を果たします。

内分泌系は，血管を経由して伝わる物質，すなわちホルモンによる身体諸器官の調節システムです。心の働きは，感覚器系が受容した情報に基づき，骨格系・筋系が担う運動のなかで営まれますが，内分泌系はその働きを調節する役割を持ちます。

循環器系では心臓がポンプの役割を果たし，このポンプ機能によって排出された血液が，生きていくために必要な酸素や栄養，ホルモンなどを全身に行きわたらせます。そして同時に，身体で生じた老廃物を心臓まで運び，肺や腎臓を通じて体外に排出します。このとき，肺は呼吸器系で，腎臓は泌尿器系で，それぞれ主要な役割を果たします。そして，循環器系をめぐる血液中の栄養は，消化器系の働きによって得られています。

このように，個体の各システムは，その役割を分担しつつも，連携することで生命を，つまりは心の働きを支えています。そして，このように維持された心の働きは，最終的には生殖器系を通じて次世代に伝えられていきます。

第Ⅱ部では，単なる生物学の知識としてこれらのシステム学ぶのではなく，心の働きを支える生物学的基盤として，学んでいただけたらと思います。

第4章　神経系

Nervous system

「心理学は心と行動に関する学問である」と言われています。単に「心に関する学問である」とならない理由は，心が観察不可能だからです。心理学では行動を通じて心を調べ，調べた結果から逆に「この行動は，この心の状態から起こった」と説明しています。

ただ，少し立ち止まって考えてみてください。「この行動」は，どのような「仕組み」で起きているのでしょうか。たとえば，講義中に先生が「この問題がわかる人，手を挙げて」と言ったので，あなたが挙手をするという場面を思い浮かべてみましょう。

この「挙手」という行動は，腕を構成する複数の筋肉が，それぞれ収縮と弛緩を繰り返すことで成立しています。筋肉の収縮と弛緩を引き起こすのは，筋肉を支配する神経から分泌される**アセチルコリン**という物質です。そして，この神経が活動してアセチルコリンを分泌するためには，遡って，脳の**一次運動野**（や）と呼ばれる部位にある神経細胞が活動しなくてはいけません。さらに，この一次運動野が活動するためには，そこに情報を伝える**運動前野**や**補足運動野**と呼ばれる脳部位が活動する必要があります。また，これらの部位が活動するためには，**前頭前野**と呼ばれる場所が活性化し，もっと遡って，そもそも挙手するという事態が生じたことを知覚する**感覚野**が活動しなくてはいけません。これが「挙手」という行動の「仕組み」です。

「先生が質問したので，答えようという『意図』『意志』のもと，あなたは挙手をしました」。これは，挙手という行動の背景にある心の状態を説明した記述ですが，これを行動の仕組みに着目して記述すると，先ほどのようになります。

ここで理解していただきたいことは，心という現象が行動を通じて調べられるものであるならば，同時に，その行動を構成する仕組み，すなわち生物学的基盤が存在するということです。これは第Ⅰ部の冒頭でも述べましたが，心には生物学的基盤があります。そこで，第Ⅱ部でははじめに，心の機能を担う重要なシステムである**神経系**について学びます。本章で脳を構成する神経細胞の情報伝達について学び，その後，身体全体を制御する神経系の作りと働きについて学んでいきましょう。

第1節　神経細胞による情報の伝達

1．脳を構成する細胞

ヒトの脳の神経細胞は**ニューロン**とも呼ばれ，その数は300億とも千数百億とも言われています。これは脳全体の細胞数の約10%を占めていて，残りの90%は，**グリア細胞**と呼ばれる細胞で占められています。

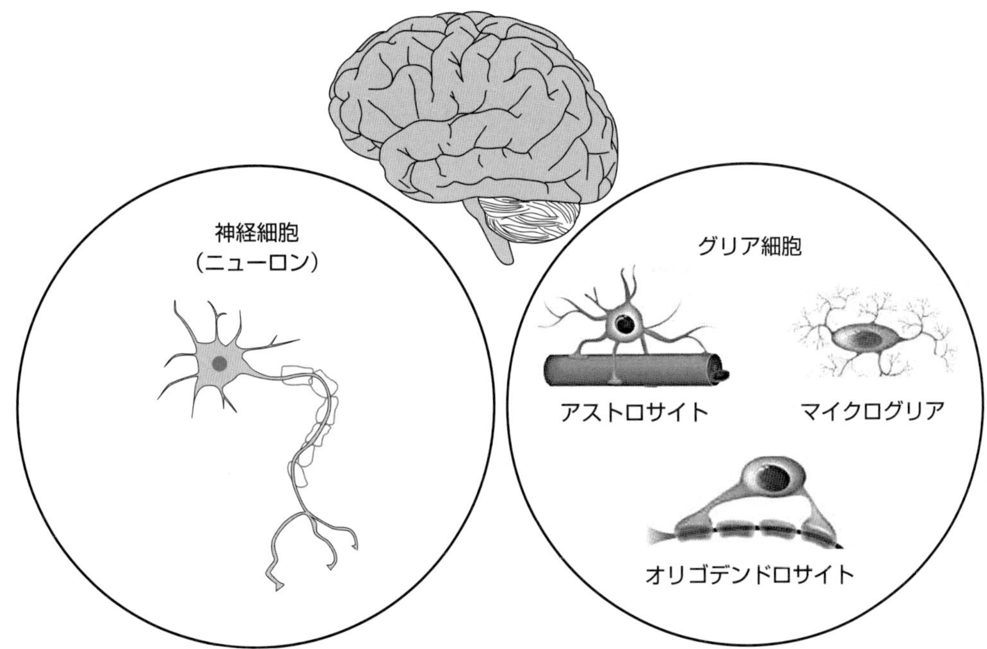

図 4-1　脳を構成する細胞（高瀬，2018，p. 29 を著者一部改変）

グリア細胞は，神経細胞の間に隙間なく入り込んで，脳の構造を維持しています。また，グリア細胞は脳の構造の維持以外にも，血液中の栄養素を神経細胞に送る役割も果たしています。このグリア細胞は，**アストロサイト**という種類のグリア細胞で，この細胞の働きは**血液脳関門**と呼ばれています。血液脳関門は，血中に含まれる有害物質によって神経細胞が死滅してしまうことがないよう，有害物質が入らないように，栄養素のみを神経細胞に送る働きを担っています。

グリア細胞のなかには，神経線維に巻きついて後述の**髄鞘**を形成するものがあります。これは**オリゴデンドロサイト**という種類のグリア細胞です。また，神経系の遺物を貪食するグリア細胞もあり，これは**マイクログリア**と呼ばれます。

グリア細胞は，膠細胞とも呼ばれ，「膠」は「にかわ」を意味します。ニューロンの隙間を埋める糊の役割を果たし，それ以外は脳を支持する働きしかしないと考えられているからです。しかし，最近では，グリア細胞もさまざまな物質を分泌して，神経細胞の活動を調節することが報告されています（図 4-1）。

神経細胞は，その形状からいくつかに分類されます。典型的なものを図 4-2 に示しました。神経細胞は，**樹状突起**を持つ細胞体と興奮を伝える**軸索**，そして軸索先端の**神経終末（終末ボタン）**という構造からなります。

樹状突起は他の細胞からの信号を受け取る領域であり，入力信号は**シナプス**という構造を通じて，隣接する細胞から送られます。樹状突起のシナプス部分に**棘（スパイン）**と呼ばれる小突起が形成されている場合もあります。

神経終末は神経伝達物質を含む小胞を持ち，**シナプス間隙**[*8]に神経伝達物質を開口分泌することによって，他の神経細胞に情報を伝達します。

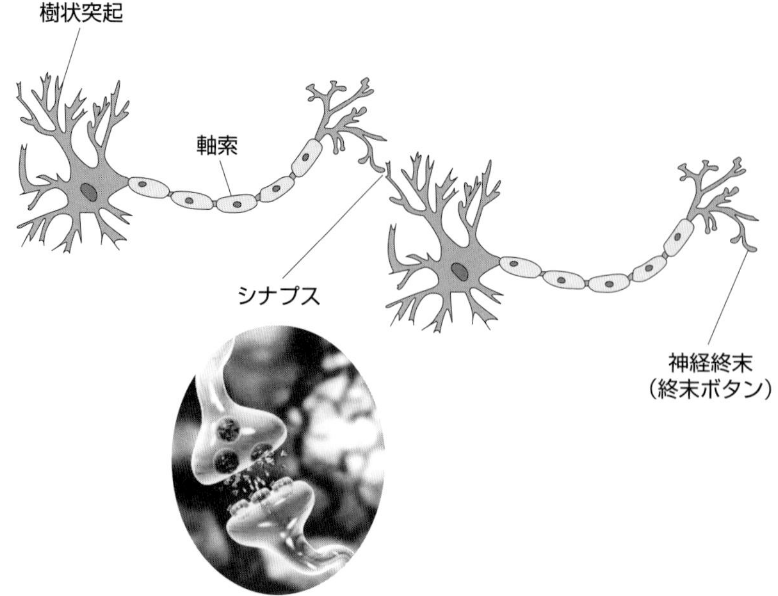

図 4-2　神経細胞の形状（高瀬，2018，p.30 を著者一部改変）

2．活動電位

神経細胞間は先述の神経伝達物質が情報を伝達しますが，神経細胞内では活動電位が情報を伝えます。非興奮時の神経細胞の細胞膜は，内外のイオン濃度の差によって，およそ −70 mV に分極して安定した状態にあります。これは**静止膜電位**と呼ばれています。

シナプスに存在する興奮性の受容体に神経伝達物質が作用すると，静止膜電位はプラスになり，**興奮性シナプス後電位**（excitatory postsynaptic potential：EPSP）が生じます。この電位変化は細胞膜を伝わり，細胞体全体に広がって，軸索の起始部である**軸索小丘**の**スパイク発火帯**に到達します。

スパイク発火帯には電位依存性**ナトリウムイオン（Na^+）チャンネル**が豊富にあり，伝わってきた電位変化が閾値を超えた場合に，Na^+ チャンネルが開口します。細胞外の Na^+ 濃度は細胞内より約 10 倍も高く，これによって Na^+ の急激な流入が生じて**脱分極**[*9]が起き，**活動電位**が生じます。スパイク発火帯には，**電位依存性カリウムイオン（K^+）チャンネル**も豊富にあるのですが，K^+ チャンネルは Na^+ チャンネルよりも遅れて開口し，Na^+ チャンネルよりも後に不活性化されるため，細胞内に高濃度にある K^+ の流出によって**再分極**[*10]し，活動電位は終息します（図 4-3）。

このように，神経細胞は興奮するかしないかのデジタル処理を行い，これは「**全か無かの法則**」と呼ばれています。

＊8　シナプスにある神経細胞間の隙間のこと。
＊9　極性が解消に向かう現象のこと。極性については 5 頁参照。
＊10　再び極性が生まれる現象。

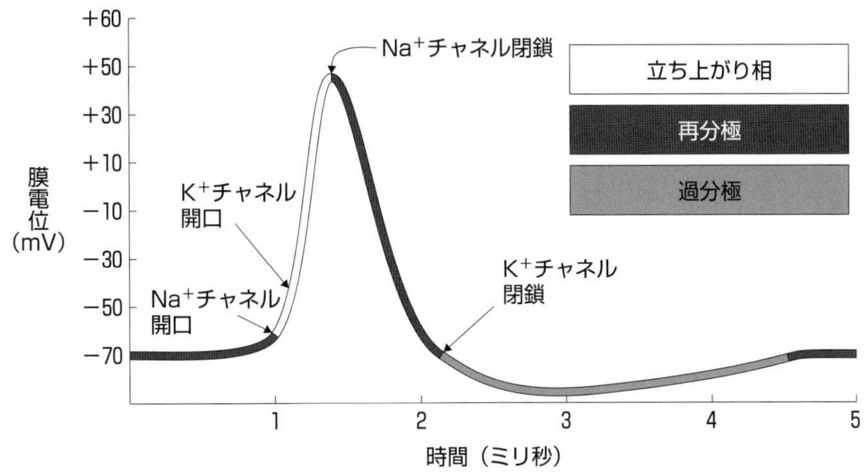

図 4-3　活動電位（Pinel, 2003）

神経細胞のなかには，軸索に**シュワン細胞**または**オリゴデンドロサイト**（35 頁参照）というグリア細胞が巻きつき，**髄鞘**を形成しているものがあります。髄鞘の長さは 80 µm ～ 1 mm であり，長い軸索には複数の髄鞘が巻きついています。この髄鞘間の継ぎ目を，**ランビエ絞輪**（こうりん）と呼びます。

興奮膜の伝導は，隣接する膜の電位変化による連鎖反応であり，伝導速度は速くありません。しかし，興奮が絶縁性の高い髄鞘に達すると，逃げ場を失った局所電流は一気にランビエ絞輪にまで流れるため，ランビエ絞輪において活動電位を引き起こし，結果として伝導速度は速くなります。これを**跳躍伝導**と呼びます。これを繰り返して，軸索に髄鞘が巻きついた神経細胞は，非常に速い速度で情報を伝えるのです。

神経終末は，神経伝達物質を包み込んだ小胞を多く含んでおり，さらに他の神経細胞に隣接しているものがあります。この隣接した部分の構造は，**シナプス**と呼ばれています（35 頁参照）。シナプスは完全に密着しているのではなく，20 nm ほどの隙間（**シナプス間隙**）があります。電位が終末まで伝わってくると，シナプス小胞の膜が細胞膜に融合し，小胞内の神経伝達物質がシナプス間隙に分泌されます。

3．シナプスと神経伝達物質

神経細胞間の情報伝達は，シナプスという構造を介して行われます。シナプスには，**電気シナプス**と**化学シナプス**の 2 種類があり，電気シナプスは，隣接する細胞の膜が 2 ～ 4 nm にまで密着し，これらの膜を貫通する**コネクソン**というタンパク質が小さい穴（小孔）を形成しています。これを**ギャップ結合**と呼びます。この孔をイオン電流が流れるため非常に速い伝達が可能となり，これは細胞同士の活動を同期させるのに利用されています。

一方，化学シナプスは，神経終末部が他の細胞の膜に 20 nm ほどの間隙を持って接した構造であり，終末側から**神経伝達物質**が放出され，それをもう一方の細胞が膜の受容体を介して受け取ります。神経伝達物質は数十種類あり，各神経伝達物質には，それぞれ数種類の**受容体**があります。

神経伝達物質は，**アミノ酸**，**アミン**，**ペプチド**に大別することができます。アミノ酸の神経伝達物質には，**グルタミン酸**と**γ-アミノ酪酸**（**GABA**（ギャバ））などがあり，グルタミン酸は神経細胞の活動を活発にする興奮性の情報を伝え，GABAは神経細胞の活動を抑える抑制性の情報を伝えます。これらの神経伝達物質を持つ神経細胞は，脳全体に広がっています。

アミンの神経伝達物質には，**アセチルコリン**，**ドーパミン**，**ノルアドレナリン**（**ノルエピネフリン**），**セロトニン**などがあります。これらの神経伝達物質を持つ神経細胞は脳内で局在し，そこから軸索を脳に広く伸ばしています。

第Ⅰ部で勉強しましたが，ペプチドはアミノ酸の連なりです。神経伝達物質として働くペプチドは，**神経ペプチド**とも呼ばれます。神経ペプチドには，**ソマトスタチン**，**コレシストキニン**，**エンケファリン**，**バゾプレッシン**，**オキシトシン**，**オレキシン**などがあります。これらのペプチドを持つ神経細胞も脳内に偏在あるいは局在しており，特定の機能を担っています。

Column 6

薬はなぜ効くの？

飲み薬は，食べ物と同じように食道から胃を経由して小腸に届き，吸収されます。吸収された薬は小腸を取り囲む血管に入って，肝臓を経由して血流に乗り，体内を循環しながら15～30分ほどで患部に届きます。

患部までたどり着いた薬の多くは，細胞の表面にあるタンパク質の**受容体**と結合して，細胞に反応を引き起こし，それが薬の作用となって現れます。ただし，1つの細胞は非常にたくさんの受容体を持っているので，細胞に届いた薬は，必要な受容体を選択して結合します。

通常，受容体は，生体で産生される神経伝達物質やホルモンが結合し，情報を伝える機能を担っています。薬は外部から投与されるものですが，ある特定の神経伝達物質やホルモンに形が似ていると，その神経伝達物質やホルモンの受容体に結合し，それらが担っていた役割と同様の作用を起こすのです。この薬（または物質）を，**アゴニスト**（**作動薬，刺激薬**）と言います。

一方，受容体と結合しても作用を現さず，本来結合するはずの神経伝達物質やホルモンの働きを阻害する薬（物質）を，**アンタゴニスト**（**拮抗薬，遮断薬**）と言います。椅子取りゲームを想像してください。受容体を椅子だとすると，特定の神経伝達物質やホルモンの働きを抑えたい場合は，椅子を埋める量のアンタゴニストが必要になるのです。

このように，薬が効くメカニズムは極めて単純です。ただし，脳に薬を届ける場合はもう1つ，考慮しなければならない要因があります。血液脳関門です。血液脳関門が薬を異物として除去してしまうと，脳に薬を届けることができません。第Ⅰ部の冒頭で登場したアルツハイマー病の治療薬も，服薬したものが脳に作用するために，血液脳関門を通る工夫が為されています。

第2節　神経系

神経系をもう少し広い視野で見てみましょう。神経系は大きく，**中枢神経系**と**末梢神経系**に分

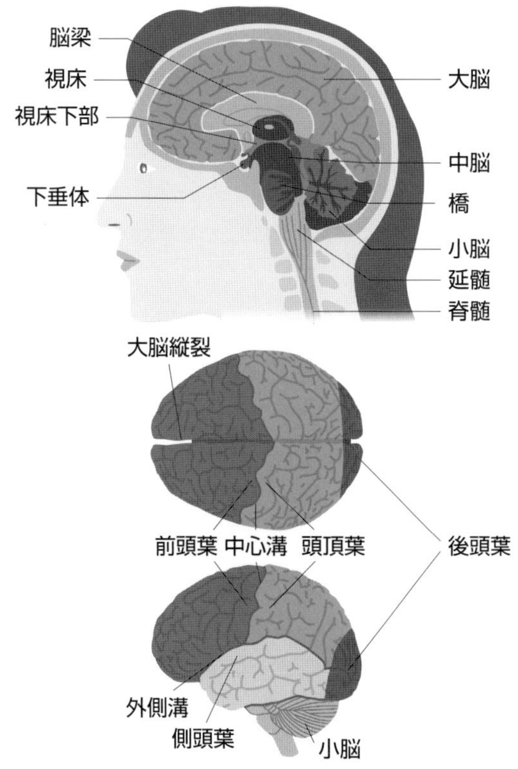

図 4-4　脳の構造（Pinel, 2003; Nolen-Hoeksema et al., 2009 を元に著者作成）

けることができます。中枢神経系は**脳**と**脊髄**（せきずい）から構成されます。脳は上から**大脳**，**視床**や**視床下部**がある**間脳**，そして**脳幹**と呼ばれる**中脳**，**橋**（きょう），**延髄**へと続き，脳幹背側部を**小脳**が覆う構造となっています。（図 4-4）。

1．大　脳

ヒトの大脳は**大脳皮質**，特に新皮質と呼ばれる構造体で覆われています。大脳皮質は層構造を持ち，層を貫く**カラム状機能単位**から構成されます。カラム（column）とは柱，円柱を意味します。脳は層構造を持つことはすでに述べましたが，各層で機能が異なるというわけではなく，ある特定の場所を円柱状の一本のつくりと考えて，1つのカラムは同一の機能を備えることが，過去の研究から明らかにされています。

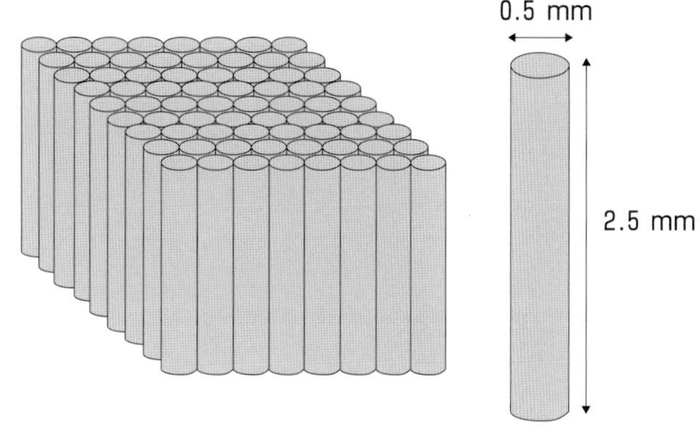

図 4-5　脳のカラム状機能単位

図 4-5 は，大脳皮質のカラム構造

を模式的に示したものです。1つのカラムは，大脳の表面に沿った方向で0.5 mm程度の広がりを持ち，大脳皮質の厚み全体（2.5 mm程度）を貫きます。これらが集まって脳の領野は形成されています。

また，脳は面積が広いほど複雑な情報処理が可能だとも考えられており，知能の発達した動物では脳を納める頭蓋骨の大きさに限りがあるため，大脳皮質はヒダ状に折れ曲がって面積を確保し，複雑な処理を可能にしています。このようにしてできたしわを**溝**（こう），溝と溝の間の盛り上がりを**回**（かい）と呼びます。

大脳皮質を正中で左右の大脳半球に分ける溝は**大脳縦裂**，側頭の後方上部から前方下方に走る溝は**外側溝（シルビウス溝）**，頭頂から左右に走る溝は**中心溝**と呼ばれます。これらの大きな溝を目安に大脳皮質は，**前頭葉**，**頭頂葉**，**側頭葉**，**後頭葉**の4つの部分に分けられます（図4-4）。さらに，大脳皮質下には**大脳辺縁系**や**大脳基底核**があります（図4-6）。

大脳辺縁系は，**海馬**，**扁桃体**，**帯状回**，**脳弓**，**中隔**，**乳頭体**などからなり，いずれも大脳皮質全体から見ると中心部から外れた辺縁にあたる領域であることから，この名称が付けられました。大脳辺縁系は情動の表出，意欲，そして記憶や，後で紹介する自律神経活動に関与しています。

大脳基底核は，大脳新皮質からの出力を受け，視床や脳幹を中継する細胞が集まる領域です。運動調節，認知機能，感情，動機づけや学習など，さまざまな機能を担っています。一般に**線条体（尾状核**（びじょうかく）**，被殻**（ひかく）**）**，**淡蒼球**（たんそうきゅう）を含みます。間脳は視床，視床下部を指し，**視床**は視覚，聴覚，体性感覚を中継して大脳新皮質に情報を送ります。**視床下部**は体液情報をモニターして自律神経系や，後で紹介する内分泌系を統括します。また，食欲や性欲など，さまざまな**本能行動**を制御しています。

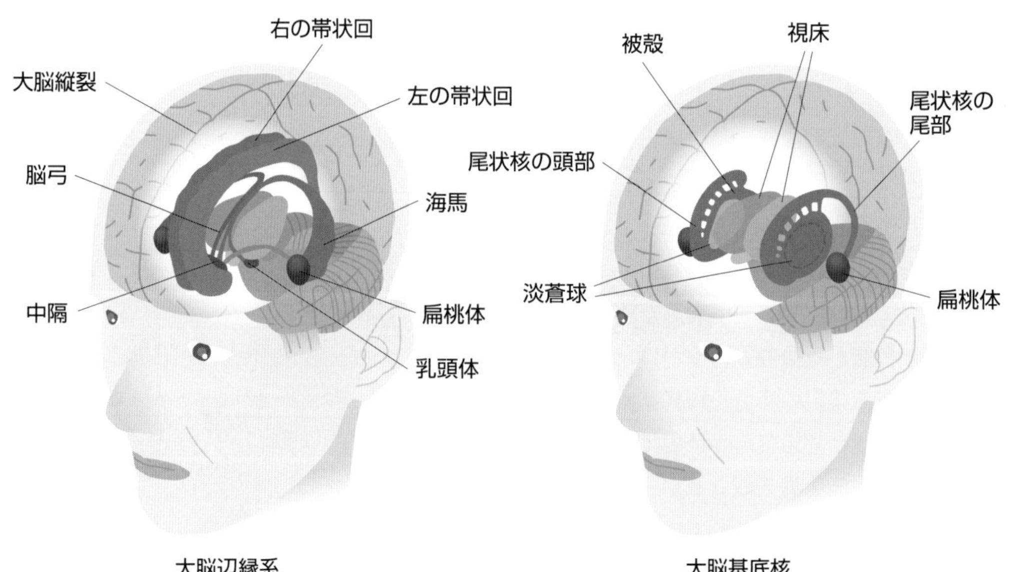

図4-6　大脳辺縁系と大脳基底核（Pinel, 2003）

2．中 脳

中脳は，視覚系の中継核である**上丘**，聴覚系の中継核である**下丘**を含み，その下部にある**橋**は脳神経の起始核（細胞体の集まり）を含みます。そして，脳の最後部にあたる**延髄**は，嘔吐・嚥下，唾液分泌，呼吸などを制御していて，生命維持に最も重要な機能を担っています。延髄の担う機能を**植物機能**と呼び，延髄以外の機能が失われた状態を**植物状態**と呼びます。また，中脳，橋，延髄を合わせて，**脳幹**と呼びます。

3．小 脳

脳幹背側部にある小脳は，大脳皮質と同様に層構造を持つ小脳皮質からなり，運動や姿勢の調節，さらに最近では高次脳機能にも関わっていることが示唆されています。延髄より下部にある**脊髄**からは，知覚，運動を担う体性神経が出ています。また，脊髄は運動反射などを制御しています。

第3節　脳の機能局在

人間は感覚器官を通じて環境からさまざまな情報を得ていますが，それぞれの情報は視床を介して大脳新皮質の異なる領域に入力され，処理されます。これを**脳の機能局在**と呼びます。視床から直接感覚情報を受ける領域は，**一次感覚野**と呼ばれます。体性感覚（触覚）の一次感覚野は，中心溝のすぐ後ろの中心後回と呼ばれる場所にあり，ここは**体性感覚野**と呼ばれます。（図4-7）。

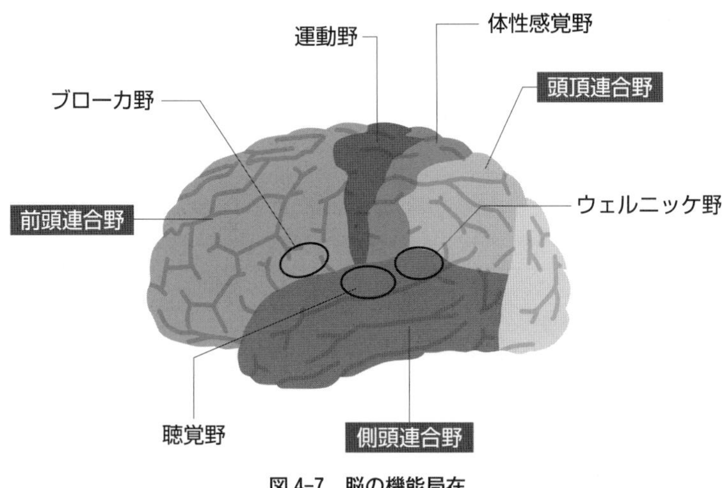

図4-7　脳の機能局在

1．視　覚

視覚の場合，**網膜**に投影された光刺激が，網膜上に並ぶ**錐体**（すいたい）と**桿体**（かんたい）と呼ばれる光受容細胞（視細胞）で検知され，その情報が視神経細胞に伝えられて脳に送られます（図 4-8）。

外界の情報は，水晶体のレンズ機能により，右視野はそれぞれの眼球の左網膜上に，左視野は右網膜上に投影され，視床の**外側膝状体**（がいそくしつじょうたい）に送られます。ごくわずかな信号が上丘へと伝えられ，左右の眼球からの情報は最終的には大脳皮質に到達し，大脳皮質において 1 つの表象に統合されます。この領域を**一次視覚野（有線野）**と呼びます（図 4-9）。視覚野に送られた情報は，背側視覚路，腹側視覚路を通じて，それぞれ頭頂葉，側頭葉へと送られます。

2．聴　覚

聴覚の場合，感覚器官は内耳の**蝸牛**（かぎゅう）であり，音波による振動は高音ほど蝸牛管の手前側，低音ほど奥の有毛細胞を興奮させます。これらの信号は，視床の**内側膝状体**を介してシルビウス溝（こう）下回に入力され，この領域を**一次聴覚野**と呼びます（図 4-7）。

3．言　語

一次感覚野は左右どちらにも存在しますが，言語に関わる脳部位は様子が異なります。

19 世紀後半に**ブローカ（Broca, P.）**は，左の大脳半球の前頭葉前野の下側部の領域が，言語産出の中心であると主張しました。現在ではこれを**ブローカ野**と呼びます（図 4-7）。ブローカ野に限定した脳の損傷は，言語理解を阻害することなく発語を阻害し，これを**表出性失語症（ブローカ失語症）**と呼びます。

一方，1874 年に**ウェルニッケ（Wernicke, C.）**は，左側頭葉一次聴覚野の後側に，言語理解の領域があると主張しました。これは**ウェルニッケ野**と呼ばれ（図 4-7），ウェルニッケ野を損傷

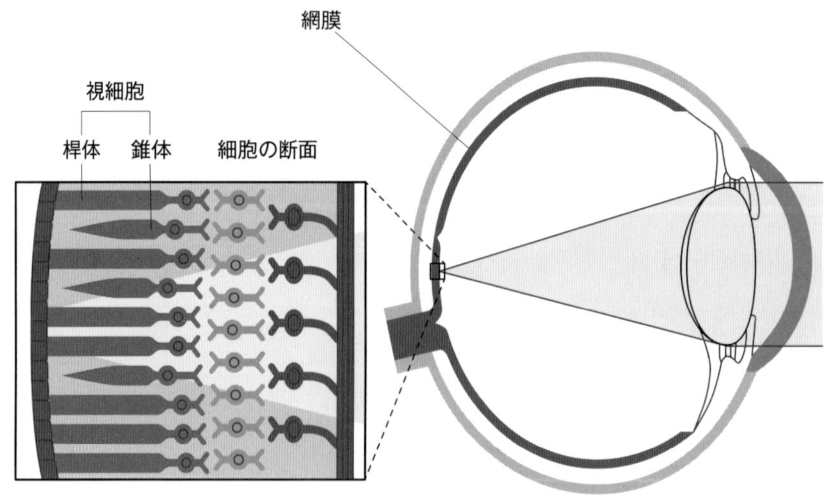

図 4-8　網膜に存在する視細胞

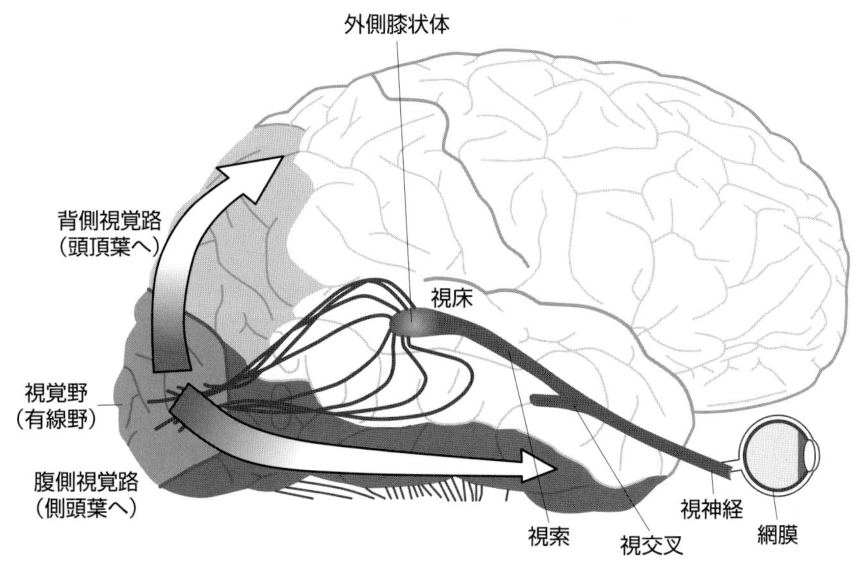

図 4-9 視覚の神経機構

した患者では，書かれた言語と話された言語の両方の理解が困難で，表面上の構造，リズム，正常な言語のイントネーションは残っていますが，無意味な言語を呈することが報告されました。これを**受容性失語症（ウェルニッケ失語症）**と呼び，先述の表出性失語症とは区別されています。

このように，大脳皮質の言語野が左半球に局在していることから，しだいに左右大脳半球の機能差が注目されるようになりました。

4．脳機能の左右差

左右の大脳半球は，大脳縦裂底部にある**脳梁**（のうりょう）でお互い連絡し合っています。1953 年，**マイヤース（Myers, R. E.）**と**スペリー（Sperry, R. W.）**は，ネコの脳梁を切断して視覚弁別学習を行い，脳梁が一方の半球からもう一方の半球へ，学習した情報を伝達する機能があることを示しました。さらに，スペリーと同僚の**ガザニガ（Gazzaniga, M. S.）**は，難治性てんかんの治療のために脳梁を切断された（分離脳）患者を調査し，脳機能の左右差を発見しました。

第4節 自律神経系

神経系は**中枢神経系**と**末梢神経系**に分けられます。末梢神経系はさらに，**体性神経系**と**自律神経系**に分類されます。体性神経系は知覚や運動を担いますが，自律神経系は内分泌腺および心臓，血管，胃や腸などを構成する**平滑筋**（へいかつきん）を制御し，その活動の多くが消化や循環のように，自律的あるいは自己制御的です。眠っていても意識がなくてもこの神経系は活動し続けるところから，自律神経系という名称が付けられました。

自律神経系は**交感神経**と**副交感神経**に分類されます。交感神経は脊髄の**胸髄**と**腰髄**から出ており，脊髄を出た直後に**神経節**に接続します。副交感神経は脳幹の中脳・延髄と脊髄の最下部であ

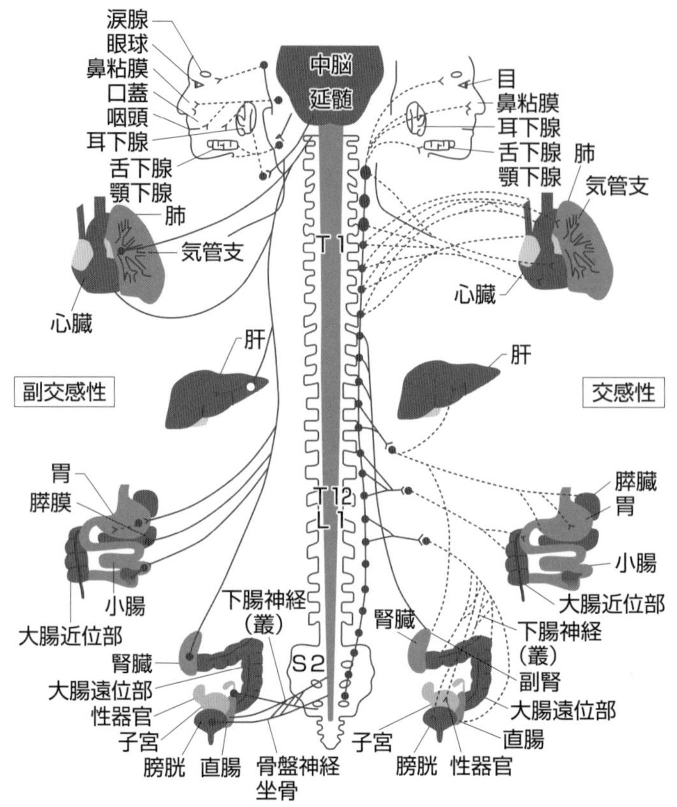

図 4-10　自律神経系（日本心理学諸学会連合心理学検定局，2015，p. 216）

る**仙髄**から出ており，神経支配する部位の近傍で神経節に接続します（図 4-10）。

この二つの神経の特徴として，**拮抗支配**があります。拮抗支配とは，交感神経が促進するものを副交感神経は抑制し，反対に，交感神経が抑制するものを副交感神経が促進することです。たとえば，交感神経は瞳孔を拡大させ，唾液分泌を抑制し，心拍数を上昇させますが，副交感神経はそれとは対照的に作用します。

また，交感神経は神経支配する内臓器官に対して**ノルアドレナリン**や**アドレナリン**を分泌しますが，副交感神経は**アセチルコリン**を分泌します。

さらに，交感神経は緊急事態に際して，活動的に働いてエネルギー消費を促進するのに対して，副交感神経は消化機能を促進してエネルギーを貯蔵するよう促します。怒りや恐怖反応などに伴う強い情動反応を示す際には，交感神経の活動が支配的となり，心拍数を増大させ，筋への血流を多くして，筋の活動に要する多量のエネルギーが供給されます。また，交感神経の活動により，副腎髄質が刺激され，副腎髄質ホルモンであるアドレナリンが分泌されます。

アドレナリンは肝臓に蓄えられたエネルギーを血液中に放出し，脅威的状況に立ち向かうか，それともそこから逃げ去るかという，**闘争–逃走反応（fight-or-flight response）**と呼ばれる身体的状態で，消費されるエネルギー源を確保します。

第5節　まとめ

本章では，脳を構成する神経細胞の情報伝達，身体全体を制御する神経系の作りと働きを学びました。心の機能を担う重要なシステムである神経系の作りと働きを理解することは，心の生物学的基盤を知るための基礎となります。以降の生物システムの紹介のなかでも，神経系はたびたび登場するので，ぜひ押さえておいてください。

また，看護師，薬剤師，理学療法士などの他のコメディカルの教科書には，神経系について，ここで扱ったトピック以外にも，脳室の構造や脳脊髄液，神経伝達物質の詳しい作用，脊髄反射をはじめとする反射機能，脳の層構造，脳波，錐体路などの運動の発現機構，感覚機能，本能行動などが取り上げられています。ぜひ，本書での学びに満足せずに，本書を足掛かりとして，他のコメディカルの教科書にも手を伸ばしてみてください。

挑戦!!　第4章　確認問題

❶ ヒトの脳の神経細胞は（　　）とも呼ばれ，脳全体の細胞数の約 10％を占めていて，残りの 90％は（　　）と呼ばれる細胞で占められている。

❷ 樹状突起は他の細胞からの信号を受け取る領域でありであり，入力信号は（　　）という構造を通じて，隣接する細胞から送られる。

❸ シナプスに存在する興奮性の受容体に神経伝達物質が作用すると，静止膜電位はプラスになり，（　　）が生じる。

❹ 神経細胞は興奮するかしないかのデジタル処理を行い，これは（　　）と呼ばれている。

❺ 神経伝達物質は（　　），（　　），（　　）に大別することができる。

❻ 神経系は，大きく（　　）と（　　）に分けることができる。このうち，中枢神経系は（　　）と（　　）から構成される。

❼ 大脳皮質は層構造を持ち，層を貫く直径約 0.5 mm の（　　）から構成される。

❽ 大脳皮質は，（　　），（　　），（　　），（　　）の 4 つの部分に分けられる。

❾ 自律神経系は（　　）と（　　）に分類される。

❿ 脅威的状況に立ち向かうか，それともそこから逃げ去るかという反応を（　　）と呼ぶ。

解答：①ニューロン，グリア細胞，②シナプス，③興奮性シナプス後電位（excitatory postsynaptic potential：EPSP），④全か無かの法則，⑤アミノ酸，アミン，ペプチド，⑥中枢神経系，末梢神経系，脳，脊髄，⑦カラム状機能単位，⑧前頭葉，頭頂葉，側頭葉，後頭葉，⑨交感神経，副交感神経，⑩闘争–逃走反応（fight-or-flight response）

第5章　骨格系・筋系

Skeletal-Muscular system

第1節　骨格系

神経系に続いて，骨格系，そして筋系について紹介します。まずは骨格系です。

1. 骨　格

骨格は**骨**，**軟骨**，**靭帯**(じんたい)とともに，身体の支柱の役割を果たします。そして**骨格筋**と結合して，人の身体に運動性をもたらしてくれます。

図5-1は全身の主な骨を示しています。すべての骨の名称を覚える必要はありませんが，人の身体は大小さまざまな206個の骨から作られていて，その形によって**長管骨**(ちょうかんこつ)，**扁平骨**(へんぺいこつ)，**含気骨**(がんきこつ)などに分類されることは，頭に入れておいてください。

長管骨は，上腕や前腕，大腿(だいたい)や下腿などにある，長くて円筒形の骨のことです。長管骨の両端

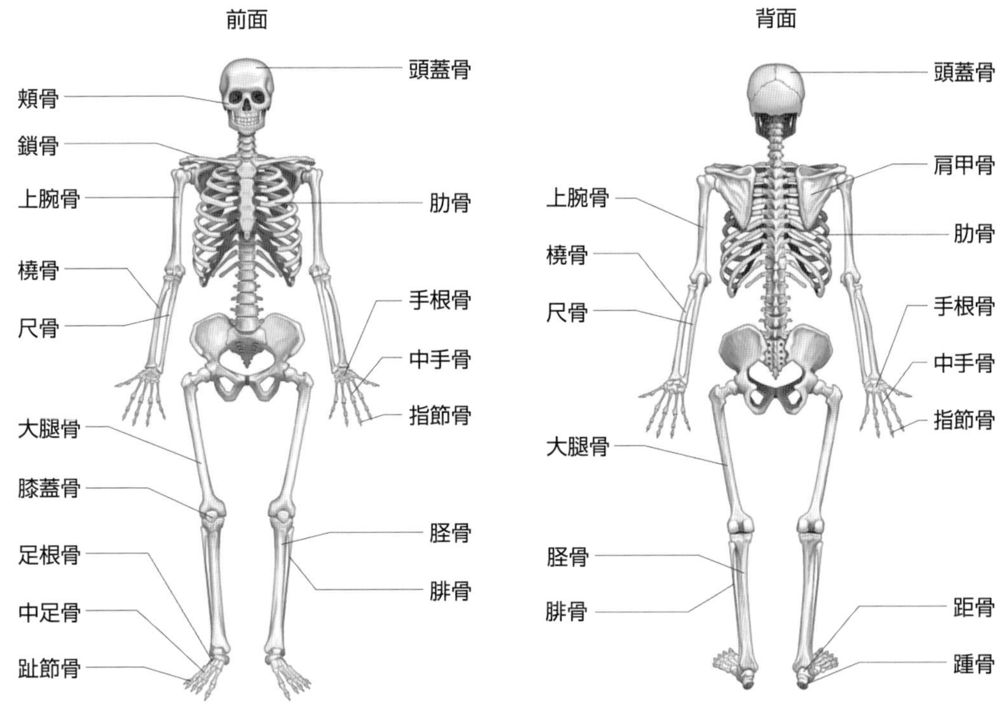

図5-1　全身の骨

は**骨端**，中央は**骨幹**と呼びます。**扁平骨**は，脳を保護する頭蓋骨や，肩に位置する肩甲骨などの骨を指します。また，**含気骨**は，内部に蜂の巣状の小さな多数の空洞がある骨のことで，上顎骨や側頭骨が含まれます。

2．骨の役割

骨の中心には**骨髄**と呼ぶやわらかい部分があり，ここで赤血球，白血球，血小板の細胞成分が作られます。骨髄のうち，造血機能が活発な骨髄は赤く見えるため，**赤色骨髄**と呼びます。乳児や小児期ではすべての骨髄が赤色骨髄ですが，成人になると上肢や下肢の骨に見られる長管骨では，しだいに脂肪組織に置き換えられて赤色が抜け，**黄色骨髄**になります。また，骨には**緻密質**と呼ぶ硬い部分があり，ここには主成分がコラーゲンの**膠原線維**が豊富に含まれていて，リン酸カルシウムや炭酸カルシウムなどのカルシウム塩[*11]が，多量に沈着しています。

このように，骨には身体を支える役割と血を作る役割があり，さらにカルシウムの貯蔵庫としての役割も担っています。

3．骨の組織

骨の組織は**骨組織**と呼ばれていて，**骨細胞**と細胞間を埋める多量の**骨質**から構成されています。前述の緻密質は，骨質の硬い部分を指します。骨の細胞には，骨細胞以外に**骨芽細胞**，**破骨細胞**があり，**骨形成**，**骨吸収**に関わっています（図5-2）。そして，この一連の流れを**骨代謝**と呼びます。

骨芽細胞は骨の主要成分である膠原線維を作り，ここにカルシウム塩が沈着して骨質を作ります。このような骨を作る働きが進むと，やがて骨芽細胞は活動を低下させて自身が作り出した膠

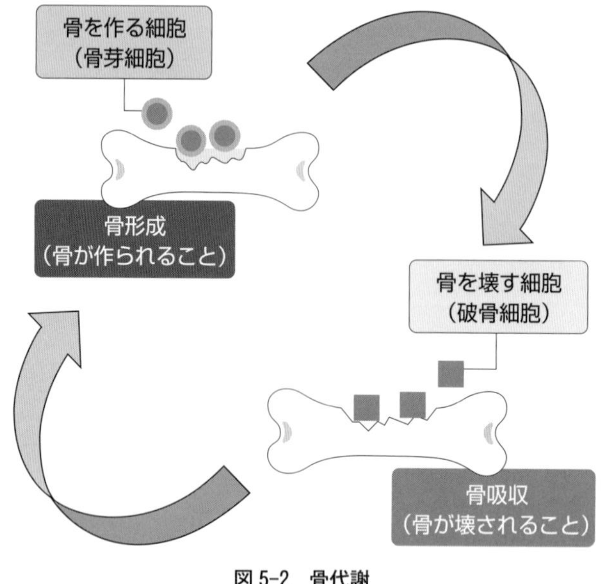

図5-2　骨代謝

＊11　構成イオンとして Ca_2^+ が含まれる塩。

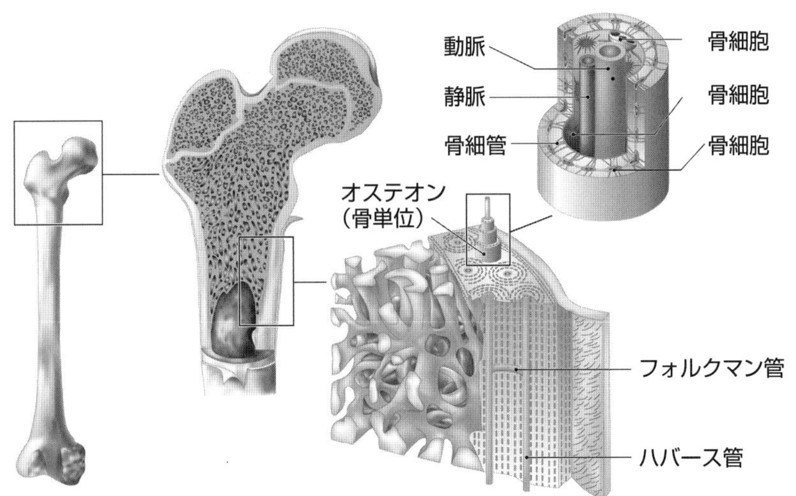

図 5-3　骨単位

原線維の中に入り，骨細胞になります。

骨細胞は，細長い無数の突起を伸ばして，血管から酸素と栄養分を吸収します。破骨細胞は塩酸や加水分解（12 頁参照）を行う酵素を作り，古くなった骨を溶かして膠原線維を分解し，骨吸収を引き起こします。

骨質の内部には，骨の長軸方向に走る多数の層板からなる円柱状の構造があり，これを**オステオン（骨単位）**と呼びます（図 5-3）。円柱構造の中心には**ハバース管**と呼ぶ血管の通路があり，ここを通る血管が骨質に酸素と栄養を供給しています。ハバース管は長軸方向にありますが，横方向に連結して骨の内部と表層部をつなぐのが**フォルクマン管**です。

4．骨の成長

次に，骨の成長について見てみましょう。

図 5-4 は長管骨の構造を示しています。骨は骨端の表面に**関節軟骨**が，骨幹との境界部に**骨端軟骨**があります。骨端軟骨は骨幹部に向けて軟骨細胞を作り出し，骨の長さを伸ばします。骨端軟骨は成長期では活発に細胞分裂しますが，成人では骨になるため，**骨端線**と呼びます。骨端線では軟骨層は不明瞭になります。

骨膜は関節軟骨を除く骨のすべての表面を覆い，その内面で骨芽細胞を作って骨の太さを成長させます。骨膜には血管や神経が豊富に分布し，骨に栄養を供給する以外にも，骨の新生や再生にも関わります。骨膜と骨質の結合はとても強く，両者を引き剝がすことは困難です。骨を折った際は骨膜から骨質が新たに作られて，修復が進行します。

骨に栄養を供給する動脈は，骨膜からフォルクマン管を通って緻密質に入り，さらにハバース管を通って骨質に分布します。また，一部は骨髄腔にある骨髄に至ります。骨の神経は，主に骨膜に分布していて，これらの神経は知覚性，つまり骨に与えられた感覚を伝える神経になっています。

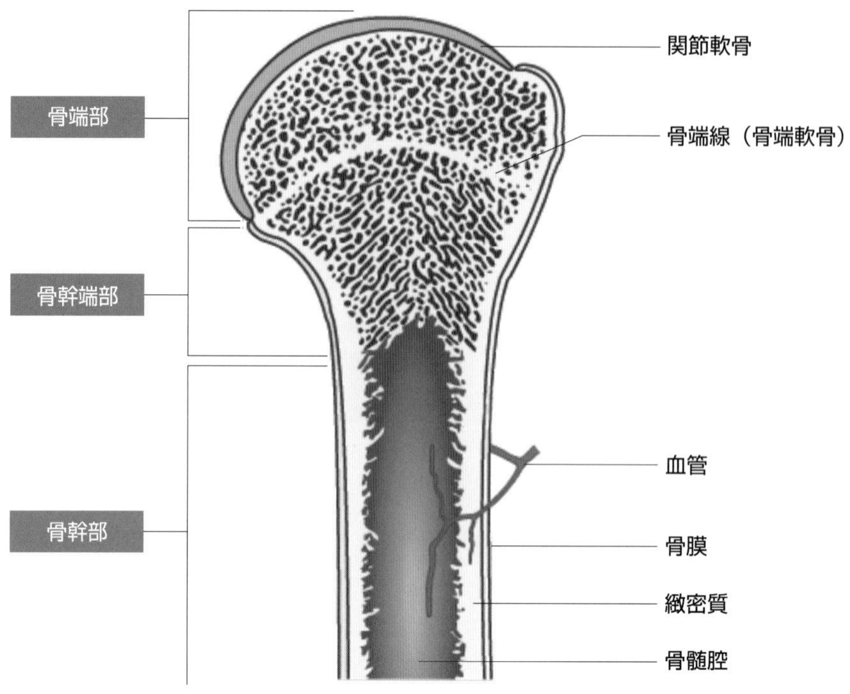

図 5-4　長管骨の構造

COLUMN 7

カルシウムは気を鎮める？

骨の重要な構成要素として，カルシウムがあります。「小魚を食べると骨が丈夫になる」と皆さんも聞いたことがあると思いますが，そのときに，「イライラもカルシウムで収まる」なんてことも耳にしなかったでしょうか。イライラした人を見ると，「カルシウムが足りないのではないか」と揶揄（やゆ）する人もよく見かけます。はたして，カルシウムは骨を作る以外に，気を鎮める効果があるのでしょうか。

血液中のカルシウム濃度がある程度低下しても，症状は出ないことがあります。ただし，低カルシウム血症のように，カルシウム濃度の低い状態が長く続くと，皮膚は乾燥して角質が剝がれ落ち，爪はもろく，毛髪は粗くなります。そして，背中や脚の筋肉に，強い痛みを伴うけいれんがよく見られ，やがて脳に影響が及び，錯乱，記憶障害，せん妄，抑うつ，幻覚といった，精神症状や神経学的症状が現れることがわかっています。これらの症状は，カルシウム濃度が回復すると消失します。

カルシウム濃度が極めて低くなると，唇，舌，指，足などにチクチク感をよく感じるようになり，知覚も変化します。また，筋肉痛，呼吸困難に至るような咽喉の筋肉のれん縮，テタニーと呼ばれる筋肉の硬直やれん縮，けいれん発作，不整脈が現れます。

このように，カルシウムは骨の形成だけでなく，生命維持，心の健康にも役立っているのです。低カルシウム血症は，尿中に過量のカルシウムが排出された場合や，骨から血液中に流入するカルシウムの量が不十分な場合に発生するのが，最も一般的です。こう考えると，骨も心の働きに関与していることがわかります。

5．骨の病気

ここまで，骨の解剖，組織，代謝，発達について見てきました。ここで，医療従事者であれば知っておきたいのが骨の病気です。

皆さんは**骨粗鬆症**（こつそそうしょう）という病気をご存知でしょうか（図5-5)。骨粗鬆症になってもそれ自体痛みはないのですが，転ぶなどのちょっとしたはずみで骨折しやすくなります。骨折が生じやすい部位は，背骨，手首の骨，太ももの付け根の骨などです。骨折が生じると，その部分が痛くなり動けなくなります。また，骨粗鬆症では，背中や腰が痛くなった後に，丸くなったり身長が縮んだりします。

骨は，骨形成と骨吸収を繰り返します。骨粗鬆症は，このバランスが崩れることで起こり，骨がスカスカになる病気です。骨粗鬆症は閉経後の女性に多く見られ，俗に“女性ホルモン”と呼ばれるエストロゲンの減少や，老化と関わりが深いと考えられています。

予防法としては，転ばないように注意する，カルシウムを十分にとる，ビタミンD，ビタミンK，リン，マグネシウムをとる，適量のタンパク質をとる，禁煙し，アルコールは控えめにする，運動，日光浴をする，などが推奨されています。

骨粗鬆症になってしまったら，骨からのカルシウムの放出を抑制する，カルシトニン製剤の内服や注射などによる治療を行います。

6．軟骨組織

骨格系もいよいよ大詰めです。あと少しなので頑張りましょう。ここからは，軟骨組織，関節と靱帯について見ていきます。

軟骨組織には，数はそれほど多くないのですが**軟骨細胞**が存在し，その細胞の周囲には膠原線維（48頁参照）や弾性線維が多く分布しています。弾性線維は結合組織を構成する線維で，血管壁や肺組織などに多く含まれます。つまり，伸び縮みしやすい組織です。弾性線維はタンパク質

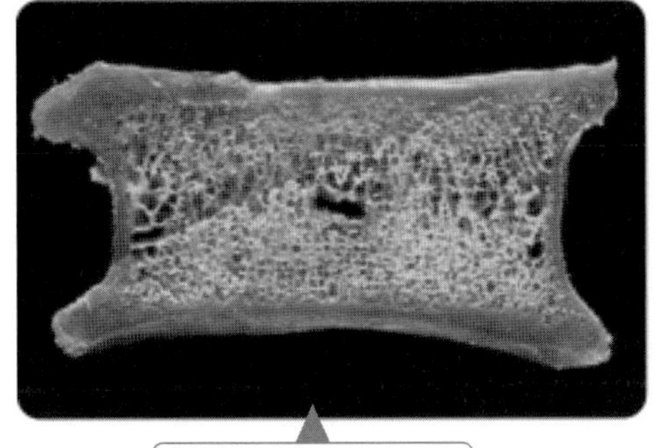

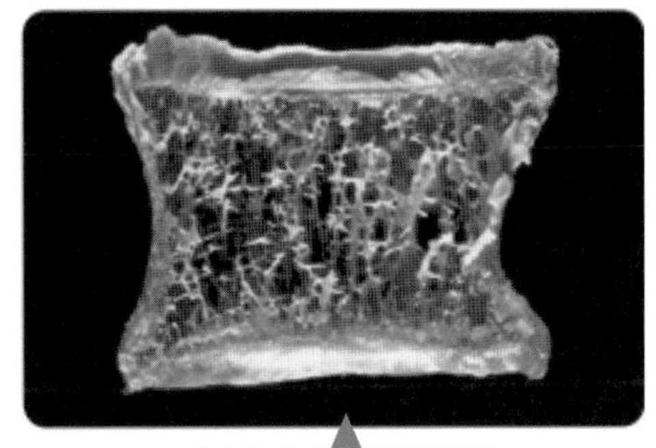

図5-5　骨粗鬆症の骨（撮影：浜松医科大学名誉教授 井上哲郎）

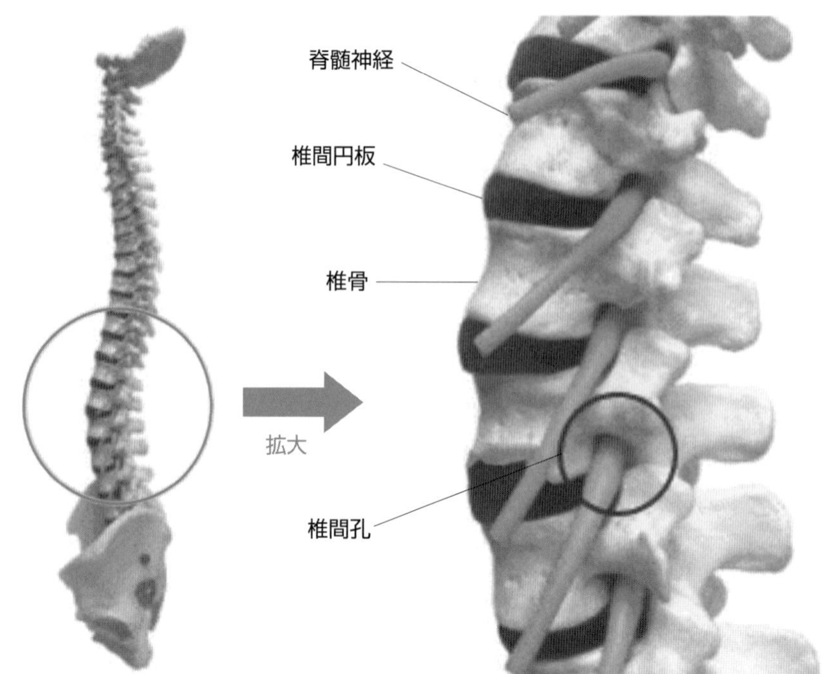

図 5-6　背骨に分布する椎間円板

のエラスチンから作られていて，弾性に富んでいます。

軟骨は，膠原線維と弾性線維の分布密度の違いから，**硝子軟骨**，**線維軟骨**，**弾性軟骨**に区別されています。硝子軟骨は関節に見られる軟骨（関節軟骨）で，多量のコンドロイチン硫酸という物質と膠原線維が含まれ，硬くなめらかな構造をしています。線維軟骨は椎間円板などに見られ，膠原線維が密に分布しています。椎間円板は，脊柱を構成する椎骨と呼ばれる骨の間に存在する軟骨です（図 5-6）。弾性軟骨は耳介*12 や，喉頭蓋*13 に見られ，多量の弾性線維を含んでいます。

7．関節と靱帯

次に関節と靱帯についてです。皆さんもご存知のように，骨と骨は関節によって結合しています（図 5-7）。向かい合う骨の関節面は，一方が突出し，他方が陥凹し，それぞれを**関節頭**，**関節窩**と呼びます。関節を作る骨は，**関節包**と呼ばれる膠原線維を主とする結合組織で包まれています。関節包の内側は**滑膜**で覆われていて，潤滑液の役割をする滑液によって潤い，関節面の運動をなめらかにしています。滑液は血管に富む結合組織から作られていて，ここに炎症が起こると関節液が増加して，関節包に液体が溜まってしまいます。

関節包の外側は，さらに丈夫な結合組織からなる，**靱帯**で補強されています。靱帯は，膝の関節にある十字靱帯のように，関節の内部にも形成されます（図 5-8）。関節周囲を包む靱帯が過度

＊12　耳の外に張り出している部分。
＊13　食物を飲み込むとき，喉頭口をふさいで気管に入らないような働きをする舌状の突出物。

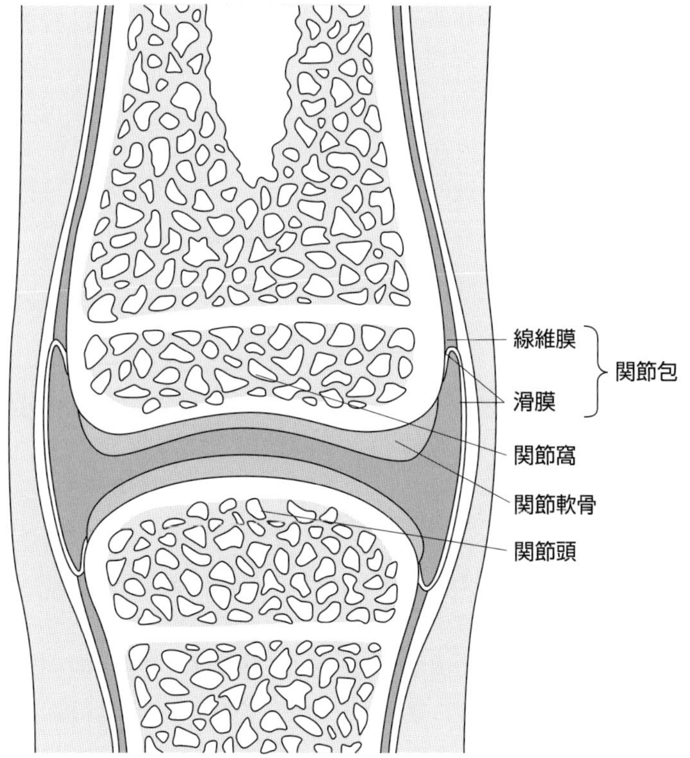

図5-7　関節の構造（渡辺，2016，p.28を著者一部改変）

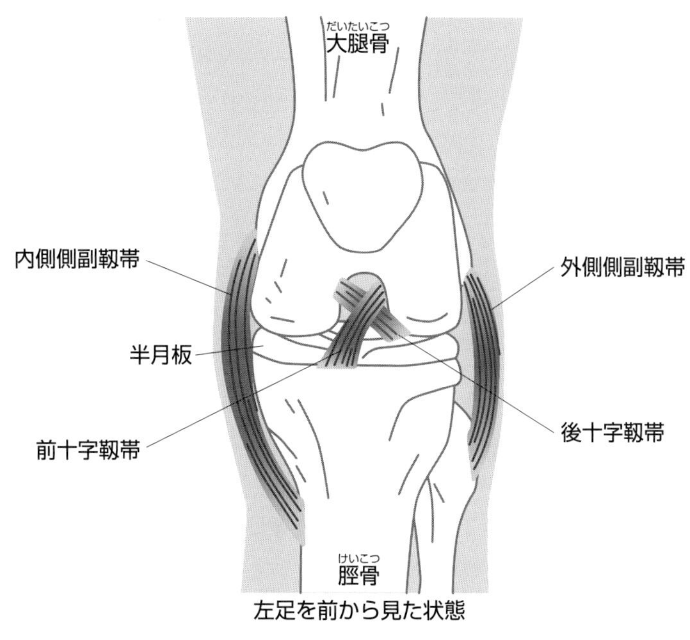

図5-8　靱帯の構造

に引き伸ばされ，部分的に断裂した状態になることを，**捻挫**と呼びます。足を挫くという状態も捻挫になります。

骨格系の話は以上になります。より詳しく学ぶ場合は，ここで紹介した以外に，頭部の骨，体幹の骨，体幹と上肢をつなぐ骨，上肢の骨，体幹と下肢をつなぐ骨，骨盤，下肢の骨と各論が続くのですが本書では割愛します。それでは次に，筋系のお話に移りましょう。

第2節　筋系

人体の筋は**骨格筋**，**心筋**，**平滑筋**の3種類に分けられます。ここでは骨格筋を中心に学んでいきます。

1．骨格筋

骨格筋は体重の半分を占める筋肉で，大小合わせて全身に約650個あります（図5-9）。骨格筋は主に骨に付いていて，顕微鏡で観察すると横紋（横に走る縞模様）が見えることから，**横紋筋**とも呼ばれます。また，自分の意志で調節できるため，**随意筋**（意志に従う筋肉）とも呼ばれています。骨格筋は骨と共同して，人体に運動性をもたらします。運動は行動の基盤となるため，骨格筋を学ぶこともまた，心の働きの生物学的基盤を知るための重要なプロセスと考えることができます。

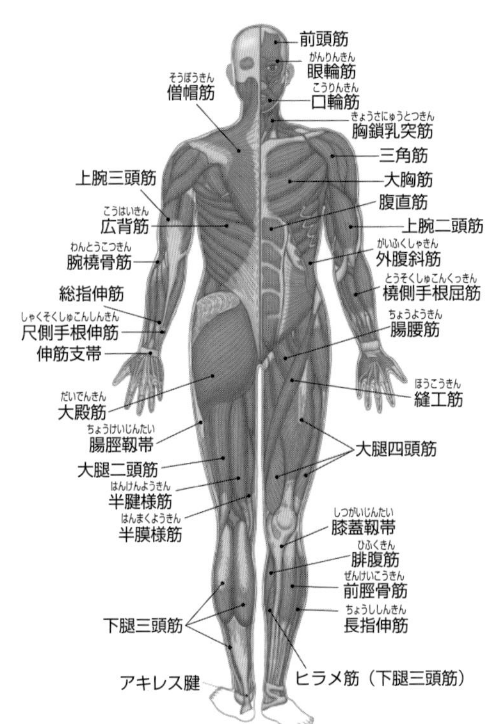

図5-9　全身の筋肉（©HOUKEN CORP）

骨格筋はたいていの場合，関節を間に挟んで骨と骨とを結び，靱帯に運動をもたらす随意性の筋を指します（図5-10）。しかし，顔面にある表情筋，尿道や肛門周囲にある括約筋などは，必ずしも骨と骨とを結んではいません。骨格筋はさまざまな形をしていますが，一般的なものでは，中央の太い部分が**筋腹**と呼ばれ，筋の両端はそれぞれ**筋頭**，**筋尾**と呼ばれています。そして，筋の両端は**腱**となって骨に結合しています。

筋腹には骨格筋を構成する筋細胞が集合しており，細胞内には**アクチンフィラメント**（9頁参照）や**ミオシンフィラメント**と呼ばれるタンパク質が，規則的に配列しています。そのため，特有の**横紋**が骨格筋には見られるので，骨格筋は**横紋筋**とも呼ばれています（図5-11）。

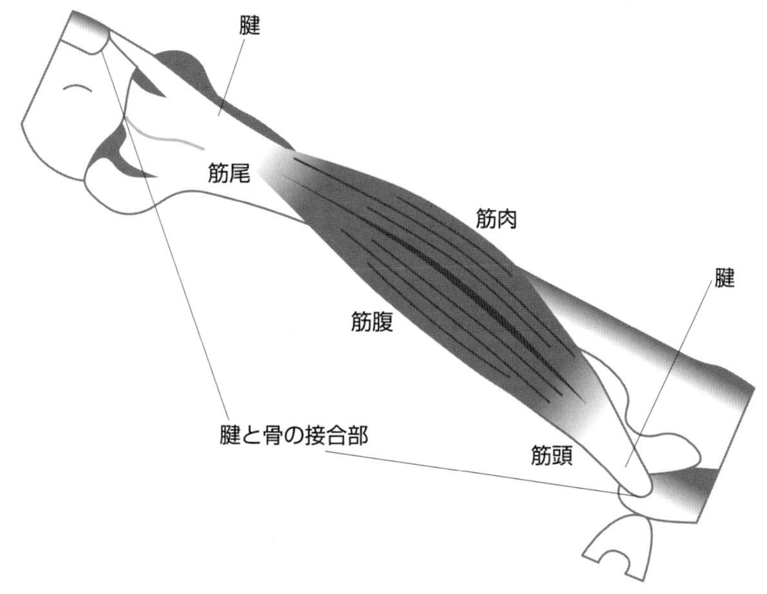

図 5-10　骨格筋

一方，腱には多量の膠原線維が密に配列しています。腱の長さはさまざまですが，特に，手足の指を屈伸させる筋の腱はとても長く，これは**腱鞘**（けんしょう）と呼ばれています。皆さんも**腱鞘炎**という言葉を聞いたことがあると思いますが，これは腱鞘が炎症を起こした状態を指しています。

さらに，骨格筋は**白筋**（はっきん），**赤筋**（せききん），その中間型の**中間筋**に分類することができます。白筋は，筋線維に含まれるミオグロビン*14 の含有量が少なく，すばやく収縮しますが疲労しやすいという特徴があります。そして，収縮の速さの違いから，白筋は**速筋**，赤筋は**遅筋**とも呼ばれます。

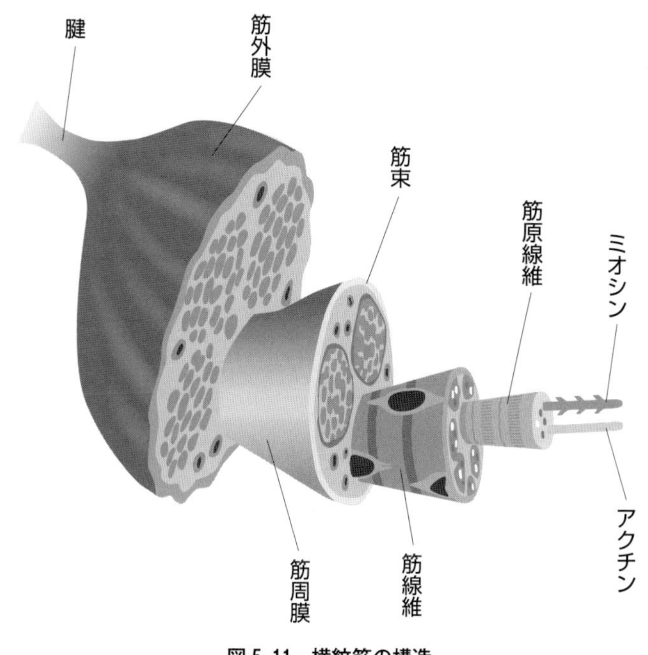

図 5-11　横紋筋の構造

激しい運動を継続すると，筋は太くなり，収縮力が増大します。これは**活動性肥大**と呼ばれる現象です。一方，長期臥床（がしょう）や運動麻痺などにより，筋が収縮できない状態が継続すると，筋は委縮し，収縮力も低下します。なんと，1週

＊14　筋肉中にあって，代謝に必要なときまで酸素分子を貯蔵する色素タンパク質。

間程度の臥床によって，収縮力が20％も低下すると言われているのです。ですから，骨格筋を委縮させないためには，絶えず活動させていることが大切です。ただし，急激で瞬間的な骨格筋の収縮は，筋膜（筋外膜や筋周膜）や筋束の部分的断裂を引き起こして，**肉離れ**を起こすことがあるので注意しなくてはなりません。

2．筋収縮

では次に，筋収縮の仕組みについて見ていきましょう。筋肉の収縮は，**アクチンフィラメント**が**ミオシンフィラメント**の中央へ滑走することによって起こります。つまり，両フィラメントの長さは変わらずに，**筋節**が短縮します。この現象は，大脳皮質から出された電気信号が脊髄を下降して，脊髄にある運動ニューロンに伝達され，電気信号が神経伝達物質である**アセチルコリン**を介して筋線維に伝わることで起こります。

アセチルコリンが届くと，アクチンフィラメントとミオシンフィラメントとの間に架橋が形成されます。そして，この形成された架橋によって，アクチンフィラメントはミオシンフィラメントの中央へ滑走することができるのです（図5-12）。繰り返しになりますが，両フィラメントは互いに重なり合うため，長さそのものは変わりません。しかし，筋節が短縮するので筋肉は収縮します。

筋肉の収縮にはさまざまな型があります。その一つが**単収縮**です。閾値を超えた1回の刺激が骨格筋線維へ伝わると，一過性の収縮と弛緩（しかん）が見られます。これが単収縮です。たとえば，瞬き（まばた）がその好例です。単収縮も**全か無かの法則**（36頁参照）に従い，その刺激の強弱に関係なく，閾

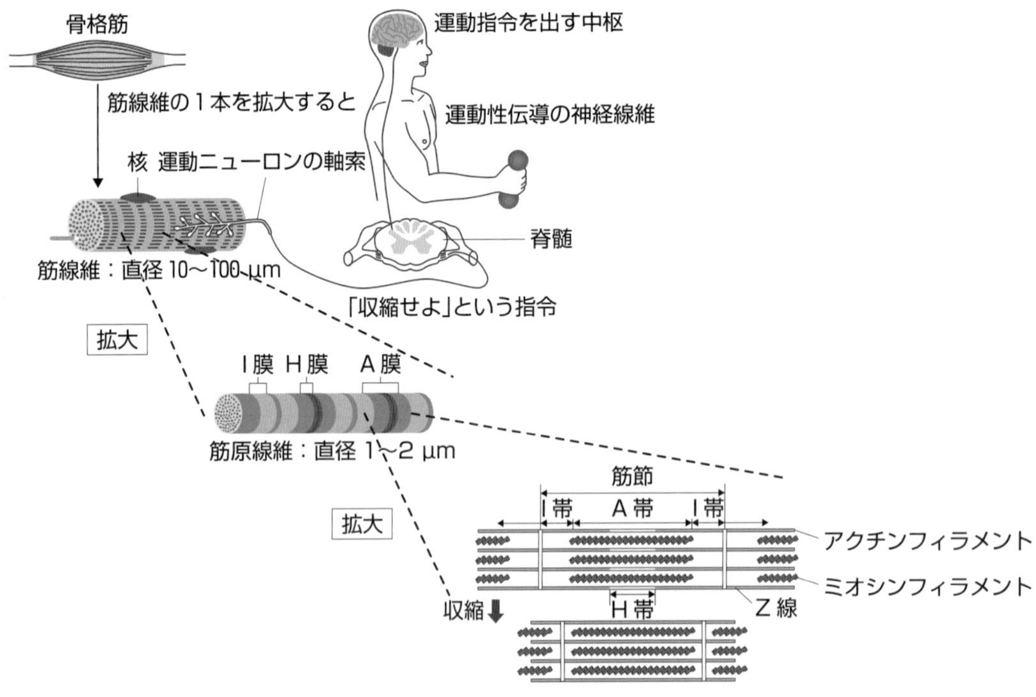

図5-12　筋収縮の仕組み

値以上の刺激であれば100%の収縮力を示します。

第4章「神経系」では説明を省略しましたが，神経細胞は，脱分極中は次に続く閾値以上の活動電位の刺激に対して，応答しない時期があります。これを**不応期**と呼んでいて，筋収縮もこの法則性に従います。不応期には，強い刺激が来れば活動電位が生じる**相対不応期**と，強い刺激が来ても活動電位が生じない**絶対不応期**があります。骨格筋は，心筋や平滑筋と比べると，絶対不応期が短いという特徴があるのです。

1回の刺激による単収縮が完全に弛緩する前に再び筋を刺激すると，2つの単収縮は重なり合いを起こし，1つの単収縮と比較してより大きな収縮が得られます。これを**収縮の加重**と呼びます。そして，刺激の頻度をさらに多くすると，**強縮**と呼ぶ状態が起きます。個々の単収縮が区別できる場合を**不完全強縮**と呼び，個々の単収縮が完全に融合して収縮曲線がなめらかになった場合を**完全強縮と**呼びます（図5-13）。ふだんの生活の場面では，骨格筋には，神経からの反復刺激によって強縮が起きています。また，活動電位には加重現象が起きないため，刺激頻度を高めたとしても，絶対不応期より短い刺激は無効となります。

さらに，筋収縮には一定の長さ，つまり筋の長さが変わらないで起こる収縮と，一定の張力（引っ張る力）で起こる収縮があります。前者を**等尺性収縮**と呼び，後者を**等張性収縮**と呼びます（図5-14）。重たいものを持ち続けるときは等尺性収縮となり，筋の長さは変わりません。一方，物を上げたり下ろしたりするときは，張力は変化しませんが，筋は収縮します。上げるときの収縮は**短縮性収縮**と呼び，下ろすときの収縮は**伸張性収縮**と呼びます。

筋細胞でも他の細胞と同様に，解糖系，TCA回路，電子伝達系によって**ATP産生**が行われています（29頁参照）。脊椎動物の筋細胞では，**クレアチンリン酸**と呼ばれる物質が多く含まれていて，それが関与するATP分解とADP再利用システムが存在しています。クレアチンリン酸は，リン酸化されたクレアチンで，骨格筋にとって重要なエネルギー貯蔵物質です。ADPからの無酸素的なATPの生成に使われ，2～7秒程度の反応時間でクレアチンキナーゼと呼ばれる酵素の働きによってリン酸基が外され，クレアチンに戻ります。この反応は可逆的でATP濃度の調整にも役立っています。

クレアチンリン酸は筋肉だけでなく，脳など多くのエネルギーを消費する組織で，重要な役割を果たしています。クレアチンリン酸のもととなるクレアチンは，主に腎と肝臓の共同作業で合成され，血流に乗って筋細胞や脳の神経細胞に運ばれます。そして，細胞内に取り込まれたのち，リン酸化されてクレアチンリン酸になります。

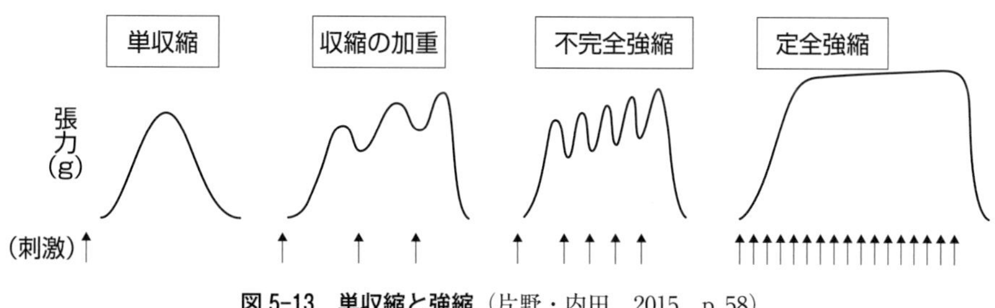

図5-13　単収縮と強縮（片野・内田，2015，p.58）

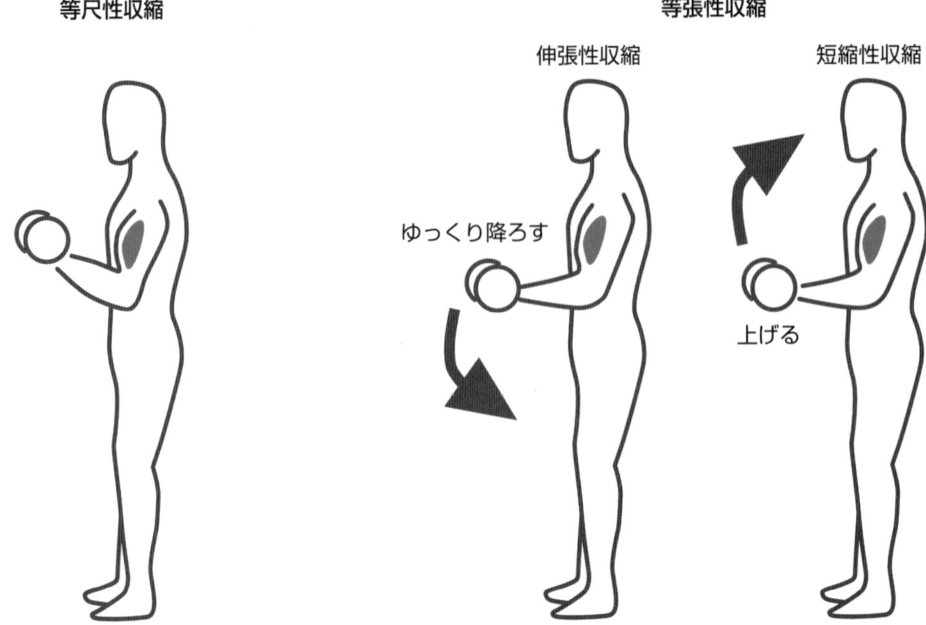

図 5-14　等尺性収縮と等張性収縮

クレアチンリン酸が関与する ATP 分解と ADP 再利用のシステムは，**ローマン反応**と呼ばれていて，運動時にはクレアチンキナーゼの働きによって，クレアチンリン酸のリン酸が ADP に付加されて ATP が産生され，安静時には ATP が ADP とクレアチンリン酸に分解されます。これにより，運動時にはエネルギーを供給し，安静時にはエネルギーを蓄えているのです。運動時では，ATP はアクチンフィラメントとミオシンフィラメントの滑り込み運動や，アクチンフィラメントとミオシンフィラメントの解離などに用いられます。

骨格筋の収縮に必要なエネルギーは ATP の分解によって得られますが，筋線維内に存在する ATP の量は少なく，約 1 秒間の筋収縮をまかなう程度です。そのため，持続的な収縮が必要な場合はクレアチンキナーゼの働きによって ADP から ATP が再合成され，さらに必要な場合は解糖系，さらに必要な場合は呼吸によって酸素を取り入れ，有酸素系のエネルギー供給システム（TCA 回路，電子伝達系）で ATP を供給します（図 5-15）。

激しい運動が長時間継続して ATP 濃度が低下すると，筋の収縮力は弱くなります。これが**筋疲労（筋肉疲労）**と呼ばれる状態です。また，有酸素系のエネルギー供給システムに至る前，すなわちクレアチンリン酸系によって ATP が供給される場合では，乳酸が生成されます。血液中の乳酸濃度の上昇は，筋肉痛の原因となることが知られています。

骨格筋には，筋の張力を感知するために，**筋紡錘**（きんぼうすい）と**腱紡錘（ゴルジの腱器官）**という 2 種類の体性感覚受容器があります。筋紡錘は長さが 2 〜 5 mm の筋線維で，筋の長さの変化を検知しています。腱紡錘は，筋の張力の変化を検知しています。

脊髄の前根と呼ばれる場所にある神経細胞（運動ニューロン）から伸びている軸索が，骨格筋の筋紡錘に伸びて，そこにシナプスを作ります。これは中枢からの情報を末梢に伝える神経の道

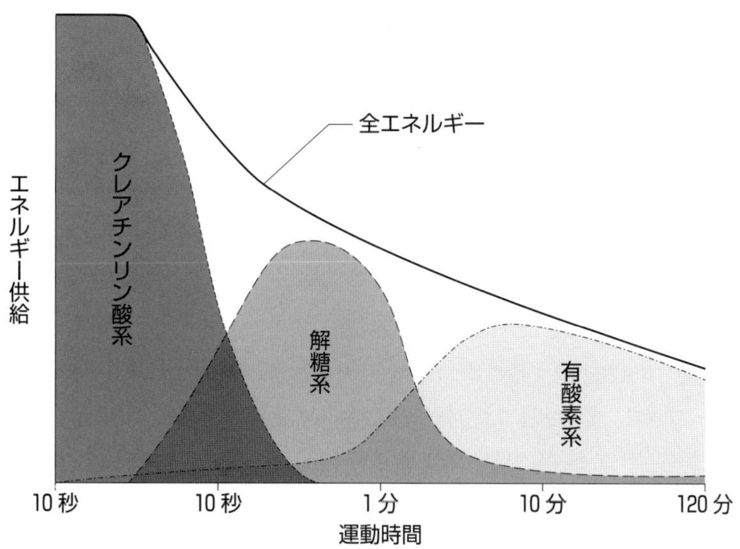

図 5-15　運動時間とエネルギー供給システム（吉崎，2007，p.258）

筋で，遠心性神経路と呼びます。

一方，腱紡錘（ゴルジの腱器官）と，脊髄の後根と呼ばれる場所をつなぐ神経細胞（感覚ニューロン）は，末梢からの情報を中枢に伝える神経の道筋である求心性神経路を形成し，先ほどの遠心性神経路と合わせて，運動（筋収縮）と筋の張力の調節を行うループを形成しています。

図 5-16 は，膝蓋腱（しつがいけん）をゴムのハンマーで打つ，膝蓋腱反射テストを示しています。膝蓋腱がハ

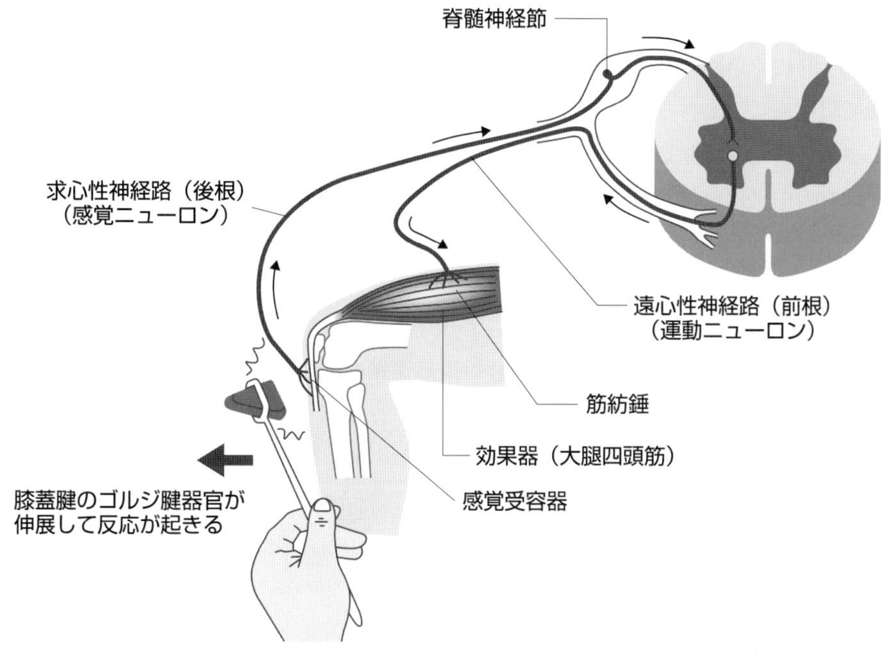

図 5-16　骨格筋の張力の検知（膝蓋腱反射）

ンマーで押されたことにより，膝蓋腱の腱紡錘（ゴルジの腱器官）が伸展します。そして，求心性神経路を通じて脊髄に情報が伝わり，遠心性神経路を通じて筋紡錘に情報を伝え，大腿の筋が収縮して膝関節が伸展します。

この膝蓋腱反射は，脚気（かっけ）*15 や，末梢神経炎などのときに減弱ないし消失し，中枢神経障害，たとえば脳炎・脳出血などのときに亢進することがわかっています。

骨格筋のお話はここまでです。次は心筋を見ていきましょう。

3．心筋

心筋細胞は，太さ 10〜20 μm，長さ約 80 μm の大きさの細胞です。細胞間は**介在板**と呼ばれる構造体でつながっていて，介在板には情報伝達に関与するギャップ結合（37 頁参照）や，デスモゾーム*16 などが存在し，心筋細胞間の電気的な興奮伝達に関わっています。心筋細胞の核は細胞の中央に１〜２個存在していますが，筋原線維，小胞体，ミトコンドリアなどの細胞内の形態的特徴は，骨格筋とほぼ同じです。

心筋細胞のより詳しい特徴については，第８章「循環器系」で見ていきましょう。それでは最後に平滑筋です。

4．平滑筋

平滑筋は表面がなめらかで，横紋が認められないことから，このように呼ばれています。平滑筋細胞は，血管や気管，消化管，尿管などの管腔組織*17 に主として存在し，自律神経（43 頁参照）や，後の章で紹介する内分泌系の調節を受けて，弛緩や収縮を通じて内臓の蠕動（ぜんどう）運動*18 や括約筋作用のほか，脈管*19 の弾力性，脈管の径の変化と血流量調節による血圧と体温の調節，眼球運動の遠近調節，汗などの外分泌腺の活動に関与します。平滑筋は持続的に収縮することが可能で，疲労しにくい特徴を備えた筋です。

平滑筋細胞は通常，太さ 5 μm，長さ 20〜200 μm の大きさで，紡錘形の細胞です。血管壁ではさらに小型の筋細胞もありますが，妊娠時の子宮では肥大し，大型で，増殖能も高いです。核は１つで，細胞の中央に位置しています。筋のフィラメントは，多くがアクチンフィラメントであり，細胞の長軸方向に走行しています。一方，ミオシンフィラメントは少ないか，ほとんど見られない場合もあります。

平滑筋組織は，細胞間を埋める結合組織により，筋収縮方向につながれ，層を作って配列しています。筋細胞間や筋細胞群間を埋める結合組織は，細胞群の収縮運動による張力を伝えます。そのため，単位面積あたりの張力は，筋の長さが長いほど大きくなります。

また，平滑筋には，**単元性平滑筋**と**多元性平滑筋**があります。単元性平滑筋は，筋細胞間に

＊15　ビタミン欠乏症のひとつであり，ビタミン B1 の欠乏によって心不全と末梢神経障害をきたす疾患のこと。心不全によって足のむくみ，神経障害によって足のしびれが起きることから，脚気と呼ばれる。

＊16　細胞が他の細胞に接着する構造の一種。

＊17　管状の構造を有する内臓器官の組織。

＊18　筋肉が伝播性の収縮波を生み出す運動。

＊19　血管やリンパ管などの臓器や組織の代謝輸送路。

表 5-1　各筋の特徴

筋の分類	役割	所在	筋組織	収縮	支配神経
骨格筋	身体や手足を動かす筋肉	骨格	横紋筋	随意	体性神経
心筋	心臓を動かす筋肉	心臓	横紋筋	不随意	自律神経
平滑筋	主として内臓の活動に関わる筋肉	主として内臓	平滑筋	不随意	自律神経

ギャップ結合があり，そこを通って興奮の伝達が行われています。これら一群の筋は，電気刺激が自動的に発生し，自律的に活動する能力（自動能）を持つとともに，特定の筋細胞に神経終末が隣接して，興奮を伝達することで機能しています。さらに，交感神経，副交感神経の二重支配を受けるものが多く，腸管や子宮などの内臓や，中小の血管の筋肉がこれに属しているので，**内蔵型平滑筋**とも呼びます。

多元性平滑筋はギャップ結合がなく，自動能を持っていません。各細胞がそれぞれ神経から情報を受けていて，微細な収縮活動を行っています。また，交感神経，副交感神経のいずれか一方からしか調節を受けておらず，毛様体*[20]や，虹彩を調節して瞳孔を調節する筋肉である瞳孔括約筋および瞳孔散大筋，立毛筋*[21]，大きい血管や輸精管*[22]の筋は，多元性平滑筋で構成されています。

ここまで，骨格筋，心筋，平滑筋の特性について学んできました。主な特徴の違いをまとめたものが表 5-1 になります。

5．筋力低下・筋萎縮

では，筋系のお話の最後に，筋力低下や筋委縮について学んでいきましょう。

スポーツ選手は骨格筋の発達が顕著で，鍛え抜かれた身体でレベルの高いパフォーマンスを発揮し，見る人たちを楽しませてくれます。これは，常日頃のトレーニングがそのような状態を維持しているのですが，筋肉は使用しないと，退化や萎縮が起こりやすいという特徴があります。たとえば，無重力状態で長期間過ごした宇宙飛行士は，地球に帰還してもすぐに起立できません。これは，無重力状態で筋肉が萎縮してしまっていることが原因です。また，高齢者が容易に転倒したり，誤嚥したりするのも，筋肉の退化，萎縮が原因です。

そして，トレーニング不足や老化以外にも，疾患によって筋肉が衰退することがあります。たとえば，重症筋無力症は，神経と筋の接合部が障害される自己免疫疾患です。自己抗体によって神経からの情報が筋に伝達されなくなるために，筋力低下が引き起こされます。また，筋ジストロフィーは，筋細胞中にあるジストロフィンと呼ばれるタンパク質が欠損する病気で，これが原因となって，筋力低下が引き起こされます。

このように，特定の疾患で筋力が低下してしまうと，その人は意思表示が困難になります。その結果，その人の心も，推察することが難しくなります。このような状態のときにこそ，限られ

＊20　眼球内の水晶体を周りから囲み，視力の調節を行う筋肉。

＊21　皮膚の毛包から真皮へ斜めに走る平滑筋。寒さなどの刺激によって収縮すると毛が立ち，鳥肌となる。

＊22　精巣上体に貯えられた精子を尿道まで運ぶ直径約 3 mm，長さ約 40 cm の細長い管。

たパフォーマンスのなかからその人の意思をくみ取ることが，医療の現場で公認心理師が行うべき重要な仕事なのかもしれません。

第５章では，骨格系と筋系について紹介しました。筋系の説明の冒頭でお話したように，骨格は骨格筋と結合して人の身体に運動性をもたらしています。この運動性の仕組みは，まさに行動の基本原理にあたります。皆さんはここでの学びを通じてその仕組みが理解できたと思いますので，次章では，その行動を引き起こす刺激を受容する仕組み，感覚器系について見ていくことにしましょう。

挑　戦!!　第5章　確認問題

❶ 人の身体は大小さまざまな206個の骨から作られていて，その形によって（　　），（　　），（　　）などに分類される。

❷ 長管骨の両端は（　　），中央は（　　）と呼ぶ。

❸ 骨の細胞には，骨細胞以外に（　　），（　　）があり，（　　），（　　）に関わっている。

❹ 骨形成，骨吸収という一連の流れを，（　　）と呼ぶ。

❺ （　　）は，それ自体痛みはないが，転ぶなどのちょっとしたはずみで骨折しやすくなる骨の病気である。

❻ 人体の筋は（　　），（　　），（　　）の3種類に分けられる。

❼ 骨格筋はさまざまな形をしているが，一般的なものでは中央の太い部分が（　　）と呼ばれ，筋の両端はそれぞれ（　　），（　　）と呼ばれる。

❽ 筋腹には，骨格筋を構成する筋細胞が集合しており，細胞内には，（　　）や（　　）と呼ばれる収縮性線維タンパク質が規則的に配列している。

❾ 筋収縮は，神経伝達物質である（　　）が筋線維に伝わることで起こる。

❿ 骨格筋には，筋の張力を感知するために，（　　），（　　）という2種類の体性感覚受容器がある。

解答：①長管骨，扁平骨，含気骨，②骨端，骨幹，③骨芽細胞，破骨細胞，骨形成，骨吸収，④骨代謝，⑤骨粗鬆症，⑥骨格筋，心筋，平滑筋，⑦筋腹，筋頭，筋尾，⑧アクチンフィラメント，ミオシンフィラメント，⑨アセチルコリン，⑩筋紡錘，腱紡錘（ゴルジの腱器官）

第6章　感覚器系

Sensory system

人が生命を維持するためには，外界の変化や異常を敏感に感じて，その変化に適切に対応しなくてはいけません。このような外部環境の変化を感じる器官が，感覚器官です。具体的には，**目**，**耳**，**鼻**，**舌**，**皮膚**などがそれに該当します。ここで受容された情報は，神経系を通じて脳に伝えられ，そこではじめて感覚として認識されます。

各感覚器官が受け取る情報は合わせて5つあり，**視覚**，**聴覚**，**嗅覚**，**味覚**，**皮膚感覚**を合わせて**五感**と呼ばれています。人が感じる感覚には，五感のほかに，体内に起こる変化を感受する**深部感覚**や**内臓感覚**などがあります。本章では，感覚ついて学んでいくことにしましょう。

第1節　視覚器

視覚器は，眼球とその付属器官から構成されています。図6-1は眼球の構造を示しています。

1．眼球の構造

眼球は直径24 mmほどの球形をしていて，**角膜**と**強膜**から構成される**外膜**と，**虹彩**，**毛様体**，**脈絡膜**から構成される**中膜**，そして**網膜**からなる**内膜**によって構成されています。また，眼球

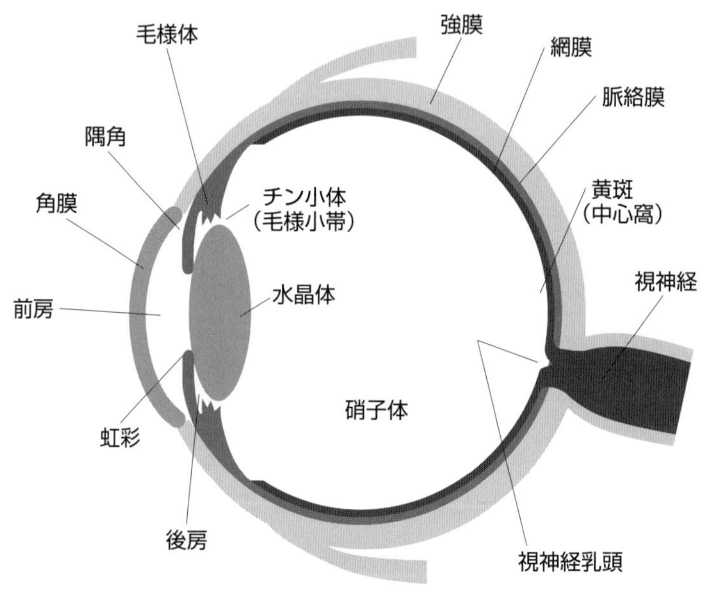

図6-1　眼球の構造

の内部には透明な**隅角**，**水晶体**，**硝子体**があります。

眼球は特定の部位が液体で満たされていて，角膜の表面には**涙液**が，角膜と水晶体の間の**前房（前眼房）**と虹彩と水晶体の間の**後房（後眼房）**には**房水（眼房水）**という液体が存在します。

涙液は涙腺で作られ，涙道を通って角膜上に分泌された後に，最終的には鼻孔に排出されます。泣いたときに涙と一緒に鼻水が出るのは，このためです。涙液は角膜表面を潤すと同時に，角膜への栄養供給，さらには感染防御の役割も担っています。

角膜は強膜から続く眼球の最表面にある組織で，直径が約 12 mm，厚さが約 0.8 mm あります。角膜は，光を屈折して眼内に送る役割があります。

房水は，毛様体の表面にある毛様体上皮細胞で，血液から作られます。房水は，後房に分泌された後に，瞳孔部分から前房に排出されます。最終的に，房水は隅角を通り，**シュレム管**から眼外に排出されます。房水の循環によって角膜や水晶体に栄養が供給され，さらに眼圧[*23]を一定に保つことによって，眼球の形態が維持されます。この，眼圧が高くなって視野が狭くなる病気が，**緑内障**です。

2．緑内障

緑内障は，眼圧が上昇する原因によって，いくつかの種類に分けられます。正常眼圧緑内障では，眼圧が正常範囲の 10～21 mmHg にもかかわらず，緑内障の症状が出ます。これは日本人に多いことがわかっており，日本国内の緑内障の約 7 割が正常眼圧緑内障です。

原発閉塞隅角緑内障では，隅角が狭くなってふさがり，房水の流れが妨げられて眼圧が上昇します。これには，慢性型と急性型があります。発達緑内障は，生まれつき眼内の水の流れ路が未発達なために起こる緑内障です。続発緑内障は，外傷，角膜の病気，網膜剝離，目の炎症など，他の目の疾患による眼圧上昇や，ステロイドホルモン剤などの薬剤による眼圧上昇によっておこる緑内障です。

一度，障害を受けた視神経は元には戻らないため，緑内障を完治させることはできません。したがって，緑内障の治療は，視神経がダメージを受けてこれ以上視野が狭くならないように，眼圧を下げることが基本となります。

3．視覚器の機能

強膜は，角膜と連続して眼球外膜を構成しています。結合組織に富んでいて，白く不透明です。これは眼球の保護，形態保持の役割を担っています。強膜の前部は，眼瞼の内側に続く結膜で覆われています。ここに炎症が起こる症状が**結膜炎**です。

虹彩は眼の中に入る光の量を調節する組織で，光が透過する中央部を**瞳孔**と呼びます。虹彩は 2 種類の平滑筋から作られていて，1 つは副交感神経の支配を受ける瞳孔括約筋，もう 1 つは交感神経で支配されている瞳孔散大筋です（図 6-2）。明るい光が入ると瞳孔は縮小し，暗いところでは瞳孔は散大します。

＊23　眼の中の圧力を指し，眼の硬さの維持に必要な力のこと。

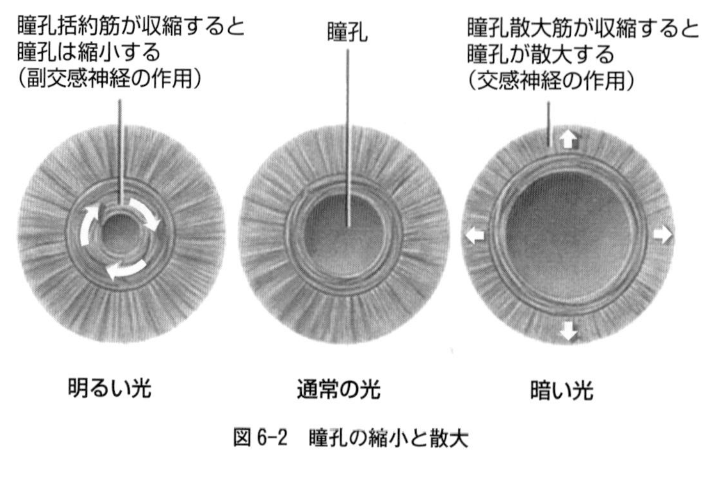

図 6-2　瞳孔の縮小と散大

図 6-3　水晶体の遠近調節

虹彩から続いて，付け根に存在する組織が**毛様体**です。毛様体は，毛様体筋と呼ばれる平滑筋が毛様小帯を介して水晶体とつながっていて，水晶体の厚みを調節しています。遠近の焦点を合わせられるのは，この毛様体筋の働きによります（図 6-3）。遠くを見るときは毛様体筋が弛緩して水晶体が薄くなりますが，近くを見るときは毛様体筋が緊張して水晶体が厚くなります。**近視**は，毛様体筋の緊張が解けずに，遠くが見づらくなる状態を指します。一方，**老眼**は，毛様体筋が緊張しづらくなり，近くが見づらくなる状態を指します。

視覚が機能するためには，**網膜**で光の受容が正常に行われる必要があります。網膜は脈絡膜側にある色素上皮の層から，硝子体側の神経節の層まで，合わせて 8 層から構成されており，最初に光の信号を受け取るのは**桿体細胞**（かんたい），**錐体細胞**（すいたい）と呼ばれる細胞です。桿体細胞は暗いところで，

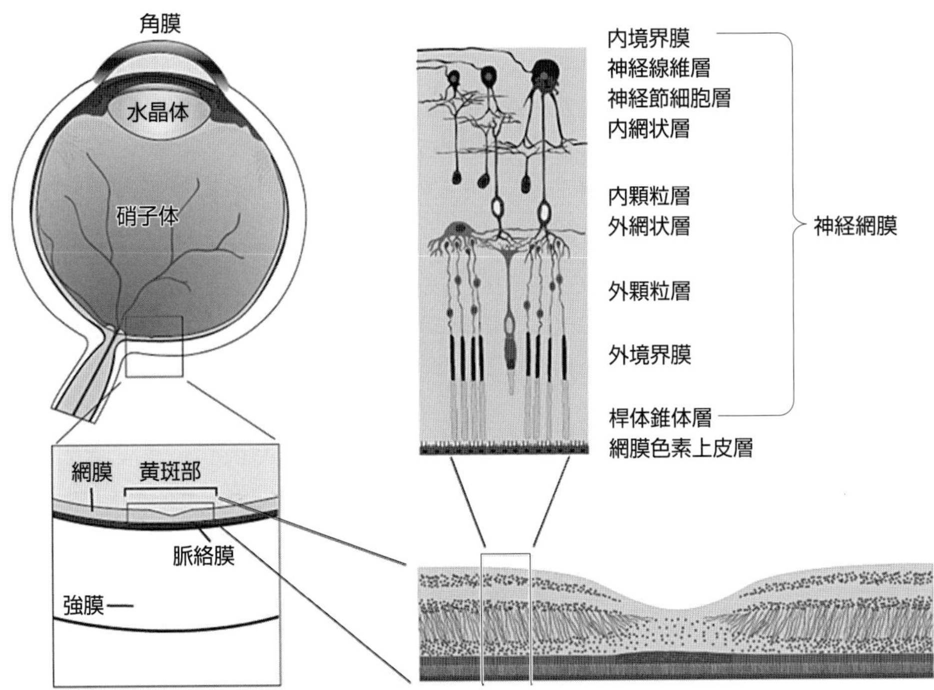

図 6-4　網膜の構造（独立行政法人国立病院機構大阪医療センター HP より）

錐体細胞は明るいところで働き，**黄斑部**（おうはん）に多数存在しています（図 6-4）。最初に杆体細胞，錐体細胞で受け取った光の信号は，内顆粒層，外網状層付近の**双極細胞**や**水平細胞**に送られ，さらに，内網状層の**アマクリン細胞**に伝わり，最終的に神経節細胞を通じて中枢に送られます。

4．白内障

網膜へ届く光は**水晶体**を通過します。水晶体はレンズの役割をする直径が 9 mm，厚さが 5 mm ほどの透明組織で，毛様体から伸びた毛様小帯（チン小帯）につながっています。表面は水晶体嚢胞（のうほう）と呼ばれる膜で覆われていて，その内側は血管のない組織で構成されています。水晶体固有のタンパク質であるクリスタリンが高濃度に含まれていることが特徴です。そして，この水晶体が白く濁る病気が**白内障**です。

白内障は一般的に，水晶体が年齢とともに白く濁（にご）って視力が低下する病気です。水晶体は通常は透明な組織ですが，白内障では白く濁ってしまうため，集めた光がうまく眼底に届かなくなり，視界が全体的にかすむ，視力が低下する，光をまぶしく感じる，暗いときと明るいときで見え方が違う，などの症状が引き起こされます。

先ほど紹介したように，水晶体にはクリスタリンと呼ばれるタンパク質が豊富にありますが，このクリスタリンは本来非常に小さく，水晶体の働きを邪魔することはありません。しかし，クリスタリンを構成しているアミノ酸が，さまざまな要因でストレスを受けることにより，異常なサイズの塊へと成長してしまうことがあります。これにより，水晶体を通過するべき光が眼の奥に届かなくなったり，反射してまぶしくなったりしてしまうのです。

このクリスタリンのサイズの変化はさまざまな原因で起こりますが，最も多いのは加齢によるもので，これは加齢性白内障と呼ばれています。個人差がありますが，誰でも年をとるにつれて水晶体が濁ってきます。加齢性白内障は一種の老化現象ですから，高年齢の人ほど多く発症します。このほかに，アトピー性皮膚炎，糖尿病などの全身疾患に合併する白内障や，風疹などで起きる先天性白内障，目のけがなどで引き起こされる外傷性白内障などがあり，さらに放射線や薬剤（ステロイド剤）の影響で白内障が起こることもあります。

白内障はどんなに症状が進行しても，手遅れということはありません。白内障の治療は病状の進行段階によって異なりますが，視力の低下や目のかすみが日常生活に支障がない初期の段階では，ピレノキシン製剤やグルタチオン製剤による点眼治療が基本です。ただし，薬を使用しても水晶体が透明に戻るわけではなく，これは，あくまで白内障の進行を抑えることが目的です。

また，白内障が進行して日常生活に支障が見られる場合には，外科的手術が行われます。現在では，超音波乳化吸引術が一般的となっており，この手術では，濁った水晶体を超音波で粉砕して取り除き，その代わりに人工水晶体である眼内レンズを挿入します。手術を受ければ，視力の回復も見込めますが，人工的な眼内レンズにピント調節機能はないため，手術後もメガネなどによる視力の矯正が必要な場合があります。

硝子体はその99%以上が水分で，コラーゲンとヒアルロン酸を主成分とする，透明なゲル状の組織です。眼球の内腔を満たし，眼球の形状を保持する役割も果たしています。

以上が視覚器に関する概要です。視覚における光受容と，その後の中枢への経路については，42頁を参照してください。

5．加齢黄斑変性症と先端治療

本節の最後に，視覚器の病気とその治療に関する最新のトピックを紹介します。

皆さんは**加齢黄斑変性症**という病気をご存知でしょうか。これは，加齢により網膜の中心部である黄斑に障害が生じ，見ようと思う箇所がうまく見えなくなる病気です。加齢黄斑変性症は一般には馴染みの薄い病名かもしれませんが，欧米では成人の失明の原因第1位となっている病気です。日本では比較的少ないと考えられていましたが，人口の高齢化と生活の欧米化により近年著しく増加し，失明の原因の第4位となっています。50歳以上の人の約1%に見られ，高齢になるほど多く見られます。

この病気は比較的最近まで治療法がなかったのですが，最近いくつかの治療法が新たに開発されて，多くの患者さんが視力の維持や改善を得られるようになってきました。その治療法のうち最も新しいものが，**iPS細胞（人工多能性幹細胞）**を用いた治療です。加齢黄斑変性症は昔から知られていた病気ですが，iPS細胞を用いた初めての臨床研究の応用に選ばれた病気として，有名になりました。

iPS細胞とは，皮膚などの体細胞にごく少数の因子を導入し，培養することによって，さまざまな組織や臓器の細胞に分化する能力と，ほぼ無限に増殖する能力を持つ多能性幹細胞に変化した細胞を指します。これは，**人工多能性幹細胞**（induced Pluripotent Stem cell）と名付けられ，頭文字をとってiPS細胞と呼ばれています。

iを小文字にした理由は，当時流行っていたiPodのiが小文字だったからだそうです。iPS細胞を作製した京都大学の山中伸弥先生は，2012年にノーベル生理学・医学賞を受賞されました。

第2節　聴覚・平衡感覚

耳は，音波に対する受容器であるとともに，平衡感覚の受容器でもあります。まずは，耳の構造について見ていきましょう。

1．耳の構造

耳は，外側から順に**外耳**，**中耳**，**内耳**の3つの部分から構成されます。外耳と中耳は聴覚に関わり，内耳は聴覚と平衡感覚に関わります。図6-5は耳の構造を示しています。

外耳は**耳介**と**外耳道**の部分を指します。この構造により，音波は中耳へと伝わります。耳介には**外耳道軟骨**と呼ばれる軟骨が存在するため，曲げても元に戻ることができます。ただし，耳たぶ（耳垂）にはそれがありません。外耳道は，長さが約2.5 cm，直径約0.6 cmのS字状にまがった管で，頭蓋骨の中に達しています。外耳道の外面は，耳介側1/3が外耳道軟骨によって，残り2/3は頭蓋骨（側頭骨）によって覆われています。

また，内面は，自分の耳を見てもわかると思いますが，皮膚に覆われています。軟骨によって覆われている部分の外耳道の内面には，**耳毛**と**耳道腺**と呼ばれるアポクリン腺*24があり，耳道腺からは黄褐色の耳脂が分泌されます。耳脂は皮膚と混ざり合って耳垢（じこう）（みみあか）になりま

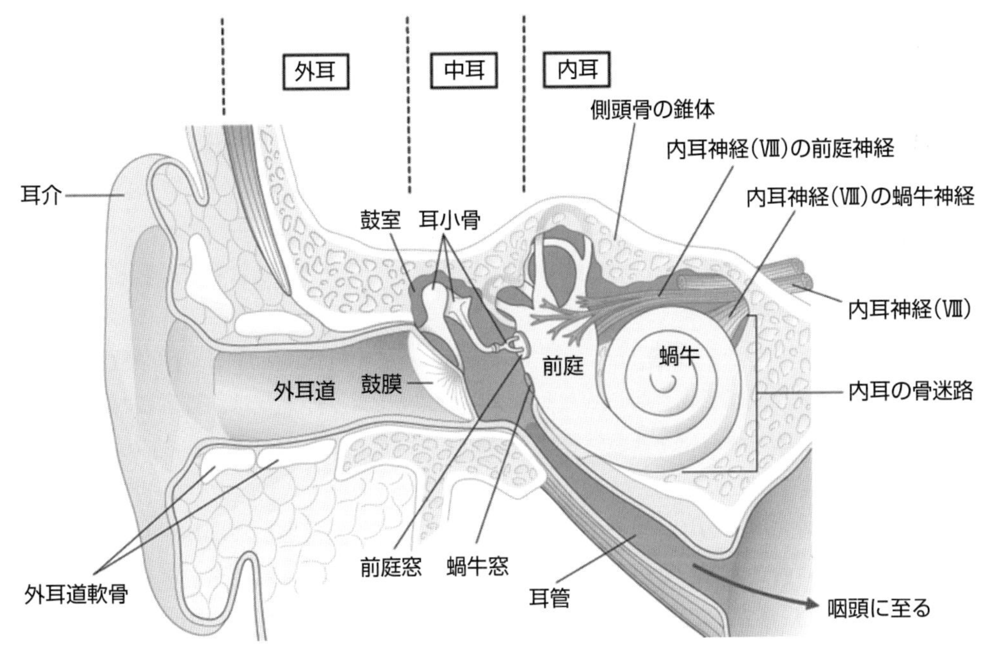

図6-5　耳の構造（渡辺，2016，p.202）

＊24　体の特定の部位にある汗腺のこと。

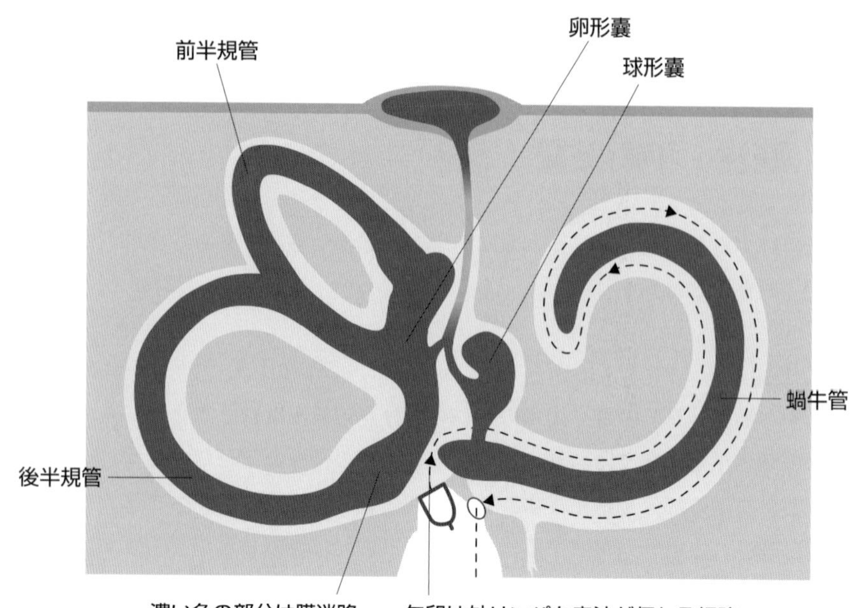

図 6-6　骨迷路と膜迷路（藤田，2012，p. 323 を著者一部改変）

す。耳毛や耳垢には，異物が耳に入らないようにする役割があります。

中耳は**鼓膜**，**鼓室**，**耳管**から作られています。鼓膜は，横約 1 cm，縦約 0.9 cm，厚さ約 0.1 cm の薄い半透明の膜です。外耳道を通ってきた音波は鼓膜で振動に変えられ，鼓膜の内面に付着しているツチ骨（**耳小骨**（じしょうこつ）のひとつ）に伝えられます。

鼓室は，鼓膜と内耳の間にある空気の入った空間です。鼓室の中には靱帯でつながれた 3 つの耳小骨，**ツチ骨**，**キヌタ骨**，**アブミ骨**があります。アブミ骨は**前庭窓（卵円窓）**と密着しており，鼓膜の振動はツチ骨，キヌタ骨，アブミ骨の順で伝わり，ここで 20〜30 倍に増幅されて前庭窓に届きます。

中耳と内耳の間には，前庭窓のほかに**蝸牛窓**（かぎゅうそう）**（正円窓）**があり，ここにも前庭窓と同様に薄い膜があって，鼓膜の振動にうまく応ずる構造になっています。

耳管は鼓室と咽頭をつなぐ長さ 4 cm の管で，鼓室の内圧を外気圧と等しく保つ働きがあります。飛行機上で急激な気圧変化が起こったときに耳がツーンとなる感覚は，鼓室の内圧と外気圧のズレが原因で起こります。唾を飲み込む嚥下運動によって，これが改善されるのは，嚥下運動が耳管を開いて鼓室の気圧が調節されるためです。

内耳は中耳のさらに奥にあり，複雑な管腔構造を示すことから**迷路**と呼ばれています。迷路には，骨から作られる**骨迷路**と，その内腔に沿った管状の膜構造である**膜迷路**があり，骨迷路と膜迷路の間は**外リンパ**，膜迷路の中は**内リンパ**と呼ばれる液体で満たされています（図 6-6）。骨迷路は，前庭，骨半規管（前半規管，外側半規管，後半規管），蝸牛から作られ，膜迷路は，前庭の中に**卵形嚢**（らんけいのう）と**球形嚢**，骨半規管の中には膜半規管があり，平衡感覚に関わっています，また，蝸牛の中には蝸牛管があり，これは聴覚に関わっています。

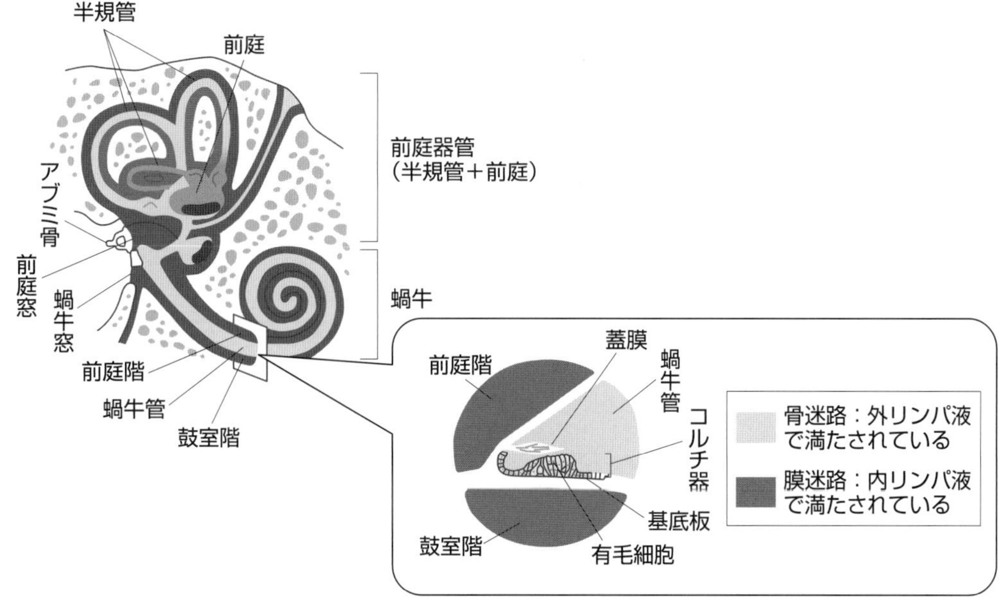

図 6-7　蝸牛管とコルチ器（岡田，2016，p. 303 を著者一部改変）

2．聴覚

耳の構造については以上です。次は，耳の機能について見ていきましょう。まずは聴覚です。

聴覚は，**音波**[*25] を刺激とする感覚のことで，その受容器は**蝸牛管**に存在する**コルチ器**です（図 6-7）。蝸牛は前庭階，鼓室階，蝸牛管の 3 つの部屋に分かれています。コルチ器は蝸牛管の基底板の上にあり，**有毛細胞**と**支持細胞**から作られています。有毛細胞には，**聴毛**を持った**内有毛細胞**と**外有毛細胞**があり，列をなして配置され，支持細胞がそれらを支えています。

聴覚受容は，耳介が音波を集めて外耳道に導き，鼓膜を振動させます（図 6-8）。鼓膜の振動はツチ骨，キヌタ骨，アブミ骨に伝わり，アブミ骨の振動は前庭窓に伝わり，蝸牛内の外リンパを振動させます。外リンパの振動は前庭階に伝わり，蝸牛の頂点で鼓室階に移るだけではなく，周波数に依存した位置で内リンパを振動させます。このとき，有毛細胞の聴毛が刺激されて有毛細胞が脱分極します。

その後，有毛細胞の興奮が，内耳神経のひとつである**蝸牛神経**を介して延髄（えんずい）の同側の**蝸牛神経核**に到達します。そして，**上オリーブ核**でニューロンを換えて，**外側毛帯核**を経て中脳の**下丘**に伝わります。さらに，視床の**内側膝状体**を経由して，大脳皮質の**聴皮質（聴覚野）**へと情報が伝わります（図 6-9）。ここで初めて「聴こえる」という感覚が生じます。

3．聴覚器の障害

音は空気の粗密波[*26] であることはすでに述べましたが，その特徴は高さ，強さ，音色（特異的

＊25　一定範囲の周波数の空気の振動のこと。
＊26　空気の密度の振動が伝播するもの。

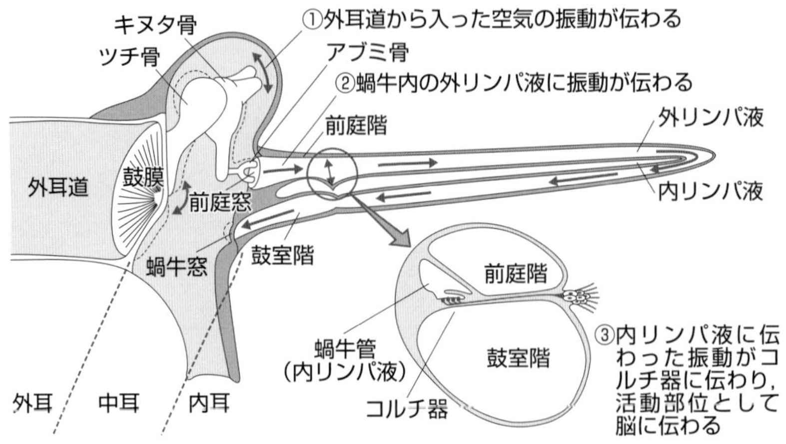

図 6-8　聴覚受容のメカニズム（渡辺，2016，p. 204 を著者一部改変）

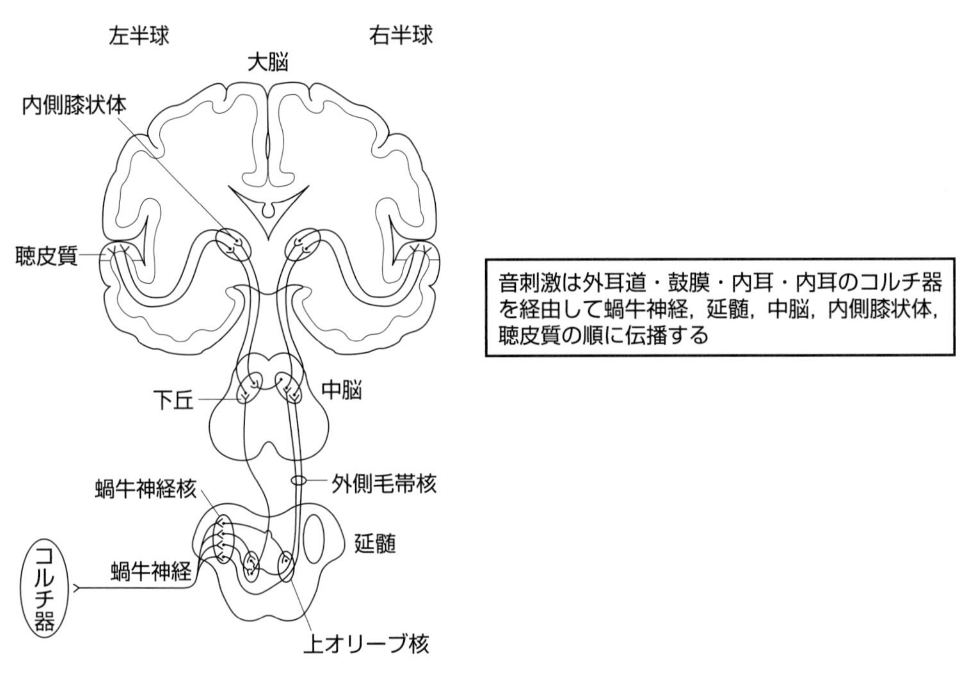

図 6-9　聴覚の伝導路（時事メディカル HP より）

な音質）で決まります。音の高さは周波数で決まり，周波数の値が高いほど高音となります。人の可聴域は 20〜20000 Hz ですが，最もよく聞こえる音は 500〜5000 Hz であると言われています。また，音の強さはデシベル（dB）で測られますが，100 dB 以上の音に長時間さらされると，コルチ器の有毛細胞が損傷を受けて，聴覚障害を起こす原因のひとつになります。これは**感音性難聴**と呼ばれています。

その他に聴覚器で起こる障害としては，**外耳炎**，**中耳炎**，**内耳炎**などの炎症があります。外耳炎は，耳かきのしすぎなどで外耳道に傷がつき，そこへ細菌やウイルスが感染することで起こります。また，化粧品や染髪剤によるアレルギー反応によって起こることもあります。中耳炎は，鼻腔の細菌やウイルスが耳管を介して中耳に感染することで起こります。症状としては耳痛，発熱，鼓膜の発赤が見られ，治療が遅れると鼓膜の破損が起きる場合もあります。内耳炎は，中耳炎の原因となる細菌やウイルスが内耳に到達することで起こります。また，髄膜炎から波及する場合もあります。内耳は聴覚だけでなく平衡感覚も担うため，内耳炎によって難聴やめまい，嘔吐，悪心などが起こることがあります。

治療としては，外耳炎，中耳炎，内耳炎は，いずれも細菌感染が原因の場合には抗生物質による治療が行われます。また，炎症の症状をやわらげるために，ステロイド剤も用いられる場合があります。

これ以外にも，内リンパ液が増加して膜迷路を拡張するために起こる，**メニエール病**があります。メニエール病では，ぐるぐると世界が回るように感じる**回転性めまい**と，通常は片耳の難聴，耳鳴りが主症状となります。突然の激しいめまい発作が30分から6時間程度続き，その間，難聴や耳鳴り以外に吐き気や嘔吐，腹痛などの症状も伴います。発作時は立っていることができず，じっと横になっているしかありません。めまいが治まると難聴や耳鳴りも元に戻りますが，不定期にめまい発作を繰り返すたびに，少しずつ難聴が悪化していくのも特徴のひとつです。

原因として，精神的ストレスや肉体的疲労，睡眠不足があります。初期には突発性難聴や前庭神経炎と鑑別できない場合があるため，確定診断にはさまざまな検査を行う必要があります。

治療は，増加した内リンパ液を軽減させるため，さまざまな薬剤を使用します。最も一般的に使われるのは，利尿剤のイソソルビド（製品名：イソバイド）で，これにビタミン剤や血流改善剤を組み合わせることもあります。繰り返すめまい発作のため社会生活に支障をきたすようであれば，まれに手術も選択されます。過剰な内リンパ液を排出させる穴を開ける内リンパ嚢解放術と，めまいの原因の平衡感覚を司る神経を切断する前庭神経切除術が一般的です。いずれにしても症状が固定化する前に受診して，早期に治療開始することが重症化を防ぐポイントです。

4．平衡感覚

次は，耳のもうひとつの機能，平衡感覚について見ていきましょう。

平衡感覚（前庭覚）は，身体の運動と，身体の各部位の総体的な位置に関する，特殊感覚です。感覚には，**体性感覚**などの受容器が特殊化していない感覚と，受容器が特殊化している感覚，すなわち**特殊感覚**があります。体性感覚には，触覚，圧覚，温度感覚，皮膚痛覚などの**皮膚感覚**と，深部痛覚などの**深部感覚**，さらに内臓痛覚や臓器感覚などの**内臓感覚**があります。一方，特殊感覚は，平衡感覚のほかに視覚，聴覚，嗅覚，味覚があります。

平衡感覚には，静的平衡と動的平衡があります。静的平衡は，静止時に重力に対して頭部の位置を把握するのに関わっています。一方，動的平衡は，回転や加速または減速などに対して体位を保つのに関わっていて，さらに平衡感覚の維持には，視覚や筋なども重要な役割を果たしています。

平衡感覚の受容器は卵形嚢，球形嚢，膜半規管に存在し，これらはまとめて**前庭器官**と呼ばれ

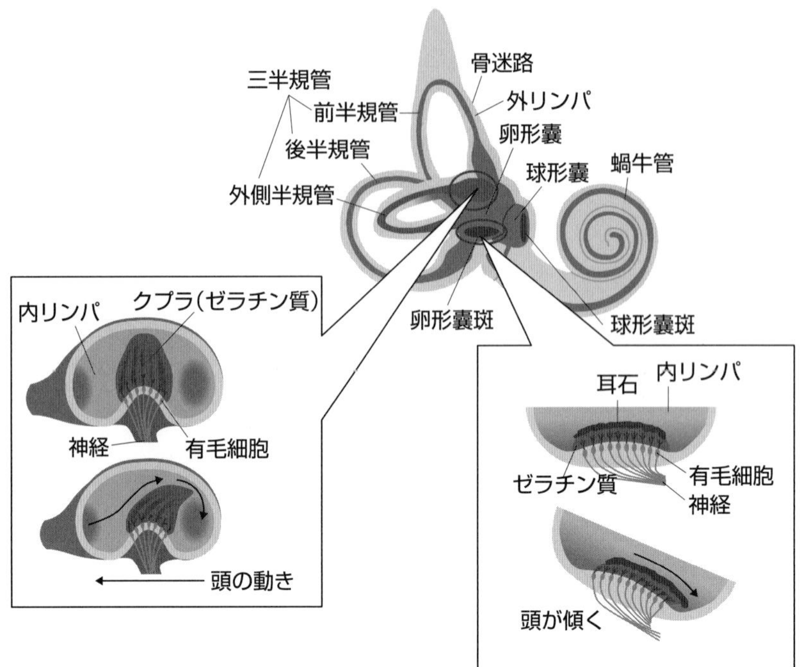

図 6-10　平衡感覚を感じる仕組み

ています。卵形嚢と球形嚢の内面には，平衡感覚の受容器である平衡斑があり，それぞれ**卵形嚢斑**，**球形嚢斑**と呼ばれています（図 6-10）。

半規管の卵形嚢への移行部は少しふくらんでいて，その中に**有毛細胞**が存在します。この有毛細胞はゼラチン状の物質で包まれ，これは**クプラ**と呼ばれています。すでに紹介したように，半規管の中は内リンパ液で満たされています。頭が動くと，慣性の法則でリンパ液が流れ，これによりクプラが動かされて，その動きに有毛細胞が反応し，神経に信号が伝わります。

球形嚢斑，卵形嚢斑には**耳石器**（じせきき）が存在し，この耳石器にも有毛細胞があります。耳石器はゼラチン状の膜で包まれ，その上に**耳石**という炭酸カルシウムの結晶が乗っています。頭が傾くと耳石が動き，ゼラチン質が変形します。その耳石の動きによるゼラチン質の変形を有毛細胞が感じとって，神経に平衡感覚の情報を伝えます。

この平衡感覚の情報は，**内耳神経**のひとつである**前庭神経**に伝達され，前庭神経に伝達された情報は，前庭神経節を介して脳幹の前庭神経核および小脳に伝わります。前庭神経核に伝達された興奮は，脳神経核の**外転神経**，**滑車神経**，**動眼神経**の神経核に伝わり，姿勢の変化に対応した眼球運動を引き起こします。また，前庭神経核から脊髄（せきずい）を介して，頸部や四肢の筋緊張を調節します。小脳への感覚信号は，前庭神経核および卵形嚢と球形嚢から送られ，姿勢や体を調節し，さらに大脳皮質へと伝わります。

さまざまな神経の名称が出てきて，少し込み入った話のように感じるかもしれません。しかし，苦手意識を持たずに，平衡感覚を伝える経路のチェックポイントの名称だと思って，さらっと流す程度でかまいませんから読み進めましょう。聴覚，平衡感覚の紹介は以上になります。それでは，次に嗅覚について見ていきましょう。

第3節　嗅覚

1．嗅覚器の構造と機能

ヒトの嗅覚は，数千の異なるにおいを識別することができると言われています。においは揮発性*27の物質で，鼻の中の粘膜に届くと，1,000万から1億個の受容体を刺激します。刺激の一部は，大脳辺縁系（40頁参照）や視床下部（40頁参照）にも伝えられるので，情動反応に大きく関与しています。

嗅覚をつかさどる嗅覚器は，鼻腔上部にある**嗅上皮**に存在します。嗅上皮には**嗅細胞**，支持細胞および基底細胞があり，このうち嗅細胞が嗅覚に関与しています（図6-11）。

嗅細胞は，上皮表面と基底部に突起を出している神経細胞で，上皮表面には**嗅小胞**という小さなふくらみがあって，これは樹状突起に相当します。嗅小胞から出ている**嗅小毛**は，粘膜層に溶け込んだにおい物質と反応します。一方，嗅細胞の基底部から出る突起は軸索に相当し，その束は**嗅神経**を形成して篩骨篩板を貫通して**嗅球**に達します。

支持細胞は，嗅細胞を支える役割のほかに，嗅細胞同士を電気的に絶縁し，さらに，におい物質を分解して除去する役割があります。基底細胞は，新しい嗅細胞を作る役割を持ち，基底細胞から作られた嗅細胞が絶えず古い嗅細胞と置き換わっています。

粘膜固有層には，粘液を作って分泌する**嗅腺（ボウマン腺）**があり，分泌物は嗅上皮の表面を潤すとともに，におい物質の溶媒として働きます。また，におい物質が嗅上皮の表面に停滞しないように，洗い流す役割を担っています。

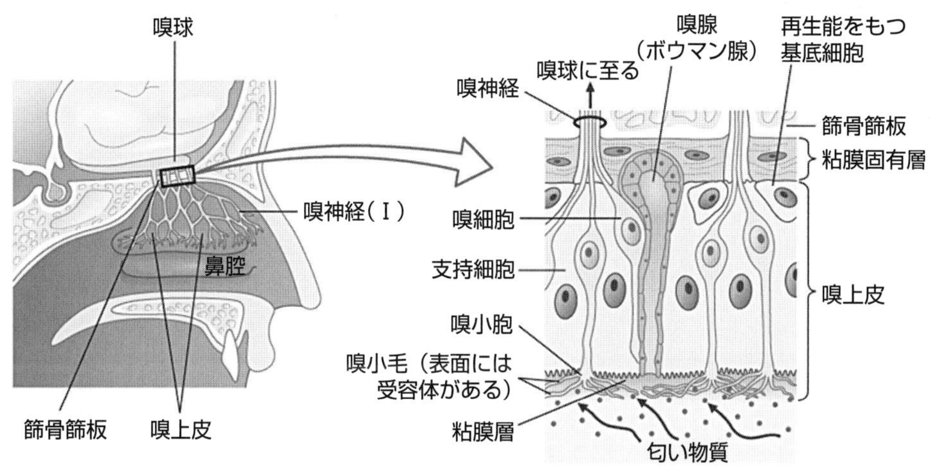

図6-11　嗅覚器の構造（増田，2015a，p. 154）

＊27　液体の持つ蒸発しやすい性質。

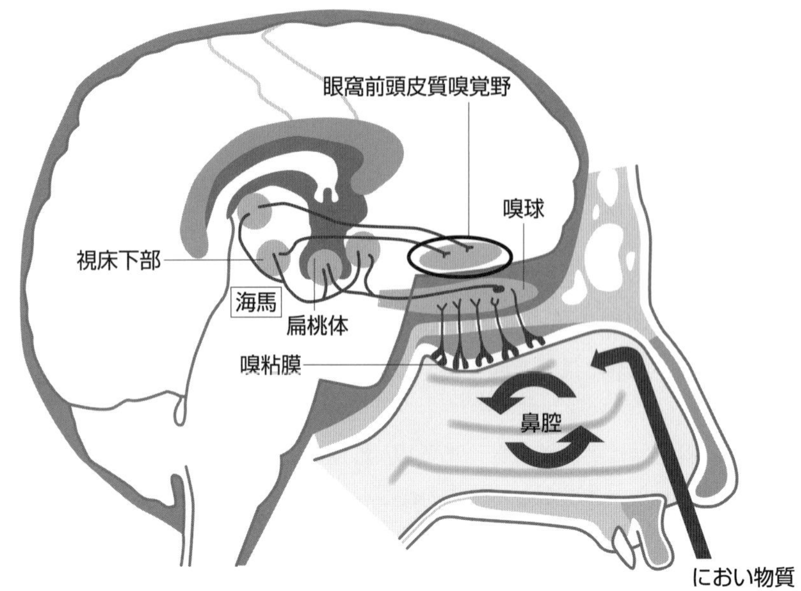

図 6-12　嗅覚処理の神経回路（高木，1989，p. 30 を著者一部改変）

嗅神経の興奮は，**嗅球**の僧帽細胞に伝達され，**眼窩前頭皮質嗅覚野**（がんか）に伝わります。また，一部は扁桃体や視床下部に伝わり，情動を喚起します。さらに海馬にも伝わり，記憶機能にも影響を与えます（図 6-12）。

2．嗅覚器の障害

最後に嗅覚障害のお話です。慢性副鼻腔炎やアレルギー性鼻炎による鼻粘膜の肥厚，さらに鼻中隔湾曲症などにより，呼吸性の嗅覚障害を起こすことがあります。また，脳腫瘍や加齢によって，中枢神経性の嗅覚障害を起こすこともあります。さらに，抗悪性腫瘍剤であるテガフールやフルオロウラシルなどを長期服用した場合，新しく作られる嗅細胞の産生が阻害されるため，**嗅覚脱失**[*28] に至ることもあります。

COLUMN 8

においは睡眠中も嗅げる？

嗅覚以外の視覚，聴覚，味覚，触覚は，視床を中継してから大脳皮質に伝わります。睡眠中，視床の神経連絡は低下しているため，視覚，聴覚，味覚，触覚からの情報は大脳皮質にほとんど伝わりません。

一方，嗅覚だけは視床を経由せず，そのまま大脳皮質の嗅覚野に情報が伝わるので，睡眠中も嗅覚は働いていると考えられています。たとえば，バラの香りのもとでカードの組み合わせなどを記憶し，その夜に寝ている間にバラの香りを流すと，目覚めた後に記憶を

＊28　においをまったく感じない症状のこと。

引き出しやすいという話があります。これは，嗅覚の神経伝達が，短期記憶に重要な海馬という脳部位にも連絡しているため，睡眠中に記憶を固定する際の手がかりになるからだと説明されています。また，睡眠中のアロマオイルは効果があるとされるのも，睡眠中も嗅覚は働いているという理由からなのです。

また，嗅覚野の神経回路自体が，覚醒-睡眠状態に依存した顕著な感覚の選別を行っている，という報告もあります（Murakami et al., 2005)。目覚めているときには，嗅覚野の神経回路は，鼻に吸い込んだにおいによって嗅球の**におい地図**（特定のにおいに対する嗅球の活動パターン）を読み出し，それらを処理して，さらに高次脳領域へと伝えることでにおいの感覚を生み出しています。これに対し，徐波睡眠（深い睡眠）中は，このにおい地図を読むことをやめ，異なった情報処理モードに切り換わるというのです。

この研究を行った村上博士らは，「これまでまったく未知であった『におい感覚のゲーティング』の神経メカニズムの解析に，新たな道を開くものである」と述べています。

第4節　味　覚

1．味覚器の構造と機能

味覚には，酸味，甘味，塩味，苦み，うま味の5種類があります。これらの味物質が唾液に溶けて，味覚受容器である味蕾を刺激します。味覚の一部は，嗅覚と同じく大脳辺縁系や視床下部に伝わるため，味覚もまた，情動反応や記憶の形成に大きく関与すると言われています。

舌は，咀嚼，嚥下，発声，味覚に関与する器官です。舌の上面には小さな突起が多数見られます。これは**舌乳頭**と呼ばれ，その形態から**糸状乳頭**，**茸状乳頭**，**葉状乳頭**，**有郭乳頭**の4種類に分類されます（図6-13)。

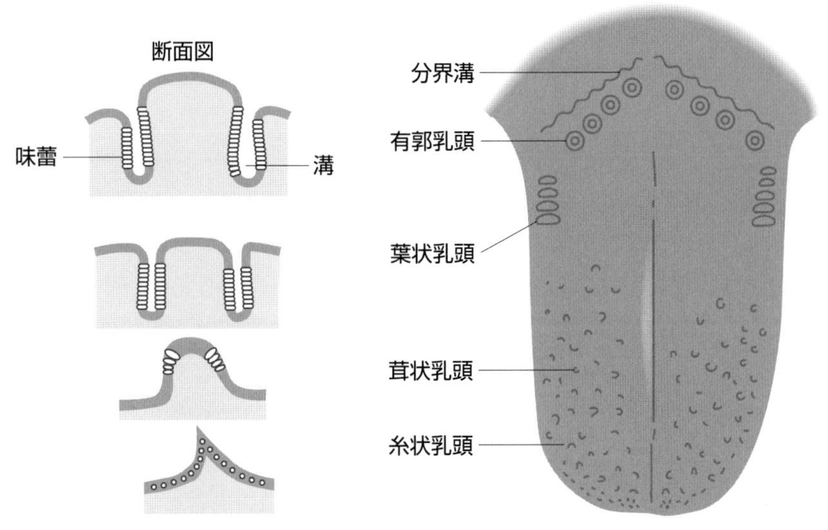

図6-13　舌の構造

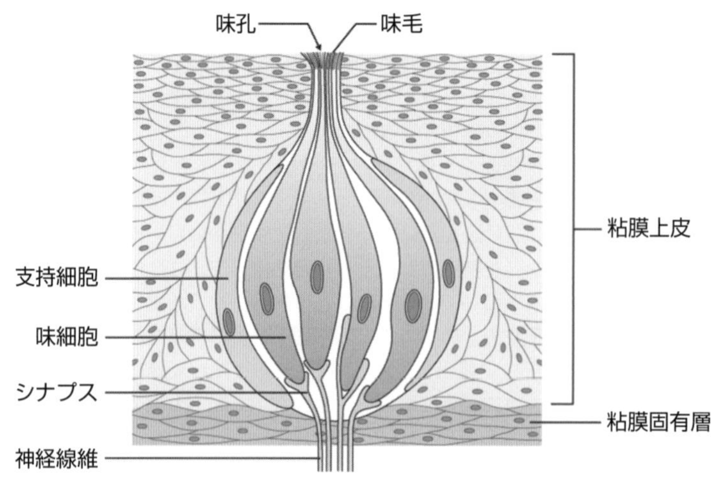

図 6-14　味蕾の構造（渡辺・菅野，2016，p. 206）

味蕾は舌乳頭の粘膜上皮にあり，**味細胞**，**支持細胞**および**基底細胞**から作られます。支持細胞は味細胞を囲んでおり，味細胞からは**味毛**と呼ばれる微絨毛が，**味孔**と呼ばれる味蕾の開口部に伸びています（図 6-14）。味細胞と支持細胞は，基底細胞から分化して作られ，味細胞の再生は 7～10 日で行われるとされています。5 種類の味覚について，甘味と塩味は舌先，酸味は舌の外側縁，苦みとうま味は舌の後部で，それぞれ感受性が高いと言われています。しかし，味蕾の構造に違いがないため，舌の各部位で感じる味に違いがあるのかは，いまだにわかっていません。

食物中に含まれる化学物質が唾液に溶けると，味孔を通って味毛に到達します。味細胞には受容体が局在していて，各化学物質はそれぞれに対応する受容体に結合し，味細胞に脱分極を引き起こします。味覚の興奮は，舌の前方 2/3 は**顔面神経（第Ⅶ脳神経）**，後方 1/3 は**舌咽神経**（ぜついんしんけい）**（第Ⅸ脳神経）**，軟口蓋や咽頭では**迷走神経（第Ⅹ脳神経）**の求心性感覚神経を経て，延髄の**孤束核**（こそくかく）に到達します。その後，視床を介して大脳皮質の味覚野に至り，私たちは味覚を認識します（図 6-15）。また，味覚の伝導路の一部は，大脳辺縁系や視床下部にも伝えられて，情動や記憶の形成に関与します。

2．味覚器の障害

味覚の機能異常には，さまざまな原因があります。ひとつは唾液分泌機能の低下です。涙腺，唾液腺をはじめとする全身の外分泌腺に慢性的に炎症が起こり，外分泌腺が破壊されてドライアイやドライマウスなどの乾燥症状が出現するシェーグレン症候群では，味覚の感受性は低下します。また，アセチルコリン神経の働きを抑える抗コリン作用を引き起こす薬や，加齢によって唾液腺の分泌機能が低下すると，やはり味物質が唾液によって溶けにくくなるため，味覚の感受性は低下します。

また，唾液分泌機能の低下以外にも，亜鉛欠乏による味覚機能異常もあります。亜鉛は DNA や RNA の合成酵素の構成成分のひとつです。そのため，新陳代謝の活発な味細胞には必要不可

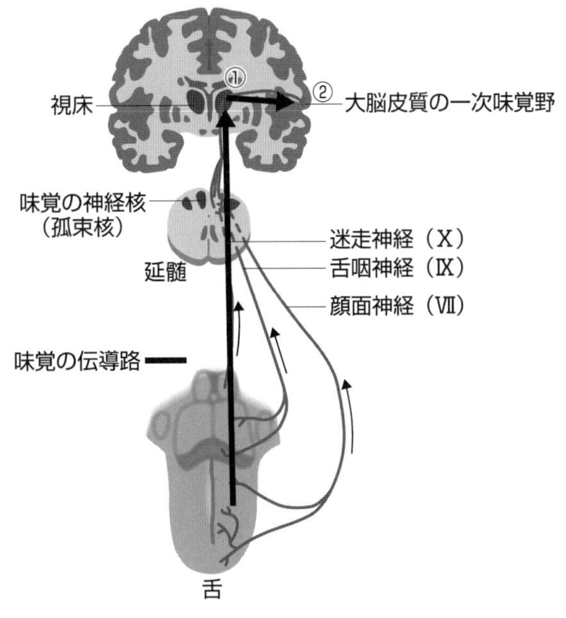

図 6-15　味覚の伝導路

欠な元素です。偏食やダイエットなどによる亜鉛摂取の低下や，薬剤のキレート作用*29によって亜鉛が低下する場合，味細胞の新陳代謝に影響が及び，味覚異常の原因になることがあります。

他に味覚異常を引き起こす要因として，神経伝達障害があります。味覚が味蕾から求心性神経を経て中枢に伝達されるときに，悪性腫瘍，頭部外傷，ウイルス感染，脳梗塞などによって神経伝達が障害されると，やはり味覚異常が起こります。

また，味細胞それ自体が障害される場合も同様に味覚障害が起こり，ストレスなどの精神的な疾患においても，味覚障害が現れることがあります。精神疾患に罹患した患者さんが味覚異常を訴えることはまれではなく，味覚異常を訴えて歯科口腔外科，耳鼻咽喉科を受診する方のなかに，うつ病など精神疾患の併存も認められます。うつ病では，味覚の減退や食欲の低下，心気症状を含めたさまざまな身体症状の訴えを認めます。さらに統合失調症の患者さんでは，幻味，幻臭などの幻覚症状によって，拒食などの摂食行動に異常を呈することがあります。味覚異常，口腔違和感が生じることは患者さんにとって苦痛が強く，QOL を著しく低下させます。

第5節　皮膚感覚（触-圧覚・温覚・冷覚・痛覚）

1．皮膚感覚受容器の構造

皮膚感覚には，触-圧覚，温覚，冷覚，痛覚があり，皮膚に分布する感覚受容器が刺激されて生

＊29　体内の水銀やヒ素，鉛，カドミウムなどの有害な金属と結合することで，それらの力を抑える作用のこと。

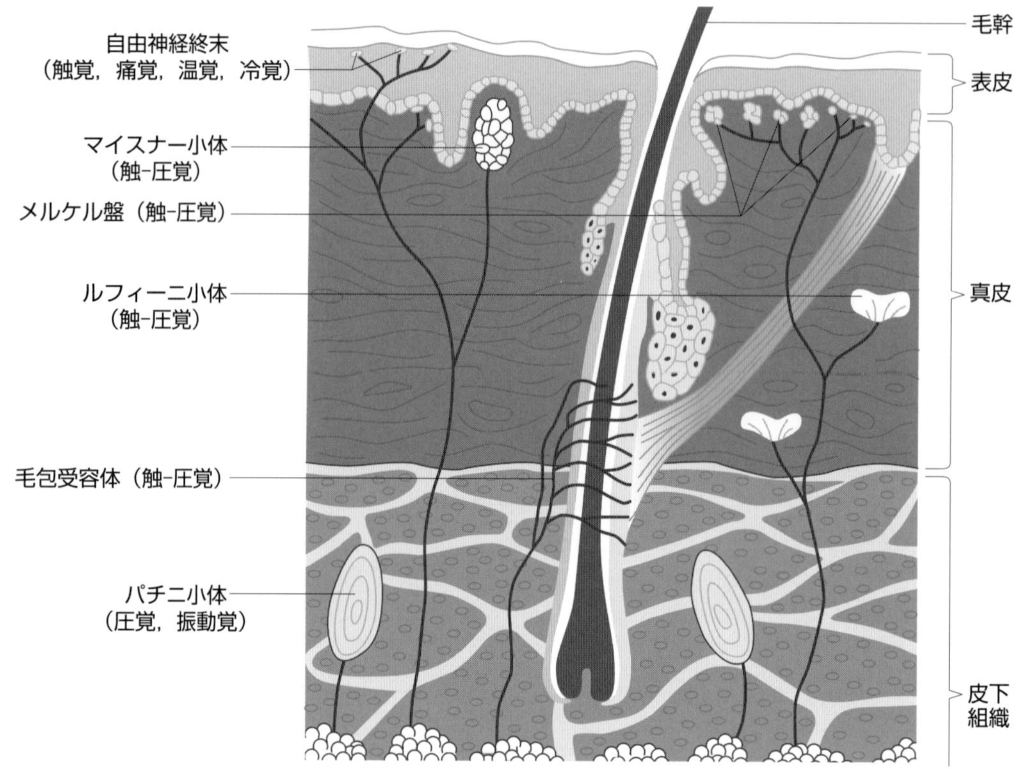

図 6-16　皮膚の感覚受容器（渡辺・菅野，2016，p. 212）

じる感覚を指します。さらに皮膚感覚は，筋肉や腱，関節に分布する感覚受容器が刺激されて生じる**深部感覚**と合わせて，**体性感覚**と呼ばれます。以下，皮膚に存在する感覚受容器について見ていきましょう（図 6-16）。

マイスナー小体は真皮にあり，全身に分布していますが，特に感覚の敏感な口唇や指腹などに多く見られます。直径約 100 µm の楕円器で，結合組織の被膜に包まれています。マイスナー小体ではシュワン細胞に由来する細胞が層状になり，そこに神経線維が入り混んでいます。マイスナー小体は，触-圧覚の受容器として機能します。

パチニ小体は真皮の深層や皮下組織に分布し，手の指腹に最も多く，手掌や足底にも見られます。直径約 1 mm の楕円形をしており，シュワン細胞などが神経の軸索を中心に，層状に取り巻いています。この層のズレを知覚して，圧覚と振動覚を受容します。

メルケル盤は神経終末が表皮の基底層に接するかたちで存在し，口唇や指腹に多く見られます。メルケル細胞の表面には数本の微絨毛があり，それが表皮の基底層の細胞間に伸びています。毛の近くでは 1 本の有髄神経が枝分かれをし，その先にメルケル細胞が結合しています。メルケル盤は表皮への持続的な接触刺激や，体毛の動きを知覚して，触-圧覚の受容器として働きます。

ルフィーニ小体は，足底部の皮下組織に多く見られます。神経線維が枝分かれして紡錘形のふくらみを形作り，周囲のコラーゲン線維に接着しています。コラーゲン線維が伸びたり縮んだりするのを知覚する際に，触-圧覚を受容します。

毛のある皮膚では，柵状に神経線維が毛包を取り囲んでいます。これは**毛包受容体**と呼び，神経線維の隙間はシュワン細胞で埋められています。毛包受容体は毛の動きを知覚して，触-圧覚を受容します。

自由神経終末は，知覚神経の末端が，神経線維むき出しのままで終わっているものを指します。皮膚の感覚神経で最も多く見られ，真皮に神経線維が枝分かれをして広がっています。なかには，表皮の顆粒層まで伸びているものあります。自由神経終末は触覚のほかに，痛覚，温冷覚を受容します。

最後は**クラウゼ小体**です。クラウゼ小体は，マイスナー小体よりもやや大きく，真皮に存在します。糸球状の神経線維が，結合組織の被膜に包まれている構造をしています。こちらは冷覚の受容器であるという説もありますが，現在では機械的刺激の受容器であると考えられています。マイスナー小体と構造や機能が類似しているので，マイスナー小体の一種と考えられています。

以上が，皮膚に存在する感覚受容器です。それでは次に，それぞれの感覚がこれらの受容器によって，どのように受容されるのかを見ていきましょう。

2．皮膚感覚受容器の機能

触-圧覚は，皮膚に触れた機械的圧力が刺激となって生じる感覚です。この感覚の受容器は，マイスナー小体，パチニ小体，メルケル盤，ルフィーニ小体，クラウゼ小体，自由神経終末です。それぞれの受容器は順応する速度に違いが見られ，パチニ小体が最も速いです。一方，メルケル盤やルフィーニ小体は順応が遅く，これらの受容器は持続的な刺激に対して，神経興奮を多く誘発します。

温度に関する感覚，すなわち温覚，冷覚は，自由神経終末の刺激によって生じます。約 32℃の皮膚温度よりも温かい温度で反応する自由神経終末は温受容器として，皮膚温度よりも低い温度で反応する自由神経終末は冷受容器として働きます。皮膚温度と同じくらいの温度では，これらの受容器は機能しなくなり，外界の温度を感じなくなります。そのため，この温度は**不感温度**と呼ばれています。

また，温度が極端に高くなったり，あるいは低くなったりすると，温度の受容器は興奮せずに痛覚受容器が興奮し，痛みを感じることになります。たとえば，熱したお鍋のように熱いものに触れたとき，またはドライアイスのようにとても冷たいものに触れたときを想像してみてください。いずれの場合も，温度ではなく痛みを感じます。

痛覚の受容器は皮膚のすべての部位に分布し，温度の受容器と同じく，自由神経終末が受容器として働きます。痛覚は，先述の温度刺激のほか，機械刺激や化学刺激などによって痛覚受容器が興奮した際に生じます。これらの刺激の多くが組織を損傷または破壊する**侵害刺激**であるため，痛覚受容器は**侵害受容器**と呼ばれます。

皮膚感覚の伝導路は，**脊髄後索路**，**前脊髄視床路**，**外側脊髄視床路**の 3 つに分かれます（図 6-17）。各伝導路の神経は，有髄線維の Aβ 神経線維，Aδ 神経線維，無髄線維 C 神経線維があり，

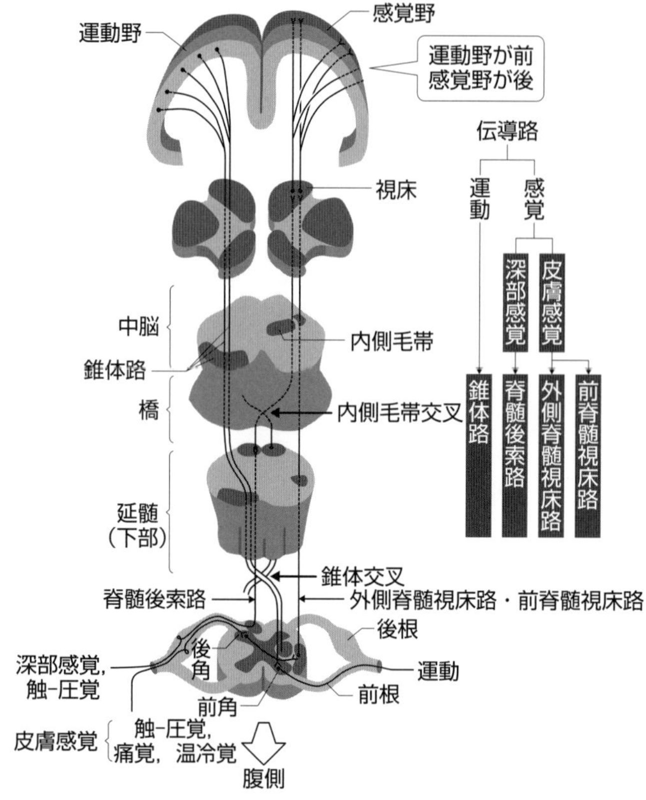

図 6-17　体性感覚の伝導路（リブロ・サイエンス編集部，2011，p. 23）

伝導速度は Aβ，Aδ，C の順で遅くなります。

脊髄後索路は一部の触-圧覚を伝え，その他，関節，腱，骨膜，骨格筋など，体の深部にある受容器からの感覚，すなわち**深部感覚**も伝えます。後索路を通る情報は，脊髄の後根を経て同側性に後索を上行し，延髄の**内側毛帯**の手前で交叉して，反対側をさらに上行します。この交叉を**内側毛帯交叉**と呼びます。最終的には大脳皮質の感覚野に，情報は到達します。このとき情報を伝えるのは，有髄の Aβ 神経線維です。

痛覚と温冷覚，さらに一部の触-圧覚は，脊髄視床路を経由して情報を伝えます。このとき，機械的な鋭い痛みや温冷覚は有髄の Aδ 神経線維を，鈍い痛みと温冷覚の一部は無髄C神経線維を伝わります。これらの情報は，脊髄の後根から後角に至ってシナプスを越え，次のニューロンは正中で交叉して，反対側の前索または側索から脊髄を上行します。Aδ 神経で伝わる情報は前脊髄視床路を，C 線維で伝わる情報は外側脊髄視床路を通り，どちらも最終的には体性感覚野に至ります。

3．皮膚感覚の障害

痛覚および触-圧覚の障害には，さまざまなものがあります。痛覚の障害として代表的なものに，**痛覚過敏**や**アロデニア**があります。痛覚過敏とは，損傷や炎症によって，痛みの刺激に対して通常より過剰に痛みを感じることです。アロデニアは本来，痛みとして感じない触覚刺激を痛みとして感じる症状を指します。たとえば，片頭痛などで三叉神経が刺激されて，頭部の末梢神経が過敏に知覚して，頭部アロデニアが起こることがあります。

また，障害ではありませんが，痛覚でよく知られた現象に**関連痛**があります（図 6-18）。これは，内臓，筋肉，関節などの損傷によって生じ，特に，狭心症や心筋梗塞の関連痛は有名です。心臓にこのような障害が起こると，離れた頸部や上肢の皮膚に，強い痛みを感じることがあります。これは，内臓感覚には固定した求心性感覚路がなく，内臓と皮膚の求心性知覚線維が，同じ脊髄のルートで接続していることから起こると考えられています。

痛覚以外の感覚の障害としては，糖尿病によるしびれ，感覚低下などがあります。これは糖尿

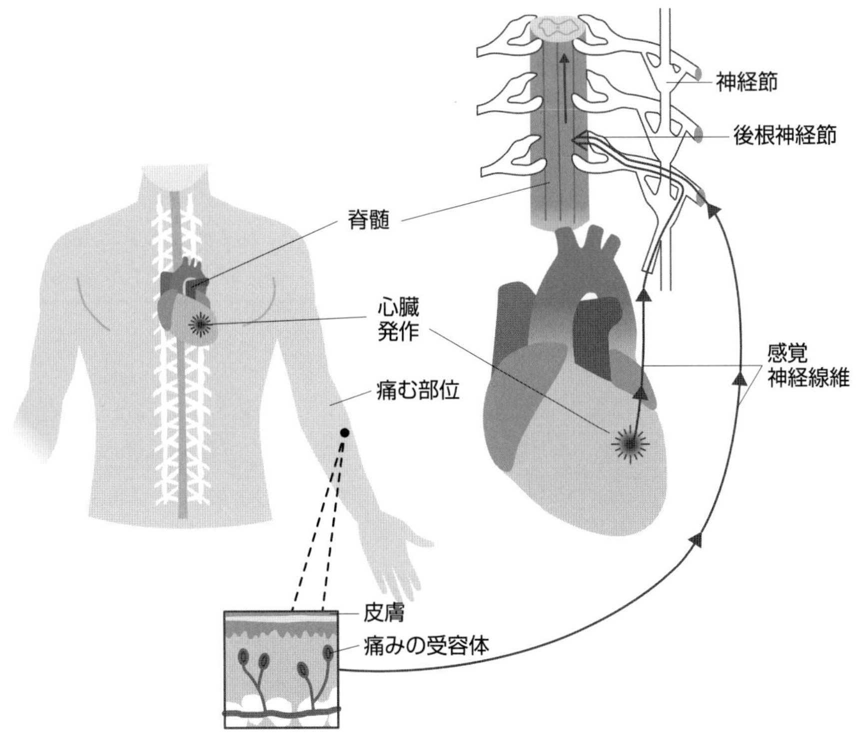

図 6-18　関連痛の発生機序

病による末梢神経の機能障害が原因です。このほかに，発症の仕組みはわかっていませんが，蟻が皮膚の上を歩き回るようなムズムズした感覚に襲われる，**レストレスレッグス症候群**があります。これは脊髄のルートというよりは，脳のドーパミン情報伝達や，鉄の代謝異常が原因ではないかと言われています。

心理学でよく話題にされる痛覚障害に，**幻肢痛**があります。これは，怪我や病気によって四肢を切断した患者さんの多くが体験する難治性の疼痛で，心身症に該当します。詳しい原因はわかっていませんが，脳の体性感覚野にある身体の各部位に対応するマップが，その部位を失ったことで再構成されることが影響している，という考え方があります。主観的な痛みとして，電流を流した万力で潰されるような痛みがあるようです。

治療では，痛みを感じているはずの部位は実際には失われているため，痛み止めの薬や麻酔などは効果がありません。内部に鏡の仕切りがある箱に失っていない手を入れ，鏡を覗き込みながら，つまり失った四肢の側を鏡で隠しながら，存在する四肢を鏡に映して見て，「グー・パー」などと動かすことで痛みが消える，または緩和する，という治療法があります。この療法は鏡療法，鏡治療，ミラーセラピーなどと呼ばれていますが，効果には個人差があり，決定的な治療法は見つかっていないのが現状です。

皆さんは，第6章までの学びを通じて，行動発現の基礎となる神経系，骨格系・筋系，そして，刺激受容の基礎となる感覚器系の仕組みが理解できたと思います。それでは次は，血管を経由して伝わる物質，すなわちホルモンによる身体諸器官の調節の様相を見ていくことにしましょう。

第6章　確認問題

❶ 視覚が機能するために，網膜で最初に光の信号を受け取るのは（　　），（　　）という細胞である。

❷ 桿体細胞は暗いところで，錐体細胞は明るいところで働き，（　　）に多数存在する。

❸ 鼓室の中には靭帯でつながれた 3 つの耳小骨である（　　），（　　），（　　）がある。

❹ 卵形嚢，球形嚢，膜半規管を，まとめて（　　）と呼ぶ。

❺ 嗅上皮には（　　），支持細胞および基底細胞がある。

❻ 嗅神経の興奮は嗅球の僧帽細胞に伝達され，（　　）に伝わる。

❼ （　　）は舌乳頭の粘膜上皮にあり，（　　），支持細胞および基底細胞か作られる。

❽ 味覚の興奮は，舌の前方 2/3 は（　　），後方 1/3 は（　　），軟口蓋や咽頭では（　　）の求心性感覚神経を経て，延髄の（　　）に到達する。

❾ （　　）は，知覚神経の末端が，神経線維むき出しのままで終わっているものを指す。

❿ 体性感覚の伝導路は（　　），（　　），（　　）の 3 つに分かれる。

解答：①桿体細胞，錐体細胞，②黄斑部，③ツチ骨，キヌタ骨，アブミ骨，④前庭器官，⑤嗅細胞，⑥眼窩前頭皮質嗅覚野，⑦味蕾，味細胞，⑧顔面神経，舌咽神経，迷走神経，孤束核，⑨自由神経終末，⑩脊髄後索路，前脊髄視床路，外側脊髄視床路

第7章　内分泌系

Endocrine system

分泌には**外分泌**と**内分泌**の２種類があります。外分泌とは，分泌物を導管を介して皮膚の外や消化管の中に分泌することをいい，汗，母乳，消化液などがこれにあたります。一方，内分泌とは，分泌物を導管を介さずに分泌腺（分泌細胞）から放出することをいいます。このとき，細胞が産生して血中に放出し，遠隔の細胞に信号を送る物質を**ホルモン**と呼びます。そして，ホルモンを介した情報伝達システムを**内分泌系**と呼んでいます。

ホルモン産生細胞を持つ器官を**内分泌腺**，ホルモン受容体を持つ器官を**標的器官**と呼び，脳の**視床下部**には，ホルモン産生神経細胞が分布しています。これらのホルモン産生神経細胞は，２種類の様式で**下垂体**からのホルモン分泌に関わります。

１つめは，**下垂体前葉**に対して，そのすぐ上流の血管である**下垂体門脈**に，下垂体からのホルモン放出ホルモンを分泌する様式です。後で詳しく説明しますが，たとえば，成長ホルモン放出ホルモンは，下垂体前葉からの成長ホルモンの分泌を促進します。同様に，副腎皮質刺激ホルモンの放出を促進するホルモンは副腎皮質刺激ホルモンを，性腺刺激ホルモン放出ホルモンは性腺刺激ホルモン（ゴナドトロピン）を，甲状腺刺激ホルモン放出ホルモンは甲状腺刺激ホルモンおよびプロラクチンの分泌を促します。

２つめの様式は，視床下部の神経内分泌細胞が直接，その軸索を**下垂体後葉**に伸ばし，そこから下垂体後葉ホルモンを分泌するもので，バゾプレッシンとオキシトシンと呼ばれるホルモンが，これに該当します（図 7-1）。

下垂体前葉ホルモンのうち，副腎皮質刺激ホルモン，ゴナドトロピン，甲状腺刺激ホルモンは，それぞれ副腎皮質の副腎皮質ホルモン（コルチゾル），性腺の性ホルモン（卵巣のエストロゲン，精巣のアンドロゲン），甲状腺の甲状腺ホルモンの分泌を刺激します。そして，これらのホルモンは，視床下部に対して下垂体ホルモン放出ホルモンの分泌を抑制する**ネガティブ・フィードバック**の機構を持ちます。また，このような分泌調節系を，それぞれ**視床下部-下垂体-副腎（HPA）軸**，**視床下部-下垂体-生殖腺（HPG）軸**，**視床下部-下垂体-甲状腺（HPT）軸**と呼びます。

ホルモンは化学構造によって，**ペプチドホルモン**，**ステロイドホルモン**，**アミノ酸誘導体ホルモン**の３つに大別できます（表 7-1）。また，これらのホルモンは，それぞれ分泌調節機構があり，①物質の血中濃度変化による調節，②神経系による調節，③視床下部-下垂体前葉系による調節の３つに大別できます。

①の調節系では，たとえば血糖値の上昇は，膵臓からのインスリン分泌を刺激し，血糖値を下げます。また，甲状腺から分泌されるカルシトニンは，カルシウム濃度の変化が分泌刺激となります。②の調節系では，視床下部から分泌されるホルモンや，下垂体後葉から分泌されるホルモ

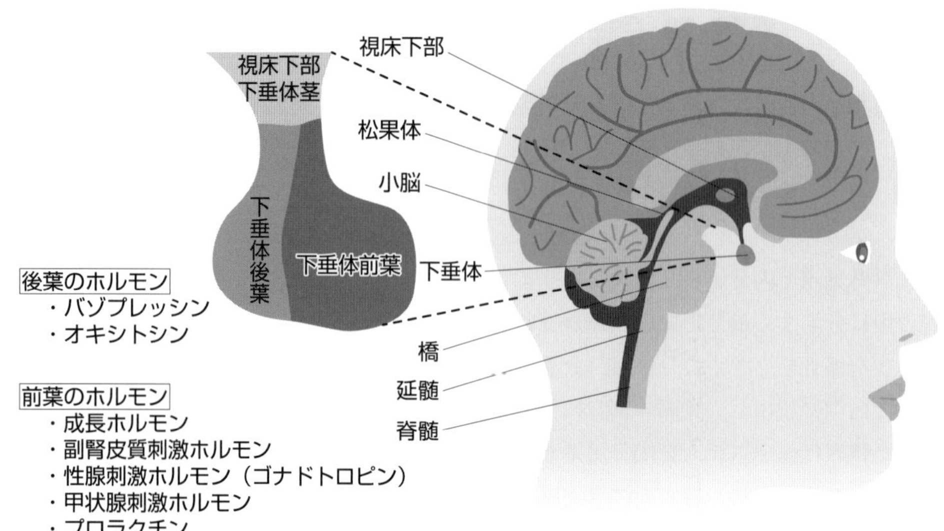

図 7-1　視床下部-下垂体系とホルモン（東京大学医学部附属病院腎臓・内分泌内科 HP を著者一部改変）

ン，さらに副腎髄質から分泌されるホルモンなどが，例として挙げられます。③の調節系には，**ネガティブ・フィードバック**，**ポジティブ・フィードバック**があります（図 7-2）。あるホルモンが過剰になると，そのホルモンが視床下部あるいは下垂体前葉に作用し，放出ホルモンあるいは刺激ホルモンの分泌を抑制します。

内分泌の調節では，このようなネガティブ・フィードバックが一般的ですが，エストロゲンによる黄体形成ホルモンの大量分泌は例外で，そのホルモンが視床下部あるいは下垂体前葉に作用し，放出ホルモンあるいは刺激ホルモンの分泌を促進する，ポジティブ・フィードバックによる調節を行います。また，ホルモンの感受性は，標的細胞の受容体の数や活性の変化などによっても調節されています。受容体数または結合親和性*30 の低下による調節を**ダウンレギュレーション**，上昇による調節を**アップレギュレーション**と呼びます。

それでは，内分泌系の概要を紹介したところで，次に各内分泌器官のつくりと働きを見ていきましょう。

第1節　視床下部・下垂体

視床下部は間脳の下部を構成していて（40 頁参照），視床下部からは下垂体が突き出ています。視床下部は神経系と内分泌系を統合する自律神経の高次中枢で，さらに下垂体を制御してホルモンの分泌を調節することから，内分泌調節の中枢でもあります。視床下部にあるホルモンを産生する神経細胞は，**下垂体門脈**と呼ばれる血管にホルモンを放出します（図 7-3）。そして，ホルモンは血管を通じて下垂体前葉に届き，下垂体前葉から放出されるホルモンの合成，分泌を調節し

＊30　ホルモンと受容体の結合の強さ。

表7-1　ホルモンの種類

分類	部位	ホルモン
ペプチドホルモン	視床下部	TSH放出ホルモン（TRH） ACTH放出ホルモン（CRH） ゴナドトロピン放出ホルモン（GnRH） 成長ホルモン放出ホルモン（GHRH）
	下垂体前葉	甲状腺刺激ホルモン（TSH） 副腎皮質刺激ホルモン（ACTH） 黄体形成ホルモン（LH） 卵胞刺激ホルモン（FSH） プロラクチン（PRL） 成長ホルモン（GH）
	下垂体後葉	バゾプレッシン オキシトシン
	副甲状腺	パラソルモン
	心房	心房性Na利尿ペプチド
	心室	脳性Na利尿ペプチド
	膵臓	インスリン，グルカゴン
	消化管	セクレチン，ガストリン
	腎臓	レニン，エリスロポエチン
	胎盤	ヒト絨毛性ゴナドトロピン（hCG）
ステロイドホルモン	副腎皮質	コルチゾル，アルドステロン，アンドロゲン
	卵巣	エストロゲン，プロゲステロン
	睾丸（精巣）	アンドロゲン
アミノ酸誘導体	甲状腺	トリヨードチロニン（T_3） チロキシン（T_4） カルシトニン
	副腎髄質	アドレナリン（エピネフリン） ノルアドレナリン（ノルエピネフリン） ドーパミン

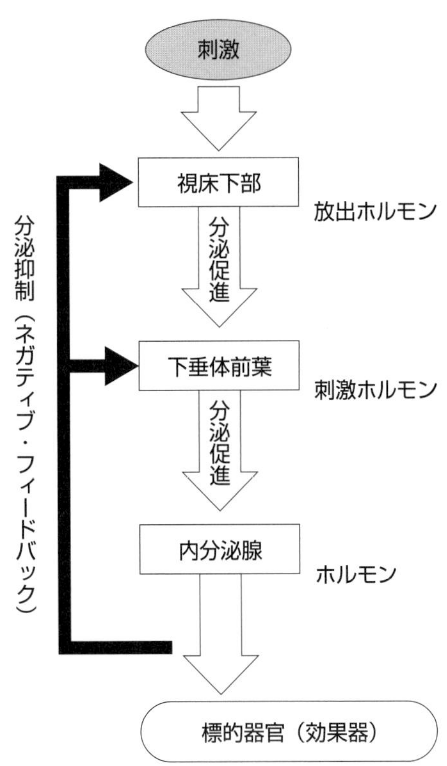

図7-2　視床下部-下垂体前葉系によるホルモンの分泌調節（片野・内田，2015，p.252）

ます。

下垂体は，前葉，中葉，後葉という3つの区分からなり，解剖学的には，前葉，中葉は**腺性下垂体**，後葉は**神経性下垂体**と呼ぶ，発生起源が異なる2つの領域から構成されています。発生学的に異なるため，前葉と後葉とでは，視床下部から受ける調節も異なります。前葉では，先ほど紹介したように，視床下部で作られたホルモンが下垂体門脈にのり，それを通じて調節を行います。一方，後葉では，視床下部の神経細胞で合成されたホルモンが，軸索を通じて後葉まで運ばれて分泌されます（図7-3）。

下垂体前葉から分泌されるホルモンは6種類あります。それぞれについて見ていきましょう。

1．成長ホルモン

まずは**成長ホルモン**です。成長ホルモンは，191個のアミノ酸から作られています。後に紹介するプロラクチンと呼ぶホルモンと，遺伝子の構成やアミノ酸の配列が似ており，1つの祖先となる遺伝子が重複し，機能が分化したと考えられています。ヒトの成長ホルモン遺伝子は，17番染色体に位置します。

成長ホルモンの作用には，標的器官に直接働く場合と，間接的に働く場合があります。直接的

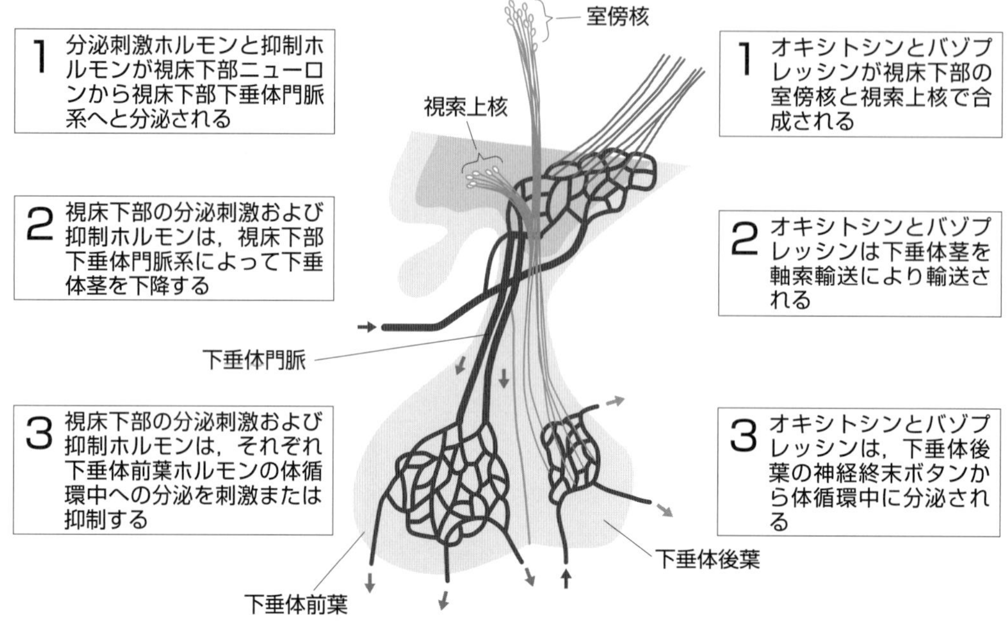

図 7-3　視床下部から下垂体への情報伝達（Pinel, 2003）

に働く場合には，成長に必要なタンパク質の合成促進や，代謝作用としての脂肪の分解促進，さらに血糖上昇を起こします。間接的に働く場合には，成長ホルモンが肝臓などに働きかけて，インスリン様成長因子-1（insulin-like growth factor-1：IGF-1）を分泌させ，それが標的器官に作用して，骨端軟骨と骨格の成長を促します。

成長ホルモンは，視床下部から分泌される**成長ホルモン放出ホルモン**の作用を受けて，成長ホルモン産生細胞から分泌されます。また，視床下部から分泌される**ソマトスタチン**の働きにより，分泌が抑制されます。さらに，成長ホルモンは，自らのネガティブ・フィードバックによって分泌が抑制されるほか，IGF-1 が下垂体に作用するネガティブ・フィードバック機構によっても分泌が抑制されます。

成長ホルモンの分泌が小児期に不足すると，**成長ホルモン分泌不全性低身長症**を起こします。また，分泌が過剰になると，骨の成長が完成前の場合は**巨人症**を引き起こし，完成後だと**末端肥大症**を引き起こします。生理的な分泌促進因子としては，睡眠，低血糖，遊離脂肪酸の低下，運動，ストレスなどがあります。

2．プロラクチン

プロラクチンは 199 個のアミノ酸から作られていて，先ほど紹介した成長ホルモンと構造が似ています。ヒトの場合，遺伝子は 6 番染色体に位置しています。生殖に関する作用として乳腺の分化，発達があり，乳管の枝分かれの構造を発達させます。

妊娠期には乳腺葉[*31]を発達させます。また，乳汁合成にも関わり，特定のアミノ酸の取り込

＊31　乳汁分泌を行う乳腺の構成単位。

みを促し，カゼインやラクトアルブミンなどのタンパク質合成を促進します。さらに，グルコースの取り込みを促進し，ラクトースの合成を促します。プロラクチンは乳汁の分泌にも関わり，乳首を吸うなどの搾乳刺激に応じて乳汁を分泌するように働きます。プロラクチンは妊娠の維持にも関わっていますが，この詳細は第10章「泌尿器系・生殖器系」で紹介します。

プロラクチンは哺乳類において，巣作りや授乳などの母性行動に影響を与えると考えられており，赤ちゃんに対する母性行動の誘導，赤ちゃん以外の存在に対する敵対的行動の誘発，攻撃性の亢進に関わっているとも言われています。

プロラクチンの分泌調節は，個体が置かれている状況によって異なります。通常，視床下部から分泌される**ドーパミン**が，プロラクチン抑制因子として働き，プロラクチンの分泌は抑えられています。しかし，授乳期では，赤ちゃんが母親の乳首に吸い付く搾乳刺激により，プロラクチン抑制因子の分泌は抑えられ，さらに，甲状腺刺激ホルモン放出ホルモンなどのプロラクチン放出因子の分泌が促進されるため，プロラクチン分泌は促進されます。妊娠期では，生殖行動に関わる刺激が脳の視床下部に伝わり，ドーパミンの放出を抑えるため，プロラクチン分泌が促進されています。また，分娩時には，プロラクチン血漿濃度が最も高くなります。

これ以外にも，サーカディアンリズムに影響されて，一日のうち睡眠中に血漿中濃度が最も高くなったり，聴覚・嗅覚からの刺激，ストレスの影響により分泌が促されたりもします。

3．甲状腺刺激ホルモン

甲状腺刺激ホルモンは92個のアミノ酸から作られていて，遺伝子は6番染色体に位置します。甲状腺刺激ホルモンは，視床下部から分泌される甲状腺刺激ホルモン放出ホルモンや，寒冷刺激によって分泌が促され，甲状腺ホルモン自体のネガティブ・フィードバックによって分泌が抑制されます。このフィードバックは視床下部にも働き，甲状腺刺激ホルモン放出ホルモンの分泌も抑制します。

4．副腎皮質刺激ホルモン

副腎皮質刺激ホルモン（adrenocorticotropic hormone：ACTH）は，ストレス応答に関わる**視床下部-下垂体-副腎系**（hypothalamo-pituitary-adrenal axis：HPA系）を担う重要なホルモンです。39個のアミノ酸から作られ，ACTHの1～13番目までのアミノ酸までは切断されて，**α-メラニン刺激ホルモン**（α-melanocyte-stimulating hormone：α-MSH）となります。

ACTHは，視床下部からの**副腎皮質刺激ホルモン放出ホルモン**（corticotropin-releasing hormone：CRH）により分泌を刺激され，副腎皮質に作用し，**糖質コルチコイド**などの副腎皮質ホルモンの分泌を促進します。CRHとACTHは，糖質コルチコイドによるネガティブ・フィードバックを通じて，分泌が抑制されます。

ところで，HPA系はさまざまな精神疾患に関与していることが知られています。心的外傷後ストレス障害（post traumatic stress disorder：PTSD）の患者さんでは，うつ病の患者さんや健常対照群と比較して，血漿糖質コルチコイドのベースライン値が有意に低く，HPA系機能の調節異常が示唆されています。また，デキサメタゾン抑制試験*32での糖質コルチコイド分泌の過剰抑制，リンパ球の糖質コルチコイド受容体の数の増加と感受性亢進，さらに，視床下部における副腎皮質刺激ホルモン放出ホルモンの分泌亢進，なども示唆されています。

5．ゴナドトロピン

下垂体前葉から分泌されるホルモンの6種類めは**ゴナドトロピン**です。これは**性腺刺激ホルモン**とも呼ばれ，下垂体前葉以外に胎盤からも分泌されます。下垂体前葉のゴナドトロピンには，**黄体形成ホルモン**（luteinizing hormone：LH）と**卵胞刺激ホルモン**（follicle stimulating hormone：FSH）があります。下垂体前葉のゴナドトロピンの標的器官は精巣および卵巣で，性ホルモンの産生を刺激します。ちなみに，胎盤で作られるゴナドトロピンには**ヒト絨毛性ゴナドトロピン**（human chorionic gonadotropin：hCG）があり，妊娠の維持に重要な働きをします。

LHは糖タンパク質で，タンパク質サブユニットの2量体のそれぞれが，糖と結合しています。この構造はFSH，甲状腺刺激ホルモンやhCGと類似していて，そのタンパク質サブユニットの2量体には，αおよびβサブユニットと呼ばれる，2つのポリペプチドユニットが含まれます。αサブユニットはLH，FSH，甲状腺刺激ホルモンおよびhCGにおいて同一で，92のアミノ酸を含みますが，βサブユニットは違っており，LHでは121のアミノ酸があります。βサブユニットの違いが特異的な生物学的作用を与え，LH受容体との相互作用の元となっています。

LHは精巣の**ライディッヒ細胞**に作用して，**アンドロゲン**の産生を促します。また，卵巣の**顆粒膜細胞**では，LHに反応して**エストロゲン**や**プロゲステロン**が産生されます。女性では，月経周期の途中の**LHサージ***33が，排卵の開始を誘起します。さらにLHは，排卵後の卵胞がプロゲステロンを分泌する黄体になることにも関与します。LHの水準は通常，子どもの頃には低く，女性では閉経後に高くなることが知られています。

FSHは生殖細胞の成熟を刺激します。男性においては，FSHは精巣の**セルトリ細胞**のアンドロゲン結合タンパク質の産生を増幅し，精子形成に重要な働きをします。女性では，**エストロゲン**の産生を刺激し，さらに卵巣内で未成熟の卵胞の成長を刺激し，成熟させます。そして，成長した卵胞は**インヒビン**を分泌し，FSHの産生を遮断します。インヒビンの上昇，FSH水準の低下は，排卵へと進む最も発達した卵胞を1つだけ選ぶために重要だと考えられています。

LHもFSHも，視床下部から分泌される**性腺刺激ホルモン放出ホルモン**によって分泌が促されます。また，このホルモンは，精巣から分泌されるアンドロゲン，卵巣から分泌されるエストロゲンによるネガティブ・フィードバックを通じて，分泌調節がなされます。

6．オキシトシン・バゾプレッシン

下垂体前葉のホルモンは以上です。次に，下垂体後葉のホルモンについて紹介します。下垂体後葉のホルモンには，**オキシトシン**と**バゾプレッシン**の2種類があります。

オキシトシンは平滑筋（へいかつきん）の収縮に関与し，分娩時に子宮を収縮させる作用を持ちます。また，乳

---

*32　デキサメタゾンという薬を服用後，糖質コルチコイドの一種であるコルチゾルの血中濃度，または尿中濃度を翌日に測定する検査。

*33　LHの急激な分泌増加のこと。

腺の筋線維を収縮させて乳汁分泌を促します。これまで，女性に特有な機能に関わるホルモンとして考えられていましたが，男性にも存在することが判明し，その機能について研究が進められています。オキシトシンの分泌調節は，エストロゲンによって分泌が増加するとの報告がありますが，その詳細は解明されていません。また，分泌を促す機械的な刺激として，分娩中の子宮頸部および子宮の伸長，乳首への刺激があります。

平滑筋収縮以外に，オキシトシンは良好な対人関係を築く作用があると言われており，この作用を自閉症の治療に役立てようというプロジェクトも立ち上がりました。しかし，現時点で主だった効果は認められていません。

バゾプレッシンは，腎臓での水の再吸収を増加させることによって，利尿を妨げます。また，血管を収縮させて血圧を上げる効果もあります。バゾプレッシンの抗利尿作用は体液の喪失を防ぐことになり，脱水やショックなどのように循環血漿量が減少したときに，体液を保持する作用があります。そのため，口渇感などを引き起こし，飲水行動の惹起（じゃっき）にも関わっています。

第 2 節　甲状腺

成人の**甲状腺**は約 20 g で，前頸部に位置し，左右の葉とそれらをつなぐ峡部から作られています（図 7-4）。甲状腺は多数の**濾胞**（ろほう）の集まりで，濾胞は胞腔と濾胞上皮細胞から作られています（図 7-5）。濾胞の内部はコロイドと呼ばれる液体で満たされていて，その液体の大部分は，チログロブリンと呼ばれる糖タンパク質からできています。甲状腺は，**甲状腺ホルモン**と**カルシトニン**と呼ぶ 2 種類のホルモンを分泌します。

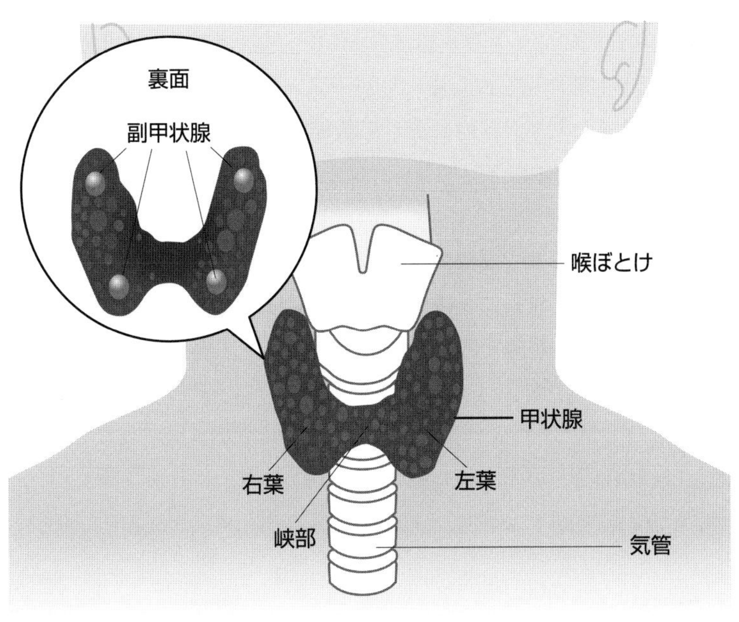

図 7-4　甲状腺と副甲状腺

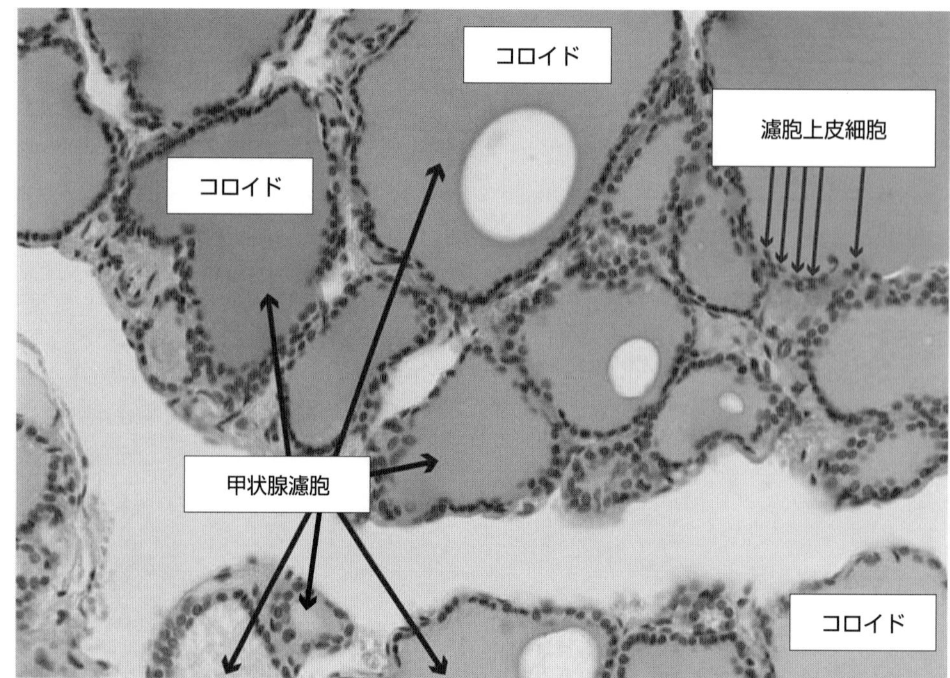

図 7-5　甲状腺の濾胞（筑波大学医学医療系 HP より）

1．甲状腺ホルモン

甲状腺ホルモンにはさらに，**トリヨードチロニン**（T3）と**チロキシン**（T4）があります（図 7-6）。構造式を見ると，形が似ていることがよくわかると思います。分泌されるもののほとんどは T4 なのですが，末梢組織に届くとヨウ素（I）が 1 つ外れる脱ヨード化が起こり，生理作用の強い T3，またはほとんど生理作用を持たない**リバーストリヨードチロニン**（rT3）に変わります。

甲状腺ホルモンは細胞内に入り，核内にある甲状腺ホルモン受容体に結合します。このホルモンと受容体の複合体は，DNA に結合して遺伝子の転写活性を調節することで，生理作用を発揮します。

甲状腺ホルモンの生理作用には，成長に及ぼす作用，熱産生作用，代謝に対する作用，心臓脈管系に対する作用があります。成長に及ぼす作用としては，骨の成長を促します。熱産生作用については，脳を除くほとんどの組織で酸素消費量を増加させ，熱産生を促して基礎代謝を亢進し

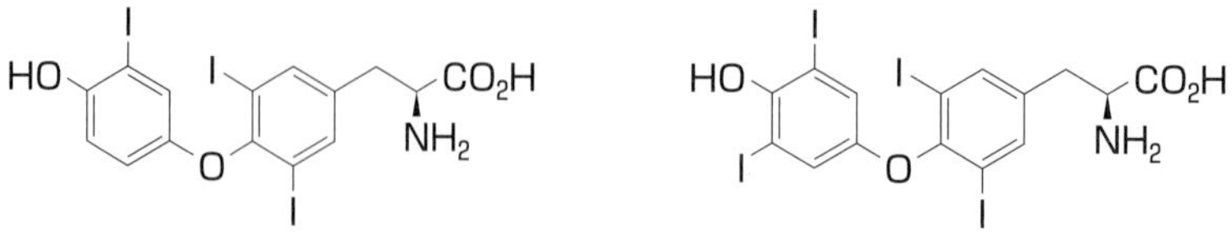

トリヨードチロニン：T3　　チロキシン：T4

図 7-6　甲状腺ホルモンの構造

ます。代謝に関する作用としては，糖の代謝において肝グリコーゲンの分解，糖新生，そして腸管からの糖の吸収を促進し，血糖値の上昇を引き起こします。糖新生とは，アミノ酸などを材料として解糖系の逆反応によりグルコースを合成する過程を指します。

甲状腺ホルモンの代謝に対する作用としては，このほかに，タンパク質の合成と分解の両方を刺激し，脂質については脂肪分解を促進して血中コレステロール濃度を低下させます。最後に，心臓脈管系に対する作用として，心筋のアドレナリンによる収縮力の増強と心拍数の増加を引き起こします。

分泌調節は，視床下部からの甲状腺刺激ホルモン放出ホルモン，下垂体前葉からの甲状腺刺激ホルモンによって促進されます。分泌された甲状腺ホルモンは，ネガティブ・フィードバックを通じて甲状腺刺激ホルモン放出ホルモン，甲状腺刺激ホルモンの分泌を抑制します。甲状腺ホルモンの分泌は，寒冷刺激などでも促進されます。

2．カルシトニン

カルシトニンは，甲状腺の**傍濾胞細胞**（ぼうろほう）から分泌される，32のアミノ酸残基を有するペプチドホルモンです。ヒトでは，傍濾胞細胞以外でも産生されることがわかっています。カルシトニンは破骨細胞に存在するカルシトニン受容体に作用して，骨からのカルシウムの放出を抑制します。また，骨へのカルシウムとリン酸の沈着を促進する働きを持っています。この他に，尿中へのカルシウムとリン酸の排泄を促進する作用も持ち，長期的には，新たな破骨細胞の形成を抑制して，骨形成作用を相対的に増加させます。

カルシトニンの分泌調節は，血中のカルシウム濃度によって行われます。カルシウム濃度が上昇すると分泌が促進され，カルシウム濃度が低下すると分泌は抑制されます。ヒトの生体内でカルシトニンと拮抗する作用を持つホルモンは，後に紹介するパラトルモンです。

3．副甲状腺ホルモン

甲状腺ホルモンの紹介は以上になります。次に，副甲状腺から分泌されるホルモンについて紹介します。副甲状腺は**上皮小体**とも呼ばれ，甲状腺の背側に左右2つずつあります（図7-4）。そのため，**副甲状腺ホルモン**は**上皮小体ホルモン**とも呼びます。

副甲状腺から分泌されるホルモンは1種類で，84のアミノ酸から構成されるポリペプチドホルモンである**パラトルモン**です。パラトルモンは，血液のカルシウムの濃度を増加させる作用を持ちます。甲状腺から分泌されるカルシトニンがカルシウムを減少させる作用を持つため，両者は拮抗する働きを持ちます。

パラトルモンの受容体は骨，腸，腎臓の3カ所の臓器に発現が見られるので，これらの臓器を通じてカルシウム濃度の増加を引き起こすと考えられています。分泌調節は，カルシトニンと同様に，血液中のカルシウム濃度によります。カルシウム濃度が増加すると，副甲状腺の細胞上にあるカルシウム受容体が反応し，パラトルモンの分泌を抑制します。

第3節 副腎

副腎は，左右の腎臓上部にある三角錐状の器官です（図7-7）。副腎は**皮質**と**髄質**に分かれ，これらは発生学的にも由来が異なり，さらに機能も異なります。副腎皮質は外側から**球状層**，**束状層**，**網状層**の3層から構成されています。それぞれの層から分泌されるホルモンは，コルチコイドまたはコルチコステロイドと総称され，コレステロールから作られています（図7-8）。いずれも，生命維持に関わる重要なホルモンとして知られています。

1．電解質コルチコイド

副腎皮質の球状層から分泌される**電解質コルチコイド**は，電解質の代謝に関与します。電解質コルチコイドは複数種類ありますが，**アルドステロン**が最も強い作用を示します。アルドステロンは，腎の遠位尿細管と，一部は集合管においてナトリウムイオンの再吸収を促進し，カリウムイオンの排泄を促進します。ナトリウムイオンが再吸収されると，同時に水も再吸収されて，体液量が増加します。

分泌調節は，視床下部から分泌される副腎皮質刺激ホルモン放出ホルモン，下垂体前葉から分泌される副腎皮質刺激ホルモンによる調節を受けますが，血圧や電解質濃度などの体液の変化による調節系のほうがより重要で，特に**レニン-アンジオテンシン-アルドステロン系**（renin-angiotensin-aldosterone system：RAAS）は，主要な役割を担います（図7-9）。

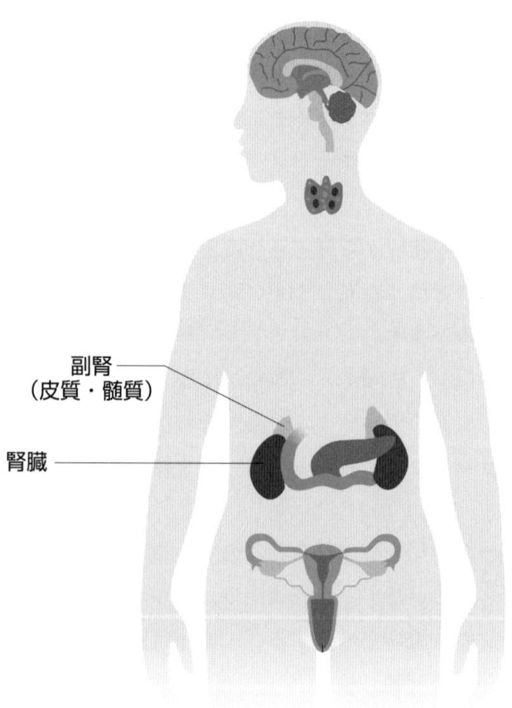

図7-7　副腎

RAASでは，腎の血流量が減少して血圧が低下すると，腎の**傍糸球体細胞**からタンパク質分解酵素である**レニン**が分泌されます。分泌されたレニンは，血液中にあるアンジオテンシノーゲンに作用して**アンジオテンシンⅠ**を生じ，アンジオテンシンⅠはさらにアンジオテンシンⅠ変換酵素（キニナーゼ）の働きによって，**アンジオテンシンⅡ**に変わります。

アンジオテンシンⅡは血管収縮作用を持ち，全身の細動脈を収縮させて血圧を上昇させます。さらに，アンジオテンシンⅡは副腎皮質の球状層に作用し，先ほど紹介したアルドステロンの分泌を促して，体液量増加，血圧上昇をもたらします。

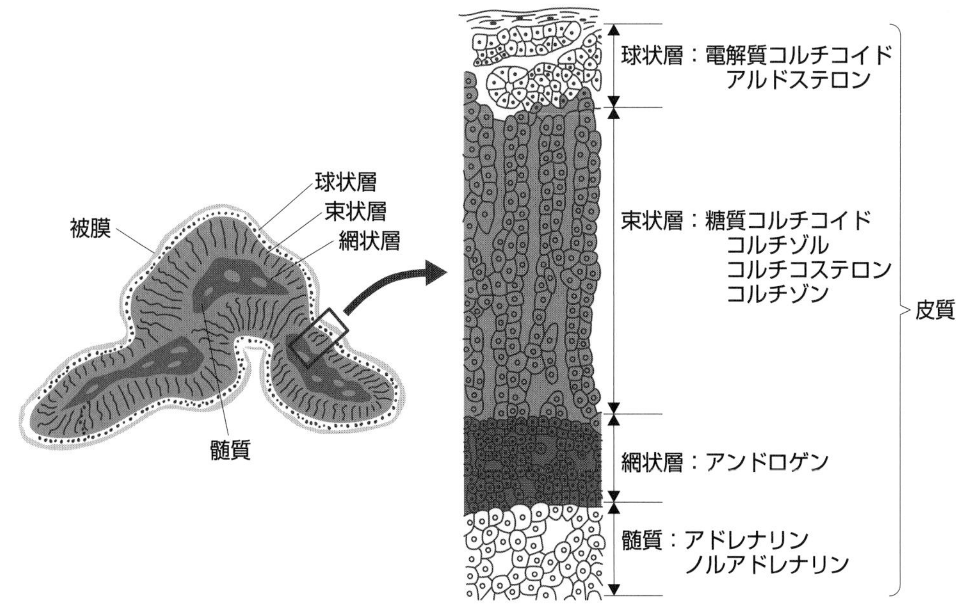

図 7-8　副腎の層構造と分泌されるホルモン（渡辺，2003，p. 158 を著者一部改変）

2．糖質コルチコイド

束状層から分泌される**糖質コルチコイド**は，**コルチゾル**の分泌が最も多く，そのほかに**コルチコステロン**，**コルチゾン**が少量分泌されます。これらのホルモンは，糖質，タンパク質，脂質，電解質などの代謝や，免疫反応，ストレス応答の制御に関わるなど，生体の恒常性の維持に重要な役割を果たしています。下垂体前葉から分泌される副腎皮質刺激ホルモンによって分泌が調節されます。糖質コルチコイドの受容体は核内にあり，ホルモンが結合すると，受容体は DNA に結合して遺伝子の転写を制御し，これによって作用します。

3．副腎皮質ホルモンの分泌異常

副腎皮質ホルモンの分泌異常としては，過剰分泌による**クッシング症候群**と，分泌低下による**アジソン症**があります。

クッシング症候群は，コルチゾルの過剰な分泌が長期にわたるため，前腕や下肢の皮膚が薄くなり，皮下の毛細血管が透けて見えて，ピンクのまだら模様になります。やがて，腹が出ているわりに大腿部が細くなる変化が見られるようになります。ぶつかった自覚がないにもかかわらず，皮下出血しやすくなり，顔もむくんだ赤ら顔になります。さらには多毛，にきび，腹部や臀部に赤い筋が見られるようになります。子どもの時期に発症すると背が伸びなくなり，うつ傾向も出てきます。

副腎皮質刺激ホルモンが多くなると，皮膚のこすれるところや関節部の皮膚が黒っぽくなります。病気が進行すると感染に弱くなり，敗血症で亡くなることがあるので，これは注意が必要で

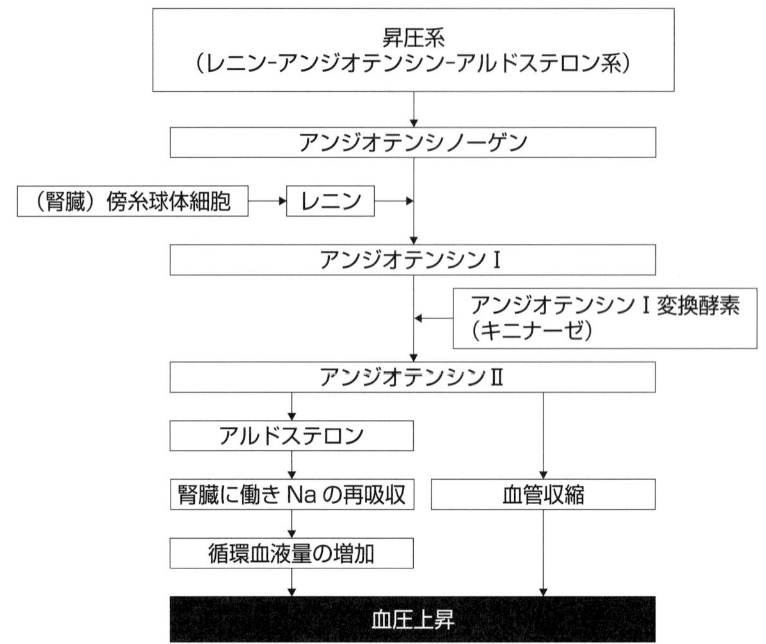

図 7-9　レニン-アンジオテンシン-アルドステロン系（バイエル薬品株式会社の HP より）

す。これら典型的な症状以外にも多くの例で，高血圧症，糖尿病，脂質異常症，骨粗鬆症（こつそしょうしょう）など，生活習慣病と類似した合併症を発症することが報告されています。

アジソン症は，副腎皮質ホルモンの欠落により，易疲労感，全身倦怠感，脱力感，筋力低下，体重減少，低血圧などが見られます。また，食欲不振，悪心・嘔吐，下痢などの消化器症状，精神症状（無気力，不安，うつ）など，さまざまな症状を訴える難病です。いずれも非特異的な症状で，皮膚，肘や膝などの関節部，爪床，口腔内に色素沈着も見られます。

副腎機能の回復は期待できないので，糖質コルチコイド補充療法を生涯にわたって続けることにより，症状もなく日常生活を過ごすことができます。ただし，糖質コルチコイドをストレス時に増量しなかったり服用を忘れたりすると，ショックを起こし，生命の危機にさらされることになります。適切な治療が行われれば予後は比較的良好です。

4．副腎髄質ホルモン

次に，副腎髄質ホルモンについて紹介します。副腎髄質からは**アドレナリン**と**ノルアドレナリン**が分泌されます。生理作用は交感神経の機能と本質的には同じで，各組織に働いて，エネルギー代謝，循環器系，血管抵抗性などを調節します。アドレナリンは肝臓や骨格筋でグリコーゲンの分解を促進し，血糖上昇を促します。また，心拍出量を増加させて心臓の機能を亢進させ，末梢の血管の抵抗性を減少させます。一方，ノルアドレナリンの血糖上昇作用は弱く，心拍出量を減少させ，末梢の血管抵抗性は増加させて，血圧を上昇させます。

第4節 膵臓

膵臓（すいぞう）は消化管に付属する腺で，膵液を分泌する外分泌腺の組織と，ホルモンを分泌する内分泌腺の組織から作られています。内分泌腺の組織は，ランゲルハンス島と呼ばれる100〜200万個の細胞群から構成されており，ヒトでは膵臓全体の約1〜2％を占め，少なくとも，**インスリン**，**グルカゴン**，**ソマトスタチン**，**膵ポリペプチド**の4種類のペプチドホルモンを分泌しています（図7-10）。

1．インスリン

インスリンは**β細胞（B細胞）**が，グルカゴンは**α細胞（A細胞）**が，ソマトスタチンは**δ細胞（D細胞）**が，膵ポリペプチドは**PP細胞**が，それぞれ分泌します。β細胞はランゲルハンス島の70〜75%を占め，次いでα細胞が20〜25%，δ細胞とPP細胞が少数認められます。

インスリンは，21のアミノ酸残基のA鎖と，30のアミノ酸残基のB鎖が，2つのジスルフィド結合[*34]を介してつながっているホルモンです。生理作用としては，主として血糖を抑制する作用を持ちます。また，骨格筋におけるアミノ酸，カリウムの取り込み促進と，タンパク質合成の促進，肝臓における糖新生の抑制，グリコーゲンの合成促進，さらには分解抑制，脂肪組織における糖の取り込みと利用促進，脂肪の合成促進，分解抑制などの作用により，血糖を抑制します。グリコーゲンや脂肪などの各種貯蔵物質の新生も促進し，腎尿細管におけるナトリウム再吸収促進作用もあります。

炭水化物を摂取すると，小腸でグルコースに分解され，大量のグルコースが体内に吸収されま

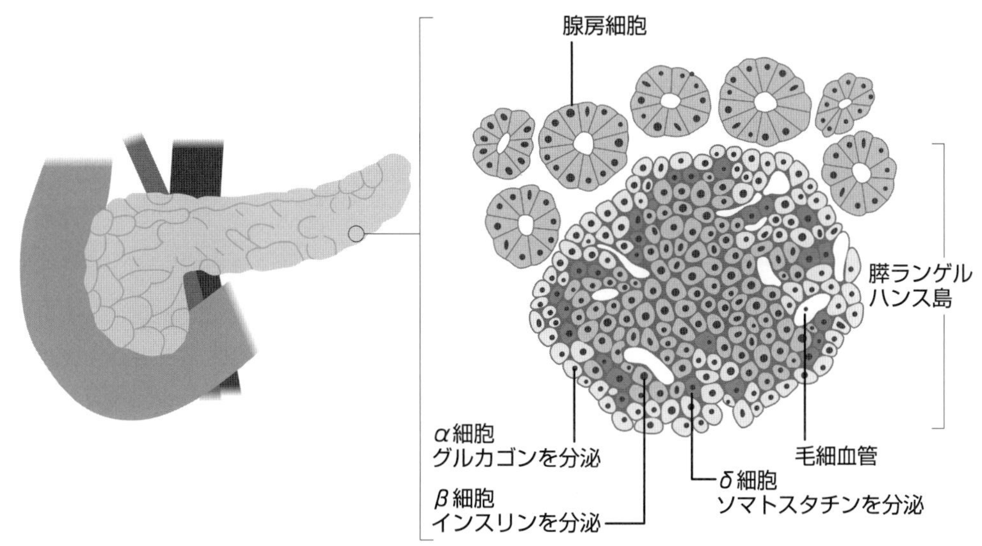

図7-10　膵臓のランゲルハンス島（小野薬品工業株式会社HPより）

＊31　硫黄が-S-S-のように結合した構造。

す。体内でのグルコースは，エネルギー源として重要である反面，高濃度のグルコースは生体に有害な作用をもたらすため，インスリンはその濃度（血糖）を常に一定範囲に保つ働きをする重要なホルモンです。食事によるインスリン分泌量の増加には，小腸から分泌される**インクレチン**というホルモンが，重要な役割を果たします。食事により栄養素が体内に吸収されると，小腸からインクレチンが分泌され，栄養素が吸収されたことを膵臓に伝えます。その状態でグルコースが膵臓に入ってくると，グルコースの濃度に応じて，膵臓からインスリンが分泌されます。

2．グルカゴン

グルカゴンは，29のアミノ酸残基からなるペプチドホルモンで，炭水化物の代謝に重要な機能を持っています。インスリンと同様に，血糖値を一定に保つ作用をするホルモンなのですが，その働きはインスリンとは異なります。グルカゴンは，血糖値が下がって糖を必要とするようになったときに肝臓に作用して，グリコーゲンの分解を促進し，血糖値を上昇させます。グルカゴンの分泌は低血糖により促進され，高血糖により抑制されます。

3．ソマトスタチン

ソマトスタチンは，内分泌系をコントロールするだけではなく，神経伝達や細胞増殖にも影響を与え，さらには，多くのホルモンの分泌を抑制します。そのなかには，インスリン，グルカゴンだけでなく，ガストリンやセクレチンも含まれます。ソマトスタチンはコレシストキニンなどによって分泌が促進されることがわかっています。

第5節　精巣

精巣からは**アンドロゲン**が分泌されます。精巣は，男性の陰嚢（いんのう）の内部にある卵形をした臓器で，左右に1つずつあり，睾丸とも呼ばれています（図7-11）。精巣には，アンドロゲンを分泌

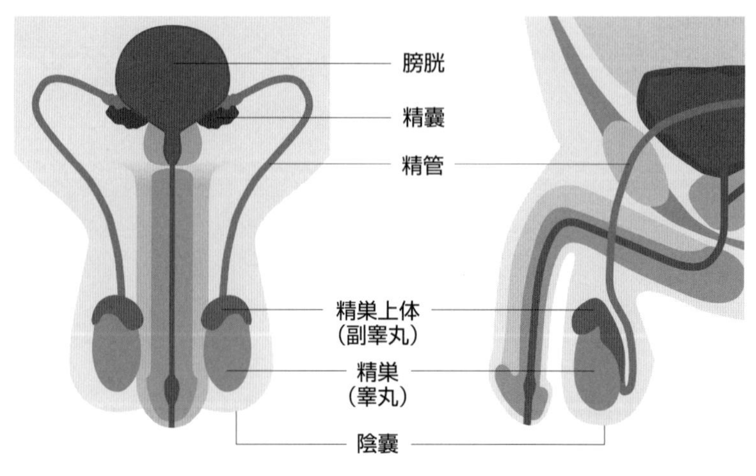

図7-11　男性生殖器

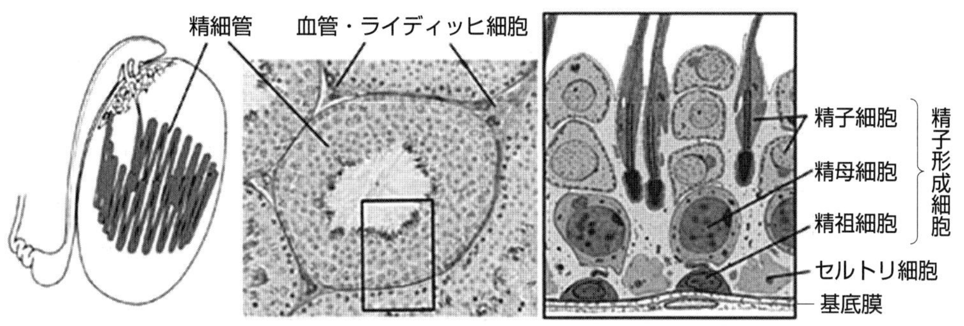

図 7-12　精巣の精細管内のライディッヒ細胞と精子形成細胞（京都大学，2007）

する役割と，精子を作る役割があり，それぞれ別の細胞によって行われています。アンドロゲンを産生するのが**ライディッヒ細胞**，精子を作るのが精原細胞から始まる**精子形成細胞**です（図 7-12）。アンドロゲンは，テストステロン，ジヒドロテストステロン，デヒドロエピアンドロステロンの総称で，男性器の形成と発達，変声，体毛の増加，筋肉増強，性欲の亢進，男性型脱毛症に関わることがわかっています。性腺刺激ホルモン放出ホルモン，性腺刺激ホルモンにより分泌調節がなされていて，血中のアンドロゲン量が増加すると，ネガティブ・フィードバックを通じて分泌調節が行われます。

第6節　卵　巣

1．エストロゲン

卵巣からは**エストロゲン**が分泌されます。卵巣は女性生殖器のひとつで，卵子を作り出す器官です（図 7-13）。卵巣から分泌されるエストロゲンは，エストロン，エストラジオール，エストリオールの総称で，排卵や脂質代謝の制御，乳腺細胞の増殖促進，そしてインスリン作用や血液凝固作用があります。また，皮膚の薄化，LDL コレステロールの減少と VLDL・HDL コレステロールの増加による動脈硬化抑制などの作用も報告されています。

こちらも，アンドロゲンと同様に，性腺刺激ホルモン放出ホルモン，性腺刺激ホルモンにより分泌が調節されていて，血中のエストロゲン量が増加すると，ネガティブ・フィードバックを通じて分泌調節が行われます。しかし，エストロゲンがある一定の量を越えると，ポジティブ・フィードバックに切り替わり，その結果，黄体形成ホルモンのサージ状分泌（大量分泌）が引き起こされて，次いでエストロゲンにもサージ状分泌が起こります。これにより排卵が起こります。

2．プロゲステロン

卵子を包んでいる卵胞は，排卵されると黄体へと変わります。この黄体からは，主に**プロゲステロン（ゲスターゲン）**が分泌されます。プロゲステロンは，子宮内膜や子宮筋の働きを調整し，乳腺の発達や妊娠の維持などに関わります。また，体温上昇の作用もあり，女性の性周期の黄体

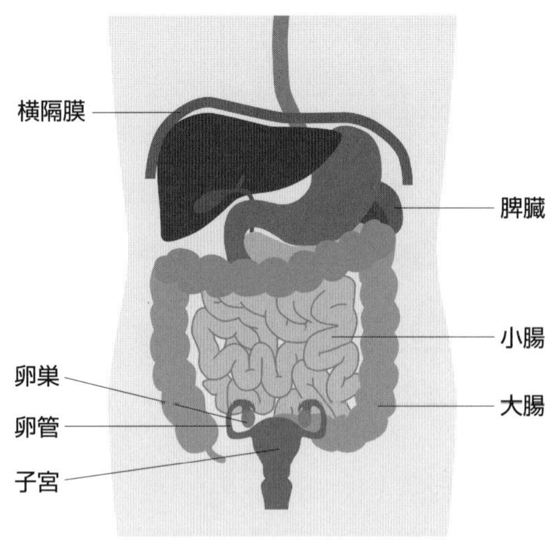

図 7-13　卵巣の位置

期に，基礎体温が高くなる原因となります。

プロゲステロンには，性腺刺激ホルモン放出ホルモンと黄体形成ホルモンの分泌を抑制する作用があり，この機序によって排卵を抑制します。この作用を利用して，プロゲステロンに少量のエストロゲンを加えた合剤が経口避妊薬，いわゆるピルです。

プロゲステロンの分泌調節は，黄体形成ホルモンのサージ状分泌から始まります。黄体形成ホルモンのサージ状分泌が起きると，卵胞の顆粒膜細胞でのプロゲステロン産生が増加し，排卵後，卵胞が変化した黄体から，プロゲステロンが多量に作られるようになります。妊娠が成立すると，プロゲステロンは高値で維持されますが，妊娠が不成立な場合は，プロゲステロンやエストロゲンは減少して，月経につながります。

ここまで，主要なホルモンについて，その働きと分泌調節について紹介しました。これ以外にもホルモンは存在し，多様な働きを担っています。表 7-2 は，これまでに紹介したホルモンに加え，ここでは紹介しきれなかったホルモンと，その作用をまとめたものです。

表 7-2　主なホルモンの働き

<table>
<tr><th colspan="3">内分泌腺と分泌されるホルモン</th><th>ホルモンのはたらき</th></tr>
<tr><td rowspan="5">視床下部</td><td colspan="2">成長ホルモン放出ホルモン（GHRH）</td><td>脳下垂体前葉から成長ホルモンを分泌させる。</td></tr>
<tr><td colspan="2">ソマトスタチン</td><td>脳下垂体前葉からの成長ホルモンの分泌を抑制する。</td></tr>
<tr><td colspan="2">甲状腺刺激ホルモン放出ホルモン（TRH）</td><td>脳下垂体前葉から甲状腺刺激ホルモンを分泌させる。</td></tr>
<tr><td colspan="2">副腎皮質刺激ホルモン放出ホルモン(CRH)</td><td>脳下垂体前葉から副腎皮質刺激ホルモンを分泌させる。</td></tr>
<tr><td colspan="2">黄体形成ホルモン放出ホルモン（LHRH）</td><td>脳下垂体前葉から性腺刺激ホルモン（卵胞刺激ホルモン，黄体形成ホルモン）を分泌させる。</td></tr>
<tr><td rowspan="8">脳下垂体</td><td rowspan="6">前葉</td><td>成長ホルモン（GH）</td><td>身体の成長を促す。</td></tr>
<tr><td>甲状腺刺激ホルモン（TSH）</td><td>甲状腺から甲状腺ホルモン（チロキシン，トリヨードチロニン）を分泌させる。</td></tr>
<tr><td>副腎皮質刺激ホルモン（ACTH）</td><td>副腎の皮質から副腎皮質ホルモン（コルチゾル，アルドステロンなど）を分泌させる。</td></tr>
<tr><td>卵胞刺激ホルモン（FSH）</td><td rowspan="2">女性の卵巣から女性ホルモン（プロゲステロン，エストロゲン）を，男性の精巣から男性ホルモン（アンドロゲン）を分泌させる。</td></tr>
<tr><td>黄体形成ホルモン（LH）</td></tr>
<tr><td>プロラクチン（PRL）</td><td>乳汁を分泌させ，卵巣の黄体を刺激する。</td></tr>
<tr><td rowspan="2">後葉</td><td>バゾプレッシン</td><td>水を再吸収して尿を濃縮させる。</td></tr>
<tr><td>オキシトシン</td><td>出産を促進し，乳汁の排出をうながす。</td></tr>
<tr><td rowspan="3">甲状腺</td><td colspan="2">チロキシン（T_4）</td><td rowspan="2">代謝機能を正常に保つ。</td></tr>
<tr><td colspan="2">トリヨードチロニン（T_3）</td></tr>
<tr><td colspan="2">カルシトニン</td><td>カルシウム代謝を調節する。</td></tr>
<tr><td>副甲状腺</td><td colspan="2">パラトルモン</td><td>カルシウム代謝を調節する。</td></tr>
</table>

内分泌腺		ホルモン	主な働き
副腎	皮質	コルチゾル	糖質代謝を調節する。炎症を鎮める。
		アルドステロン	塩類(ナトリウム，カリウムなど)の代謝を調節し，血圧を上昇させる。
		副腎アンドロゲン	性器を発育させる。
	髄質	カテコールアミン（アドレナリン，ノルアドレナリン）	血圧を上昇させる。
膵臓		インスリン	血糖値（血液中のブドウ糖の量）を下降させる。
		グルカゴン	血糖値（血液中のブドウ糖の量）を上昇させる。
胃腸		セクレチン	消化液の膵液の分泌を調節する。
		コレシストキニン	胆嚢から胆汁を排泄させ，膵液の分泌を促進する。
		ガストリン	胃の収縮と胃酸の分泌を助長する。
		胃抑制性ポリペプチド	膵臓からのインスリン分泌を促進する。
		モチリン	胃などの上部消化管の蠕動運動を調節する。
		グルカゴン様ペプチド	膵臓からのインスリン分泌を促進する。
		血管作用性腸ペプチド	胃酸の分泌を抑え，膵臓を刺激してインスリンの分泌を促進する。
		グレリン	食欲を亢進させる。成長ホルモンの分泌を促進する。
腎臓		エリスロポエチン	赤血球を成熟させる。
		レニン	アンジオテンシンと協力し，血圧を上昇させる。
		活性型ビタミン D_3	小腸からのカルシウムとリンの吸収を促進し，骨を発育させる。血液中のカルシウム量を一定に保つ。
心臓		心房性ナトリウム利尿ペプチド	ナトリウムを尿に含めて排出し，血圧を調節する。
肝臓		アンジオテンシノーゲン	腎臓から分泌されるレニンによってアンジオテンシンに変化し，血圧を上昇させる。
精巣		アンドロゲン	男性器の発育，二次性徴の発来，精子の形成，造血など。
卵巣		エストロゲン	子宮内膜の増殖，子宮筋の発育，乳腺の増殖，二次性徴の発来，骨や脂質の代謝，性周期の調節。
		プロゲステロン	妊娠維持，体温上昇，排卵抑制，乳腺発育など。
胎盤		絨毛性ゴナドトロピン（hCG）	排卵をおこさせる。プロゲステロンを産生させる。
脂肪		レプチン	食欲を抑制する。エネルギー消費を増やす。
		アディポネクチン	動脈硬化を抑制する。インスリンの効きをよくする。

皆さんはここまでの学びを通じて，行動発現の基礎となる諸器官を調節するホルモンの働きについて見てきました。ホルモンの作用には，心の働きに影響を与えるものが数多くあります。もし，目の前の患者さんに心理的変化が見られた場合に，その心理的変化とホルモンの作用を関連づけて考えることによって，患者さんの身体的な異常に気づくことができるかもしれません。

それでは次は，循環器系の働きについて見ていくことにしましょう。

COLUMN 9

ホルモンは婚姻関係の継続に関係する？

バゾプレッシンは，先ほども紹介したように，身体の水分を維持するのに重要な役割を果たすホルモンです。しかし，草原に生息するハタネズミでは，水分保持以外に，一夫一婦制を保つかどうかを左右するものとして重要であることが，研究からわかっています。

米国エモリー大学チームによる 2001 年の研究では，ハタネズミ類のなかで，一夫一婦の種とそうでない種を比較し，脳におけるバゾプレッシン受容体の多さが，一夫一婦志向およびオスの子育てと関係していることが報告されました（Pitkow et al., 2001）。この研究では，バゾプレッシン受容体の発現量を操作して，一夫一婦志向でない種をその志向にさせることにも成功しています。

なんと，人でも，バゾプレッシン受容体の多い少ないが，婚姻関係の維持と関係があるようです。バゾプレッシンの受容体の発現に関係する遺伝子の一部が変異を起こしている人は，変異のない人に比べて結婚生活で問題を抱えている率が高く，そもそも結婚していないケースも多いとのことです（Walum et al., 2008）。

このような研究結果が報告されると，「私は遺伝的に結婚に向いていない」と思う人もいるかもしれませんが，個人的な経験では結婚は相性だと思うので，「遺伝的に……」などと悲観せずに，どのようなタイプの人となら長く暮らせるかについて，自分の特性をしっかり把握することのほうが重要かもしれません。

挑戦!!　第7章　確認問題

❶ ホルモンは化学構造によって，（　　），（　　），（　　）の3つに大別できる。

❷ 受容体数または結合親和性の低下による調節を（　　），上昇による調節を（　　）と呼ぶ。

❸ 成長ホルモンは，視床下部から分泌される（　　）の作用を受けて，成長ホルモン産生細胞から分泌される。また，視床下部から分泌される（　　）の働きにより，分泌が抑制される。

❹ （　　）は，赤ちゃんに対する母性行動の誘導，赤ちゃん以外の存在に対する敵対的行動の誘発，攻撃性の亢進に関わっている。

❺ （　　）は平滑筋の収縮に関与し，分娩時に子宮を収縮させる作用を持つ。

❻ 甲状腺は，（　　）と（　　）と呼ばれる2種類のホルモンを分泌する。

❼ 副腎皮質は，外側から（　　），（　　），（　　）の3層で構成されている。

❽ インスリンは（　　）が，グルカゴンは（　　）が，ソマトスタチンは（　　）が，膵ポリペプチドは（　　）が，それぞれ分泌する。

❾ （　　）は，テストステロン，ジヒドロテストステロン，デヒドロエピアンドロステロンの総称である。

❿ 黄体からは，主に（　　）が分泌される。

解答：①ペプチドホルモン，ステロイドホルモン，アミノ酸誘導体ホルモン，②ダウンレギュレーション，アップレギュレーション，③成長ホルモン放出ホルモン，ソマトスタチン，④プロラクチン，⑤オキシトシン，⑥甲状腺ホルモン，カルシトニン，⑦球状層，束状層，網状層，⑧β細胞（B細胞），α細胞（A細胞），δ細胞（D細胞），PP細胞，⑨アンドロゲン，⑩プロゲステロン（ゲスターゲン）

第8章　循環器系

Circulatory system

循環器系は，血液を運ぶ心臓と血管からなる**血液系**と，毛細リンパ管から静脈にリンパを運ぶリンパ管，そして，リンパ節からなる**リンパ系**とに分かれます。

血液系でよくたとえに用いられますが，心臓はポンプの役割を果たします。このポンプの機能によって排出された血液は，動脈を通じて全身の組織のすみずみまで送り込まれ，その後，静脈を通って心臓まで戻ります。この過程で，組織が生きていくために必要な酸素や栄養，ホルモンなどが動脈から全身に行きわたり，同時に，組織の中に生じた老廃物を静脈が心臓まで運び，肺や腎臓から体外に排出するのです（図 8-1）。

リンパ系は，毛細リンパ管網という細い管から始まります。これが**リンパ管**，**リンパ節**につながり，**胸管**という太いリンパ管に合流して，首の下方の静脈に続きます。胸管の始部にある拡大部は，**乳糜槽**（にゅうびそう）と呼ばれます。リンパ系を流れるリンパは，タンパク質とリンパ球に富む無色の液体で，脂肪を吸収する小腸をはじめとして全身の臓器，組織の隙間にあって，ゆっくりと流れています。

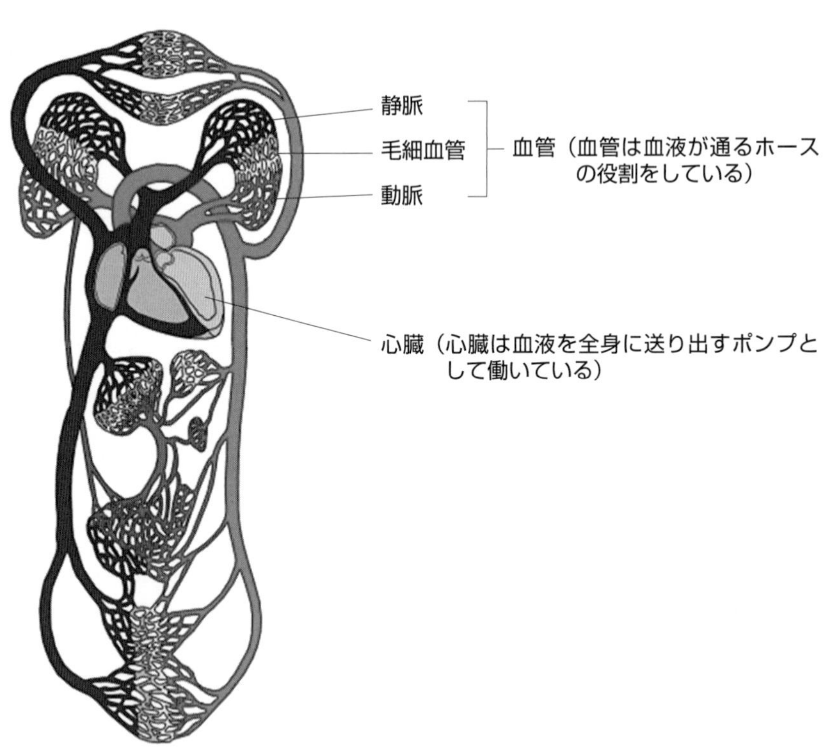
静脈
毛細血管
動脈
血管（血管は血液が通るホース
の役割をしている）
心臓（心臓は血液を全身に送り出すポンプと
して働いている）

図 8-1　血管系

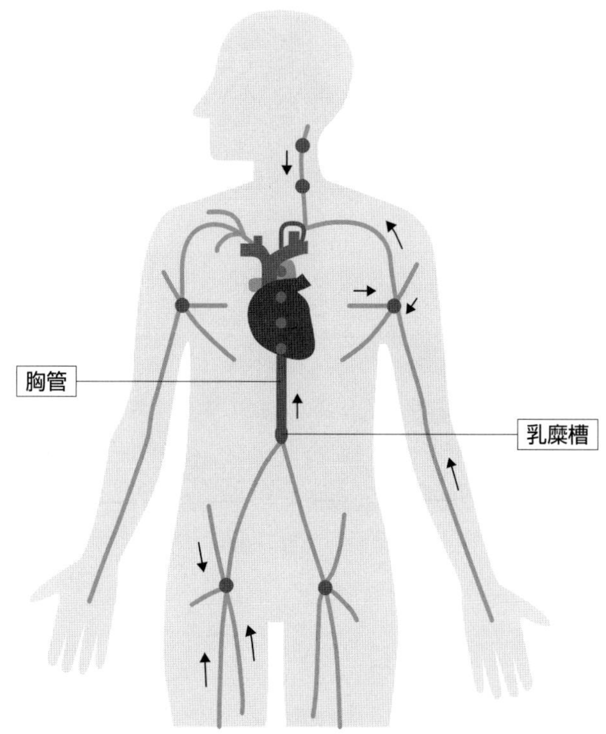

図 8-2　リンパ系（リンパ管疾患情報ステーション HP より）

リンパ節はろ過器の役目を果たし，リンパ系の中に入った細菌や異物は，リンパ節にとらえられます。リンパ節はしばしば細菌との闘いによって炎症を起こしますが，これにより，身体のあちこちで炎症が起こらずにすんでいるのです（図 8-2）。

第1節　心　臓

心臓は先ほど紹介したように，体のすみずみへ血液を供給するポンプの役割を担っています。握りこぶし程度の大きさで，その拍動は心臓自体が刻んでいて，死ぬまで休むことなく動き続けます。これ以降，心臓の働きやその構造について紹介していきますが，特に心拍を調節するリズムの発生メカニズムを中心に，見ていくことにしましょう。

1．心臓の構造

心臓は左右の肺の間に位置しており，横隔膜の上に載っている，重さ 250～350 g の臓器です（図 8-3）。心臓全体は筋肉でできた袋だとイメージしてください。そして，その袋の中は 4 つに仕切られていて，左右の心房および心室に分かれています（図 8-4）。

右の心房には，下半身からの血液を還流する**下大静脈**と，上半身の血液を集める**上大静脈**が流入します。また，**右心房**の血液は，**右房室弁**（**三尖弁**（さんせんべん））を通って**右心室**に流入し，そこから肺動脈弁を通って**肺動脈**に拍出されます。

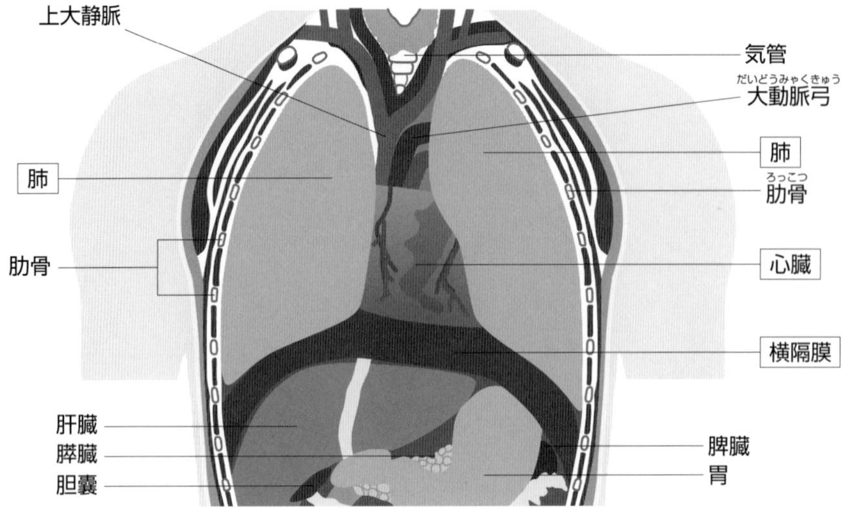

図 8-3　心臓の位置

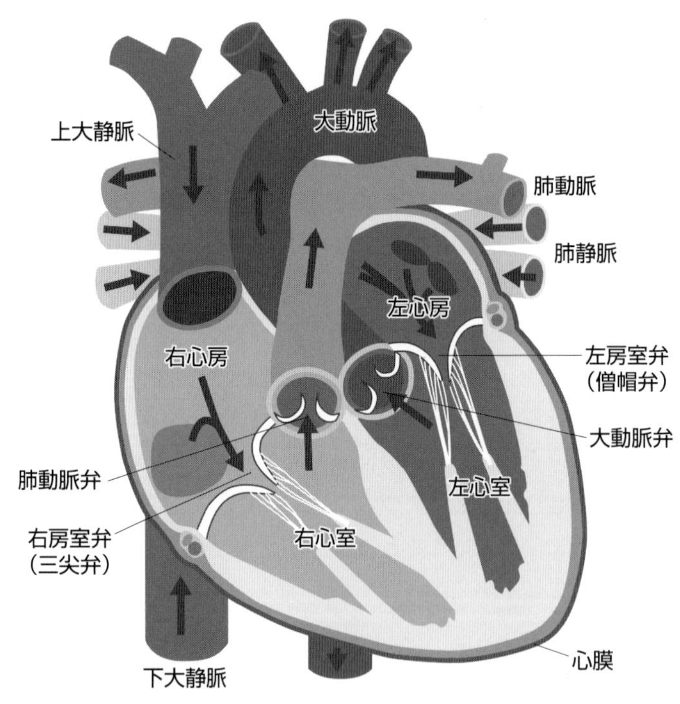

図 8-4　心臓の構造

肺からの血液は左右4本の**肺静脈**を経て**左心房**に還流し，**左房室弁（僧帽弁）**を通って**左心室**に入ります。左心室の収縮により，血液は大動脈弁を通り抜け，**大動脈**から全身に送り出されるのです。心室，特に左心室は，高い圧で血液を送り出すので壁が厚くなっています。鼓動を胸のやや左側に感じるのは，左心室の拍動が大きいからです。

心臓の注目すべき特徴は，身体から切り離されても，生命活動に必要な環境，すなわち酸素を飽和した体温と同温の生理溶液中にある限り，その拍動が消えないことです。このペースメーカーを，**洞房結節**（どうぼうけっせつ）**（洞結節）**と呼びます。洞結節は右心房上部にあり，その大きさは長さ20 mm，太さ1 mmほどです。

2．刺激伝導系

刺激伝導系[*35]における電気的興奮は，洞房結節から始まり，右房内を伝わり，**房室結節**に入ります（図8-5）。この刺激により心房筋は興奮し，心房収縮が起こります。このとき，心電図では**P波**が発生します。房室結節は，伝わってきた刺激を，一定の間を取ってヒス束に伝えます。これは，心房の収縮によって心室に送り込まれた血液が心室内に十分充満するための時間で，心電図では**PQ時間**と呼びます。ここで時間を置くことにより，次に起こる心室の収縮で，十分な血液を肺動脈や大動脈に駆出させることができるのです。

ヒス束に伝えられた刺激は左脚，右脚に分岐し，左脚はさらに左脚前肢，左脚後肢に分かれて心室内のプルキンエ線維に伝わります。そして，心筋全体に効率よく刺激が伝わり，協調的な心室の収縮が生じます。ここで**QRS波**が発生します。最後に，すべての心筋が興奮し，収縮したあと（心電図のST部分），心室筋の興奮はゆっくり冷めていき，次の刺激に備えます。この状態が**T波**です。

心筋細胞の細胞膜には，心臓が規則正しくかつ協調性をもって収縮，拡張を繰り返すための活動電位が発生します。これは，神経細胞の興奮と同じように，細胞内外でのナトリウムイオン（Na^+）やカリウムイオン（K^+）などのイオン交換によって行われています（図8-6）。

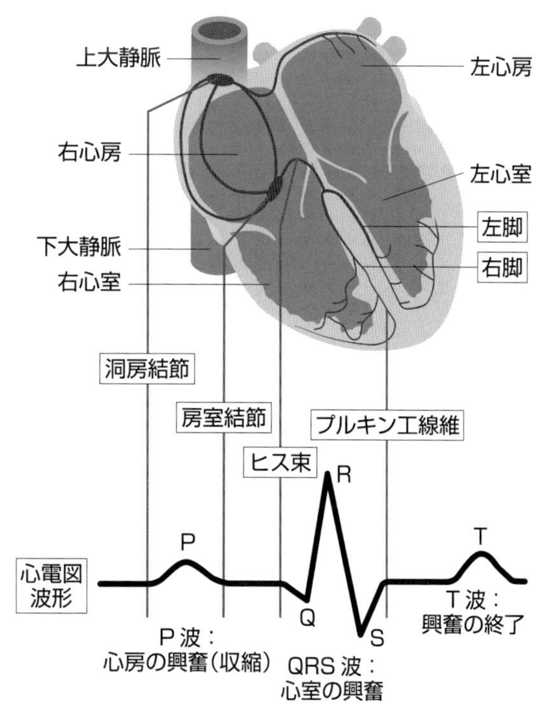

図8-5　刺激伝導系（渡辺，2016，p.72）

＊35　洞房結節で発生した心拍のリズムを，あたかも神経のように心臓全体の心筋に伝え，有効な拍動を行わせるためのシステム。

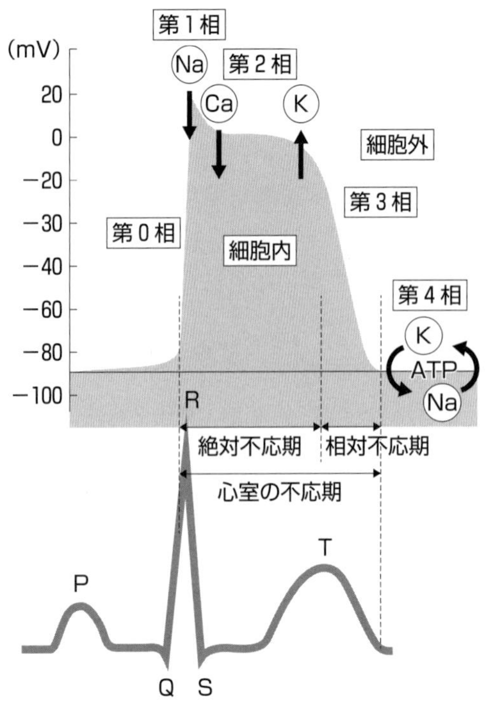

第０相　刺激伝導系から電気的刺激が伝わることにより，Na^+チャネルが開き，細胞外の Na^+が急速に細胞内に流れ，細胞内がプラス方向に変化する（脱分極）：QRS 波に相当。

第１相　Na^+チャネルが閉じ，心筋細胞内がプラスになる。

第２相　Ca^{2+}チャネルが開き，細胞外の Ca^{2+}がゆっくりと細胞内へ流入し，細胞内の K が細胞外へ流出することにより電位のバランスが保たれ興奮が維持する（プラトー相）：ST 部分に相当。

第３相　Na^+・Ca^{2+}の細胞内への流入が減少し，細胞内に高濃度に存在する K^+が細胞外に流出し，細胞内の膜電位は静止状態へ戻る（再分極）：T 波に相当。

第４相　膜電位が静止状態に戻る：心室の拡張期に相当。

図 8-6　心電図

心筋細胞が静止状態のとき，細胞内は細胞外に比べてマイナスになっており，分極しています。細胞膜にはイオンチャネルがあり，電気刺激によって開閉して特定のイオンだけを通過させます。これにより，細胞内のマイナスからプラスへの電位変化が起こり，これに反応して心筋が収縮します。イオンチャネルはそれぞれの性質により，ナトリウムチャネル，カルシウム（Ca^{2+}）チャネル，カリウムチャネルなどに分類されます。このあたりは神経細胞と同様のメカニズムです。

心筋は，特定の電気的な活動を行っている間，そこに新たな刺激を与えても反応を示さない特性，すなわち不応期があります。心電図上，T 波の頂点付近は，絶対不応期から相対的不応期へ移る時期です。少し思い出してください。絶対不応期とは，いかなる強い刺激を与えても反応しない時期で，相対不応期は，比較的強い刺激の場合に反応することがある時期です。そのため，心臓は T 波の頂点付近で新たな強い電気刺激を受けた場合に，心室頻拍や心室細動のような危険性の高い不整脈が誘発されることがあるのです。

3．心臓の機能調節

心臓の機能を示す指標としては，**心拍出量**がしばしば利用されます。心拍出量は 1 分間に心室から拍出される血液量のことで，**心拍数**と **1 回拍出量**の積で表されます。安静時の成人の心拍数は約 70 回／分，1 回拍出量は約 70 ml なので，心拍出量は 4,900 ml となり，1 分間にほぼすべての血液が全身をめぐることになります。

この心臓の機能は，内因性の調節と神経性の調節の，2 通りの方法で調節されています。内因性の調節について覚えておきたい法則が，**スターリングの法則**です。この法則は，イギリスの生理学者であるスターリング（Starling, E. H.）と，その共同研究者であるフランク（Frank, O.）が提唱しました。心拍出量と心室の収縮に関する法則で，心臓のポンプ機能，つまり血液を送り出す能力は，心筋が伸びれば伸びるほど大きくなるというものです。当たり前と言えば当たり前なのですが，だから法則なのです。

心筋の伸縮は，心臓の前回運動時に，どれくらい心筋が伸びた状態で運動が終了したかで決まります。最後に弛緩したときに心筋の長さがどれくらいだったかが，次回の心筋の収縮能力に影響を及ぼすのです。1 回の心筋運動終了時に平均以上の血液量を心臓に保持している場合，すなわち，前回の心筋運動時の血液排出量が少なかった場合は，心筋が長く伸びた状態で運動が終了します。

スターリングの法則によれば，次の心筋運動時は心臓の収縮率が高くなり，より多くの血液を排出することになります。ただし，この法則は心臓の動きが生理的正常範囲内であることを前提にしているため，たとえば循環器系の疾患によって心筋が生理的正常値を超えて伸びた場合，心筋のエネルギーは法則に反して減少することもわかっています。

神経性の調節には，自律神経による調節があります。心臓には交感神経と副交感神経からなる自律神経系が分布し，心臓のポンプ機能を調節しています。一般に，交感神経の興奮時に，その神経終末から遊離されたノルアドレナリンが受容体を刺激して，心拍数の増加と心収縮力の増強を示します。前者を**陽性変事作用**と呼び，後者を**陽性変力作用**と呼びます。一方，副交感神経が興奮すると，その神経終末からアセチルコリンが分泌され，これが受容体を刺激して心拍数を減少させて，心収縮力を減弱させます。これらはそれぞれ，**陰性変事作用**，**陰性変力作用**と呼ばれます。しかし，心室筋に対する副交感神経支配は非常に弱く，心室の収縮性を直接制御していません。一方，洞房結節に対する副交感神経支配は強力で，健常人の安静時心拍数は約 70 回/分ですが，神経支配のない心臓では約 100 回/分です。つまり，もともとの洞房結節の自発活動リズムは 100 回くらいなのですが，安静時には副交感神経支配が優位で，心拍数は常に抑制されているのです。そして，この副交感神経支配を調整する中枢は延髄にあります（図 8-7）。

頸動脈洞のすぐ近くにある頸動脈小体と，大動脈弓壁にある大動脈小体には，血液の化学組成を感知する化学受容器があります。化学受容器は，血液中の CO_2 濃度が増加するとそれを感知して心臓中枢にその情報を送り，反射的に心拍数を増加させることにより，CO_2 を排出させるように働きます。これは**頸動脈小体反射（化学受容器反射）**（図 8-7-①）と呼ばれ，続いて紹介するベーンブリッジ反射，圧受容器反射，眼心反射と合わせて，**心臓反射**と呼ばれます。

ベーンブリッジ反射（図 8-7-②）の反射装置は，右心房壁にあります。心房に入る血液量が増えて心房壁が伸ばされると，それを感知して反射的に心拍数を増加し，心房内の血液を早く動脈内に押し込もうとする動きがあります。これがベーンブリッジ反射です。

圧受容器反射（図 8-7-③）は，大動脈神経反射，頸動脈洞神経反射の 2 種類があります。大動脈弓や頸動脈洞には血圧を感知する圧受容器があり，血圧が上昇すると圧受容器はそれを感知して心臓中枢に伝えます。そうすると，心臓中枢は副交感神経を介して反射的に心拍数を減少させ，血圧を下げるように働きます。

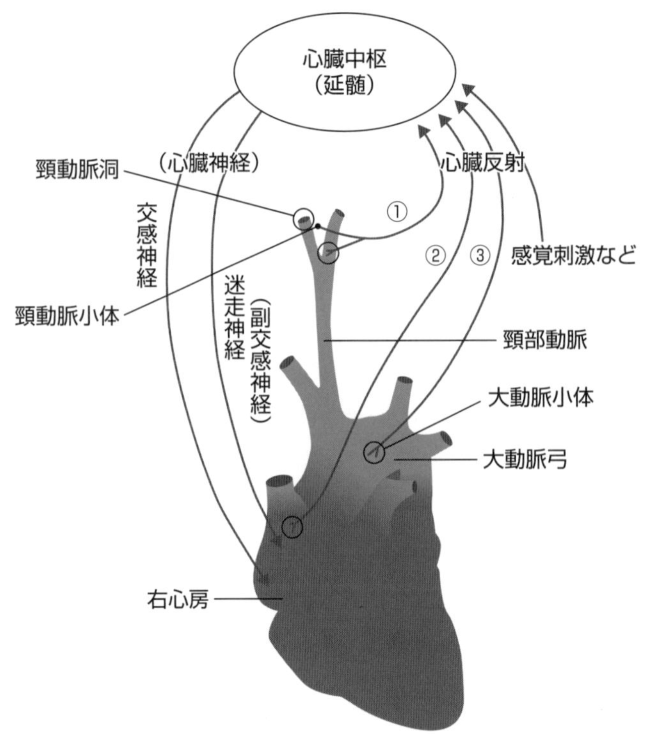

図 8-7　心臓の神経支配と心臓反射（山本ら，2005，p. 202 を著者一部改変）

4．心臓の電気活動の異常

心臓に関する説明もそろそろ終盤です。最後に，心臓の電気活動の異常について紹介します。

心臓の電気活動の異常の主なものには，リエントリー，異所性興奮，心不全，不整脈，期外収縮，細動などがあります。**リエントリー**は，自律的な回路が心筋組織の一部分に新たに形成され，そこを異常な興奮がくり返し旋回する現象を指します。正常な心臓では，先に説明したように，洞房結節で発生した電位が刺激伝導系を順次伝播し，心臓全体の同期した収縮を起こします。しかし，リエントリーが起こると，これが消滅しない場合，正常な調律が失われて頻脈性不整脈が生じることがあります。**異所性興奮**は，ペースメーカーである洞房結節以外の場所で自発的興奮が発生することを指します。

心不全は，心臓に何らかの障害があるために，心臓が正常なポンプ機能を果たせなくなり，組織の酸素需要を満たす拍出量を維持できなくなった状態を指します。心不全の状態では，静脈系のうっ血[*36]により，末梢組織での浮腫[*37]が生じます。また，肺でうっ血が生じた場合は，低酸素血症[*38]を招きます。さらに，動脈からの血液の供給量が低下するため，強い疲労感も感じられるようになります。心筋障害を引き起こす原因は多岐にわたりますが，急性心不全や心筋梗塞などにより突然発症します。この場合，心拍出量は低下して，その代償として交感神経興奮による心

＊36　血流が停滞した状態。
＊37　細胞間の水が異常に増加した状態。
＊38　動脈血中の酸素が不足し，酸素分圧が 60 mmHg になった状態。

拍出量の増大，もしくはスターリングの法則に基づく心拡大による心拍出量の増大が起こります。これによって循環不全は一応改善されますが，心臓の負担は増すので，心臓の障害は増悪します。

慢性化した心不全の状態では，心肥大や循環血液量の増大による代償反応が引き続いて現れます。つまり，レニン-アンジオテンシン-アルドステロン系（96頁参照）の活性化により，循環血液量が増大するのです。これにより静脈還流量が増すので，循環不全は再度改善されます。また，時間とともに心臓は拍出量を増やそうと肥大化します。しかし，これらはすべて心臓に大きな負担をかけることになり，心臓の障害はさらに増悪します。患者さんが訴える症状のほか，医師の診察による所見すなわち臨床症状としては，浮腫や呼吸困難のほかに動悸などが認められます。

このほかの心臓の障害としては，規則正しい間隔の心拍が乱れる**不整脈**があります。不整脈には脈拍が増加する**頻脈性不整脈**と，減少する**徐脈性不整脈**があり，いずれも心収縮効率を低下させます。最悪の場合には，後ほど紹介する心室細動のように，無秩序かつ非同期的心筋収縮を起こす場合があり，突然死を招く原因ともなります。頻脈性不整脈の一種に**期外収縮**があります。これは，正常な拍動のなかに異常な拍動が混入するものです。

細動には**心房細動**と**心室細動**の2種類があります。心房細動は，洞房結節の機能が障害された結果起こり，心房が規則正しい収縮をせずに無秩序に頻脈な収縮を起こした状態を指します。心室細動は，心室が無秩序に興奮する状態を指し，心室虚血[*39]などで起こることがあります。このとき，血液は駆出されないので，生体は致命的な状態に陥ります。細動は主にリエントリーによって生じるので，除細動器による直流通電ショックで改善することができます。これは，通電によって心室全体が一斉に興奮し，全体が不応期となってリエントリーが消滅するからです。

第2節　血管

次に血管について見ていきましょう。血管は，体のすみずみへ血液を供給する輸送路です。血管は臓器の働きや状態に応じて，物質を交換しやすいように反応し，臓器に最良の環境を提供しています。ここではまず，血管の構造と分布を理解するとともに，その収縮制御のメカニズムについても見ていきましょう。

1．血管の構造

血管は，**動脈**と**静脈**の2種類があり，いずれも**内膜**，**中膜**，**外膜**の3層構造をしています（図8-8）。血管の管腔内側には単層の内皮細胞が位置し，少量の結合組織とともに**内膜**を形成しています。その外側には，輪状に走る平滑筋（へいかつきん）の組織が中膜を作り，最も外側には結合組織が外膜を形作っています。大動脈やその分枝の動脈のような太い動脈では，中膜に弾性線維（51頁参照）が発達しているので，**弾性型動脈**とも呼ばれます。その他の動脈は，平滑筋細胞が厚く発達していて，循環を調節するための強力な収縮弛緩機能を有するので，**筋型動脈**と呼ばれます。

一方，静脈は血管壁が薄く，平滑筋も少ないです。また，**静脈弁**があります。静脈血は心臓のような強力なポンプ作用の援助を受けませんので，心臓に戻るまでの間に逆流を防ぐシステムが

＊39　心室に必要量の血液が流入しない状態。

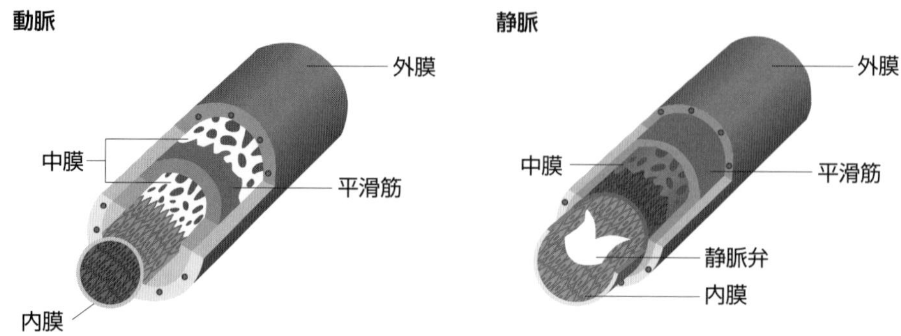

図 8-8　血管の構造（渡辺，2016，p. 68）

必要になってきます。この逆流防止システムが静脈弁です。ちなみに，動脈と静脈という名前ですが，動脈は心臓の拍動に応じて脈を打つ「動く血管」であることから，動脈と呼ばれます。それに対して，静脈は脈動がない「静かな血管」であることから，静脈と呼ばれています。では，それぞれ詳しく見ていきましょう。

2．動脈

心臓から駆出される血液が断続的であるにもかかわらず，大動脈を経て毛細血管を通過する血液の流れはスムーズで途切れることはありません。これは，血液の最初の受け入れ血管である弾性型動脈が，硬い筒のようなものではなく，ゴムのように伸び縮みする弾力性のある壁でできているためです。心臓の収縮によって大動脈内に流入した血液は，動脈の血管壁を広げて，ここに一時的に蓄えられます。心臓の収縮が終わって大動脈弁が閉じた後に，広げられた血管壁の反動で蓄えられた血液は毛細血管へと押し出されます。この弾力のおかげで，血液の流れは止まることなくなめらかに流れ，血圧の変動幅もより小さく抑えられているのです。壁の厚さが細胞一層分しかない毛細血管を傷つけないためにも，この弾力性は必要なのです。

筋型動脈には，**細動脈**があります。そのため，細動脈は中膜の平滑筋の比率が高くなっています。また，交感神経の分布も密なため血管内径の変化が顕著で，循環器系における血管抵抗を担い，組織への血流量の調節と血圧の調節に大きな役割を果たしています。

このように，心臓から拍出される血液の圧力に絶えずさらされている動脈は，加齢とともに劣化が生じます。動脈壁では，線維化や肥厚が生じるとともに，内膜表面には脂質成分やカルシウムなどの蓄積が生じ，内腔の狭窄と硬化が起こります。これが**動脈硬化**です。この動脈硬化が冠動脈で生じると，心疾患である**狭心症**や**心筋梗塞**を発症します。

3．毛細血管

動脈から送られてきた血液は，細動脈からさらに細いメタ細動脈に流れ，毛細血管を満たしていきます（図 8-9）。毛細血管は網状に分布していますが，その太さは分岐してもあまり変わりません。毛細血管網は，肺，腎臓，骨格筋，心筋のような代謝の激しい組織では分布密度が高く，また規模も大きくなっています。内皮細胞から作られている毛細血管は，大きな分子であるタンパク質と血液細胞以外のほとんどの物質を，透過することができます。

毛細血管内の溶質と水は主として拡散によって移動しますが，一部は食作用*40，飲作用，開口作用やろ過による移動もあります。水，塩化ナトリウム，尿素，グルコースは，ここを通って移動します。基底膜は毛細血管の外側部を覆っていますが，そこにはチャネル（5頁参照）よりも大きい孔が存在します。一方，大脳皮質の毛細血管はチャネルがなく，多くの物質に対して透過性が低い血液脳関門を形成しています。呼吸ガスの酸素や二酸化炭素は脂溶性で，膜の脂質二重膜を透過して移動します。吸入麻酔薬やアルコールも同様に拡散していきます。

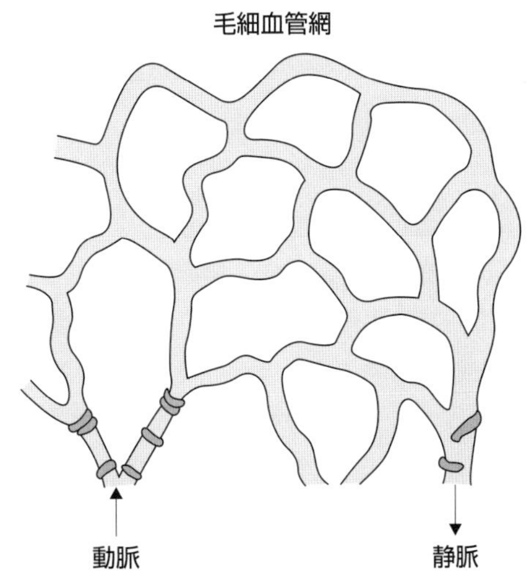

図 8-9　毛細血管（藤田，2012，p. 106）

水の移動方向と移動量は，血管内圧と血漿膠質（けっしょうこうしつ）浸透圧のバランスによって決定されます（図8-10）。毛細血管の動脈側では血管内圧が 35 mmHg と高く，静脈側では 15 mmHg と低下しています。一方，血漿のタンパク質（アルブミン）は水を引き付ける力を持っていて，これを**血漿膠質浸透圧**と呼びます。細胞間質液中にもタンパク質が存在しますが，膠質浸透圧は血漿より低くなっています。

最終的な水の方向は，血管から押し出す力（血管内圧）と血管へ引き込む力（血漿膠質浸透圧）のバランスにより決定されます。毛細血管動脈側では水は細胞間質側へ流出し，毛細血管静脈側では逆に血管内に再吸収されます。なぜなら，血管内圧は動脈と静脈で異なりますが，血漿膠質浸透圧はそれぞれほぼ一定だからです。健康な状態では，毛細血管から流出する水の量と血管系およびリンパ系を通じて再吸収される水の量はほぼ等しくなっています。しかし，このバランス

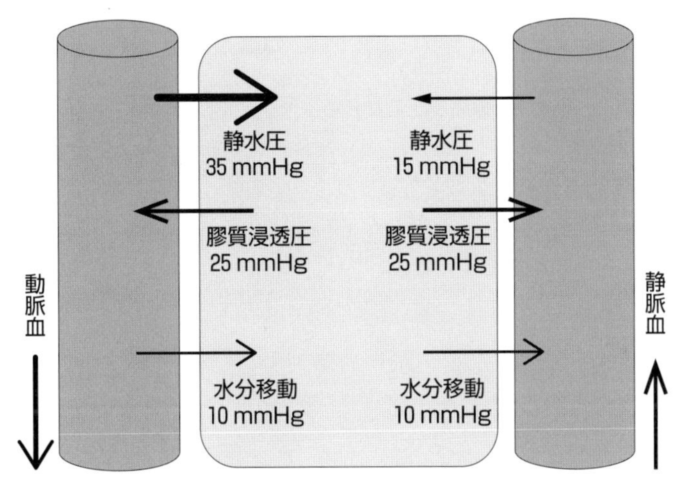

図 8-10　毛細血管における水の移動（深井「役に立つ薬の情報～専門薬学」HP より）

＊40　食作用と飲作用は，細胞が物質をとりこむことを指し，開口作用は物質を放出することを指す。

が崩れて流出量が増えると，細胞間質液量が増大して組織が膨張する**浮腫**を引き起こします。この原因として，血圧の増加や毛細血管の透過性の増大，そして血漿膠質浸透圧の不足による水の再吸収量の減少があります。

4．静脈

次は静脈です。静脈では内腔を流れる血液は緩やかで圧力も低いため，血管壁が動脈と比べて薄く，特に平滑筋層が少ないため，外膜の比率が高いものが多いです。したがって，静脈は大量の血液を内蔵することが可能になり，**容量血管**と呼ばれます。実際，全血液量の約 75％は，静脈を流れています。静脈は筋組織，弾性組織，膠原組織（48 頁参照）が動脈より少なく，外的な力によって形状を維持できずに，圧縮されて血液が満たされない状態のものがあります。

静脈には内膜から作られている弁があり，血液の逆流を防止しています。静脈の弁は，上肢および下肢の静脈に特に多いです。静脈の血圧は低いので，静脈を取り囲む骨格筋が収縮して静脈を圧迫すると，内蔵されている血液が弁によって一方向に押し進められることになり，血流が促進されます。これを**骨格筋ポンプ**と呼びます（図 8-11）。血管の大きさ 1 mm 未満の静脈や，胸腔，腹腔といった筋肉の活動がほぼ常時続いている部位の静脈では，弁はなく，血流は筋から生じる圧力だけで維持されています。

5．吻合

動脈は枝分かれをしながら次第に細くなって，毛細血管へとその形態を変えていきます。その

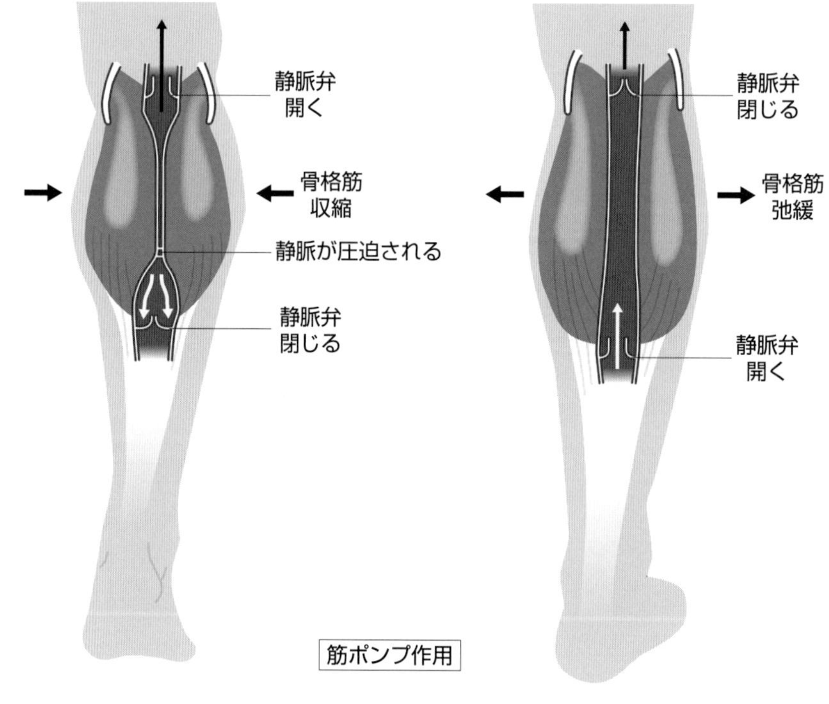

図 8-11　骨格筋ポンプ

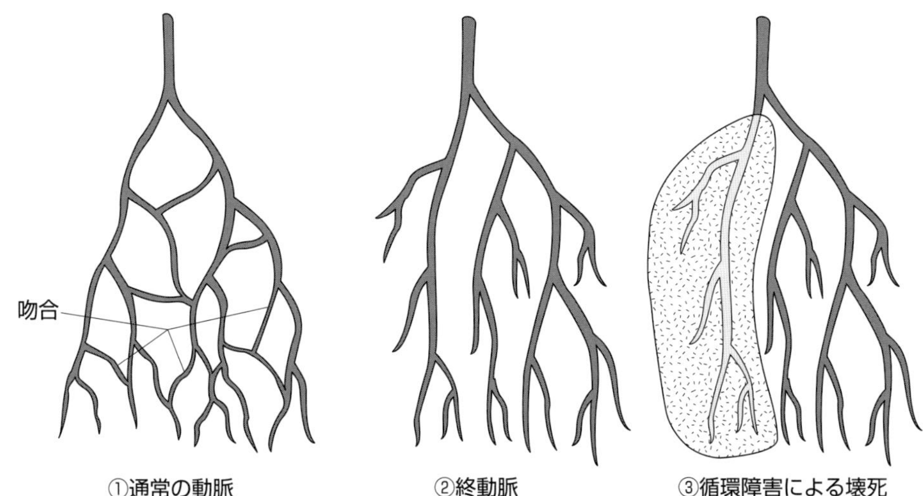

図 8-12　吻合と終動脈

際，しばしば隣接する動脈とも連絡をとり，これを**吻合**（ふんごう）と呼びます（図 8-12）。動脈における吻合は動脈吻合，静脈における吻合は静脈吻合，動脈と静脈間の吻合は動静脈吻合と呼びます。また，静脈では吻合が極めて発達し，網の目のような構造をとり，これを**静脈叢**（じょうみゃくそう）と呼びます。

吻合が形成された血管では，どこかで梗塞が起きても血行障害は起こりづらいです。ただし，吻合を持たない**終動脈**で梗塞が起きると循環障害を起こしてしまい，酸素や栄養素の供給が絶たれてしまうので，変性，壊死が起こります。脳，心臓，腎臓，眼（網膜）などへ走る血管は吻合を持たないので，動脈が閉塞すると循環障害に陥ります。

6．血流量

次は血流量に関するお話です。血流量とは，一定時間に個々の臓器や血管を流れる血液の量を指します。血流量は，流れる流域の血管の収縮と弛緩，すなわちその直径によって最終的に決定されます。成人の安静時における総循環血流量は，だいたい毎分 5 L です。安静時の各臓器の血流量は多いものから，消化器，腎臓，骨格筋，脳，皮膚，心臓の順となっています。これは，臓器の血液に対する需要に応じて制御されています（表 8-1）。そのため，運動時では，心臓，骨格筋と皮膚での需要が増加し，各臓器の血液配分も変化します。

また，血管の種類ごとに血液配分を見ると，全身の血液量の 20％は動脈に，5％は毛細血管に，そして大部分は静脈に存在します。そのため，大量出血などで血液を喪失したときは，交感神経の興奮によって静脈平滑筋が収縮して貯蔵されている血液を放出し，動脈と毛細血管に血液を補充するように働きます。

表 8-1　身体状態に伴う血液配分

器官	安静時の血液配分	運動時の血液配分
脳	13～15％	→
冠状血管	4～5％	↑
肝臓と消化管	25～30％	↓
腎臓	20～25％	↓
骨格筋	15～20％	↑
皮膚	3～6％	（骨格筋と共通）↑
骨・脂肪その他	5～10％	↓
全身	100％	

→ほとんど変化なし，↑増加，↓減少

7．体循環・肺循環

次に，**体循環**と**肺循環**のお話をしましょう。全身の循環経路は，体循環系と肺循環系の２種類に大別されます（図 8-13）。**体循環**は，血液を体組織に流す循環経路で，左心室から大動脈に向かうところから始まります。上半身に向かうものと下半身に向かうものとで分かれ，それぞれ，最終的には上大静脈，下大静脈を経て右心房に戻ります。体循環の血液量は全体のおよそ 84％ほどです。

一方，肺に血液を流す経路を**肺循環**と呼び，こちらは，右心室から始まって，全身から集められた低酸素で高二酸化炭素の血液を肺に運びます。肺動脈は最終的には毛細血管網となって，肺胞を取り囲みます。ここで，血管内の血液は肺胞壁と接触し，ガス交換が行われます（図 8-14）。酸素を取り入れた血液は肺静脈を経て，左心房に戻ってきます。酸素を取り入れた血液は**動脈血**，そうでない血液は**静脈血**と呼びます。そのため，動脈を流れるから動脈血というわけではなく，肺動脈には静脈血が流れています。

8．血管の機能調節

それでは次に，血管の機能調節について見ていきましょう。血管を支配する重要な神経は交感神経です。交感神経は血管を構成する平滑筋を支配しています。動脈や細動脈は交感神経の支配を強く受けますが，静脈系は一般的に神経支配が乏しいです。また，交感神経は持続的に興奮して，安静時の血管の緊張度を維持します。これは，交感神経終末部から遊離されたノルアドレナリンが血管平滑筋の受容体を刺激して，血管平滑筋を収縮させるためです。

この持続的な活動が阻止されると，血管は拡張して血流量は増加します。そして，この拡張効果が高いときに血圧は低下します。このような交感神経の活動低下による血管拡張は，生理的な点でも重要です。血圧調節だけでなく，皮膚血管の拡張の一部を担い，体温調節にも関与するからです。

血管は神経系だけでなく，ホルモンすなわち内分泌系によっても調節されます。**アドレナリン**は，交感神経の興奮によって副腎髄質

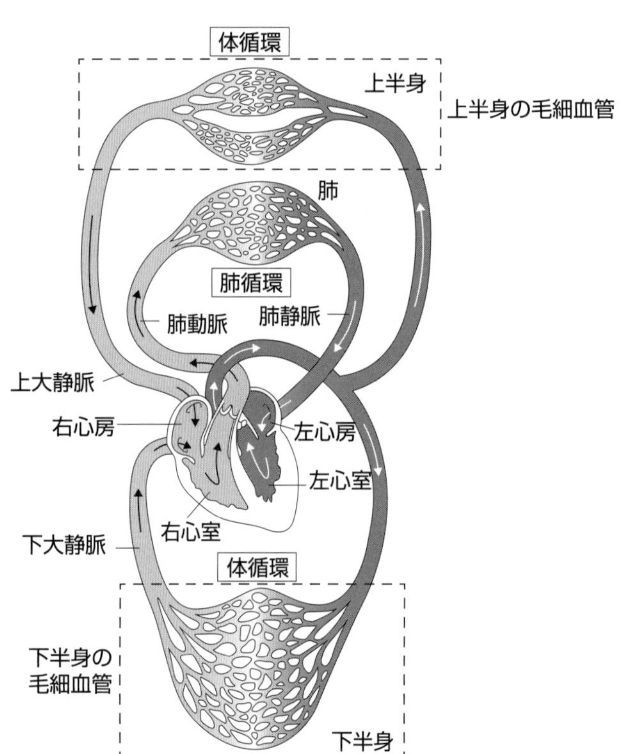

図 8-13　体循環と肺循環（山田，2016，p. 62）

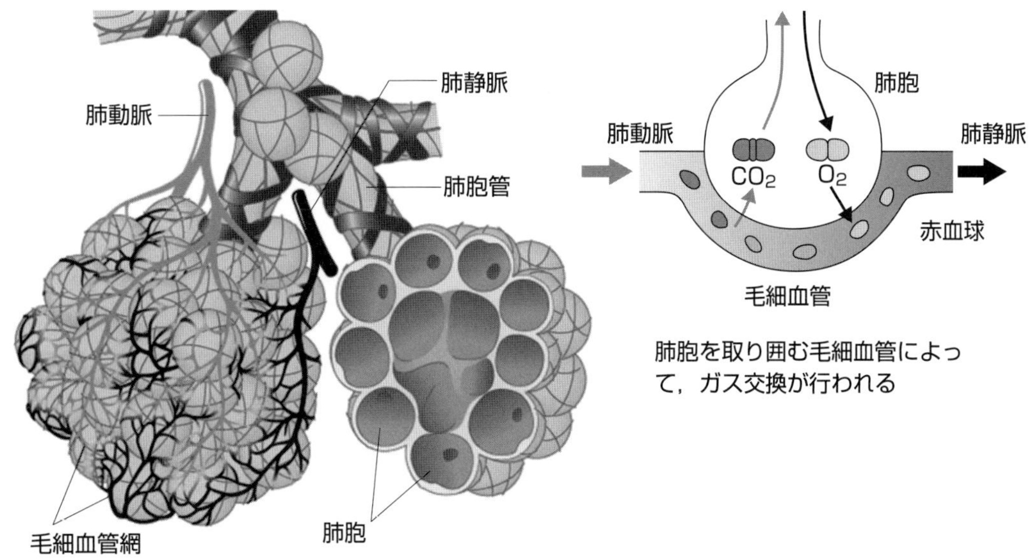

図 8-14　肺胞におけるガス交換（渡辺，2016，p. 104）

から血中に分泌されるホルモンで，主に心臓の受容体を刺激して心機能を亢進するとともに，血管の平滑筋の受容体を刺激して血管を収縮させます。また，血管にある別の種類の受容体を刺激して弛緩もさせます。

アンジオテンシンⅡは，血圧が低下して腎臓からレニンが分泌された結果，生成されるホルモンです。アンジオテンシンⅡは強力な血管収縮性のペプチドで，受容体を介して細動脈を収縮させるとともに，副腎皮質からのアルドステロンの分泌を促し，ナトリウムの再吸収を介して循環血液量を上昇させ，血圧を上昇させます。また，アンジオテンシンⅡは心血管組織の再構築作用（リモデリング）もあり，心肥大や血管肥厚などの病態にも関与しています。アンジオテンシンⅡは，アンジオテンシンⅠから，アンジオテンシン変換酵素の働きによって作られますが，この酵素の阻害薬（カプトプリル）は，高血圧の方に処方される降圧薬として使用されています。

バゾプレッシンは抗利尿ホルモンで，腎集合管の受容体を刺激することで水の再吸収を促進し，最終的に血液量を増加させます。同時に血管平滑筋の受容体も刺激して，血管を収縮させます。これら2つの作用によって，バゾプレッシンは血圧を上昇させます。

その他の因子として，**心房性ナトリウム利尿ペプチド**（atrial natriuretic peptide：ANP）があります。これは，血液量の増加によって心房壁が伸展された状態になると，心筋細胞から放出されます。腎臓に作用して利尿をもたらし，血液量を減少させるように働きます。同時に，血管の平滑筋の受容体を刺激して，血管平滑筋を弛緩させ，その結果，血圧が下がります。ANPは，レニンやアルドステロンの分泌を阻害する作用も持ちます。

神経系，内分泌系以外の血管機能の調節として，血管内皮細胞による調節があります。血管内皮細胞はさまざまな刺激によって，一酸化窒素，プロスタグランジンI_2，エンドセリンを産生，放出して，血管平滑筋の収縮を調節しています。

第3節　リンパ系

循環器系も心臓，血管の紹介が終わり，いよいよリンパ系のお話に移ります。

リンパ系は，すでに述べたように，毛細リンパ管網という細い管から始まります。これは**リンパ管**，**リンパ節**につながり，**胸管**という太いリンパ管に合流して，首の下方の静脈に続きます。

リンパ管内のリンパは組織由来のもので，**輸入リンパ**と呼び，細胞成分を含まない無色の液体です。その成分は血漿に似ていますが，タンパク質の濃度は低く，リンパ節に向かって流れます。リンパ節を通ると，リンパ球に富む液体となります。これを**輸出リンパ**と呼び，タンパク質濃度も顕著に増加します。リンパは，脂肪を吸収する小腸をはじめとして全身の臓器，組織の隙間にあって，ゆっくり流れています。

また，リンパ節はろ過器の役目を果たし，リンパ系の中に入った細菌や異物は，リンパ節にとらえられます（図 8-15）。リンパ節は，リンパ管をつなぐ，通常は 2 ～ 3 mm 程度の豆のような形をした小さな器官で，全身に 300～600 個配置されています。凸側から多数の輸入リンパ管が入り，**門**と呼ばれる凹側から輸出リンパ管が出ています。また，血管が門から出入しています。全体の形態は，**被膜**と，これより内部に突出した**梁柱**（りょうちゅう）により，形成されています。これらに沿って**リンパ洞**が存在し，流入したリンパ液が流れています。

梁柱間の空間は輸入リンパ管側より，皮質と髄質を持っていて，さらに皮質はB細胞からなる**濾胞**（ろほう）を中央に持ち，周囲におもにT細胞からなる**傍皮質**を持ちます。T細胞領域には高内皮性小静脈と呼ばれる血管が存在し，リンパ球はこの領域で，血中よりリンパ節に移動します。髄質は

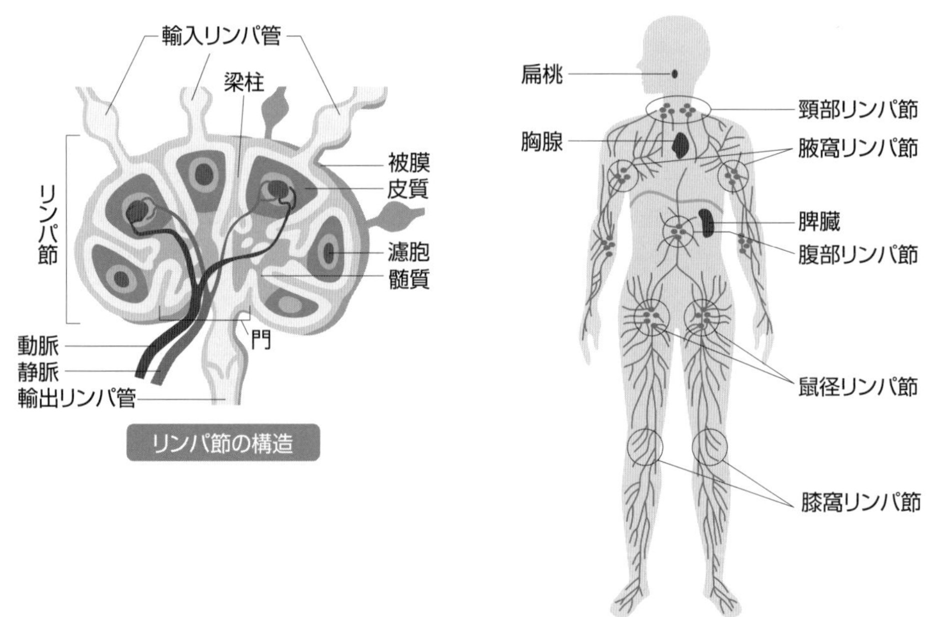

図 8-15　リンパ節の構造（小野薬品工業株式会社 HP より）

髄索と髄洞からなります。

リンパ節は，リンパ液に入り込んだ細菌やウイルス，がん細胞などの異物をせき止めて排除し，外敵から体を守る働きがあります。細菌やウイルスに対する反応でも，10〜20 mm 程度に腫れて大きくなることがあります。がん細胞がリンパの流れに乗ってリンパ節にたどり着くと，がん細胞をここでせき止めて殺そうとします。しかし，殺しきれない場合には，そのままがん細胞が増殖し，がんのリンパ節転移という状態になります。

ここまで循環器系について，血液を運ぶ心臓と血管からなる血液系と，毛細リンパ管から静脈にリンパを運ぶリンパ管，そしてリンパ節からなるリンパ系とを見てきました。次章は，消化器系・呼吸器系の働きについて見ていきます。いよいよ終わりが近いです。頑張りましょう。

COLUMN 10

循環器系とパーソナリティの不思議な関係

皆さんは，タイプA，タイプB，タイプCというパーソナリティ類型を聴いたことがあるでしょうか。タイプAは，負けず嫌い，競争心が強い，成功欲・出世欲が強い，何事にも一生懸命で熱心，せっかち，短気，常に時間に追われているといったパーソナリティ傾向です。このパーソナリティ類型を初めて報告したのは，アメリカ人医師のフリードマン（Friedman, A.）だと言われています。フリードマンは，自身の臨床経験から，狭心症や心筋梗塞といった虚血性心疾患の患者さんが，先に述べたパーソナリティ特性を持つことに気づきました。

タイプAと反対の傾向を持つパーソナリティ類型に，タイプBがあります。タイプBは，穏やか，あまり怒らない，無理をしない，マイペース，ゆったりと行動するなどといったパーソナリティ傾向です。タイプBのパーソナリティ類型に当てはまる方は，タイプAの方と比べて，虚血性心疾患の発症率が低いという報告があります。

アメリカの心理学者のテモショック（Temoshok, L.）とドレイア（Dreher, H.）は，がんにかかりやすいパーソナリティ類型として，タイプCを提唱しています。タイプCは，周囲を気遣う，感情を自分の中に抑え込む，我慢強い，真面目で几帳面といったパーソナリティ傾向です。自分を犠牲にしてまで他者を気遣うタイプCの方は，周囲からの評価も高く，誠実で真面目な人，という印象を持たれることが多いです。しかし，このような性格を持つ方は，そうでない方に比べて，がんにかかりやすい可能性が指摘されています。タイプCのパーソナリティ類型に当てはまる方は，ストレスを自分の中にため込むため，内分泌系や自律神経系の働きが障害され，免疫力などに異常をきたすことで，がんが発症しやすいのではと推測されています。しかし，タイプCとがんの関連性については，あくまでも推測のレベルであり，実際にタイプCに本当にがんが多いのかは，まだ十分には研究されていません。

まとめると，タイプAは心臓疾患にかかりやすく，タイプCはがんになりやすいのですが，これはなぜでしょうか。その原因はおそらく，ストレスにあります。短気で熱心，成功欲が強いタイプAは，自分からストレスを作り出していると考えることができます。また，真面目で几帳面，自分を犠牲にするタイプCは，ストレスをため込んでしまう性格だということができます。第8章で学んだ循環器系の知識を通して，タイプA，タイプCというパーソナリティ類型を眺めると，循環器系とパーソナリティの不思議な関係が見えてはこないでしょうか。人の心の働きは，循環器系と相互に影響を与え合っているのです。

挑戦!!　第８章　確認問題

❶ 右の心房には，下半身からの血液を還流する（　　）と，上半身の血液を集める（　　）が流入する。また，（　　）の血液は，（　　）を通って（　　）に流入し，そこから肺動脈弁を通って（　　）に拍出される。肺からの血液は左右４本の（　　）を経て（　　）に還流し，（　　）を通って（　　）に入る。左心室の収縮により血液は大動脈弁を通り抜け，（　　）から全身に送り出される。

❷ 心臓のペースメーカーを（　　）と呼ぶ。

❸ 心臓の機能を示す指標としては，（　　）がしばしば利用される。心拍出量は１分間に心室から拍出される血液量のことで，（　　）と（　　）の積で表される。

❹ （　　）は心拍出量と心室の収縮に関する法則で，心臓のポンプ機能，つまり血液を送り出す能力は，心筋が伸びれば伸びるほど大きくなるというものである。

❺ 血管は，（　　）と（　　）の２種類があり，いずれも（　　），（　　），（　　）の３層構造をしている。

❻ 大動脈やその分枝の動脈のような太い動脈では，中膜に弾性線維が発達しているので，（　　）とも呼ばれる。その他の動脈では平滑筋細胞が厚く発達していて，循環を調節するための強力な収縮弛緩機能を有するので，（　　）と呼ばれる。

❼ 血漿のタンパク質（アルブミン）は水を引き付ける力を持っていて，これを（　　）と呼ぶ。

❽ 全身の循環経路は，体循環系と（　　）の２種類に大別される。

❾ リンパ系が毛細リンパ管網という細い管から始まり，これは（　　），（　　）につながって，（　　）という太いリンパ管に合流する。

❿ リンパ節は（　　）と，これより内部に突出した（　　）により形成されている。

解答：①下大静脈，上大静脈，右心房，右房室弁（三尖弁），右心室，肺動脈，肺静脈，左心房，左房室弁（僧帽弁），左心室，大動脈，②洞房結節（洞結節），③心拍出量，心拍数，１回拍出量，④スターリングの法則，⑤動脈，静脈，内膜，中膜，外膜，⑥弾性型動脈，筋型動脈，⑦血漿膠質浸透圧，⑧肺循環系，⑨リンパ管，リンパ節，胸管，⑩被膜，梁柱

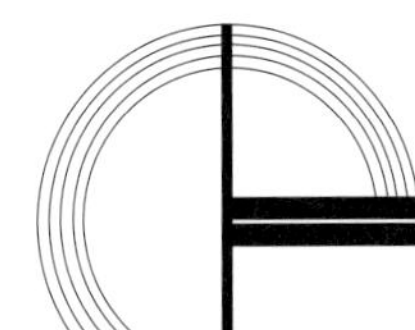

第 9 章　消化器系・呼吸器系

Digestive system & Respiratory system

第 1 節　消化器系

消化器系は，食物から生命活動に必要な分子，エネルギーを得るためのシステムです。消化器系では，口，食道，胃，小腸，大腸，肛門を通じて，食物の咀嚼（そしゃく），消化，吸収，排泄という一連の流れを担います。また，その流れを助ける歯，舌，唾液腺，肝臓，胆嚢，膵臓（すいぞう）などの付属器も，消化器系の構成要素となっています（図 9-1）。

1．消化管

大部分の消化管は外側から順に，**漿膜**（しょうまく）または**外膜**，**漿膜下層**，**筋層**，**粘膜下層**，**粘膜**の層構造

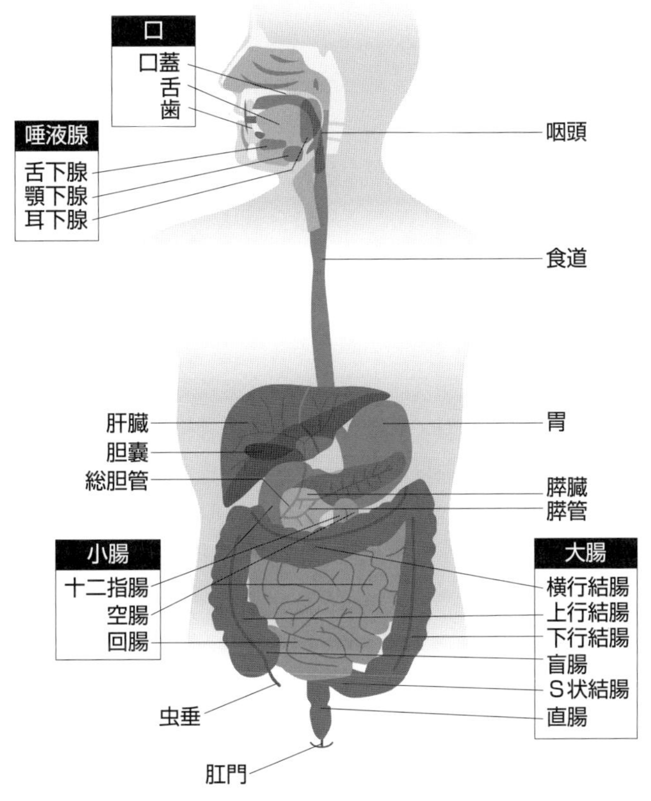

図 9-1　消化器系の構造

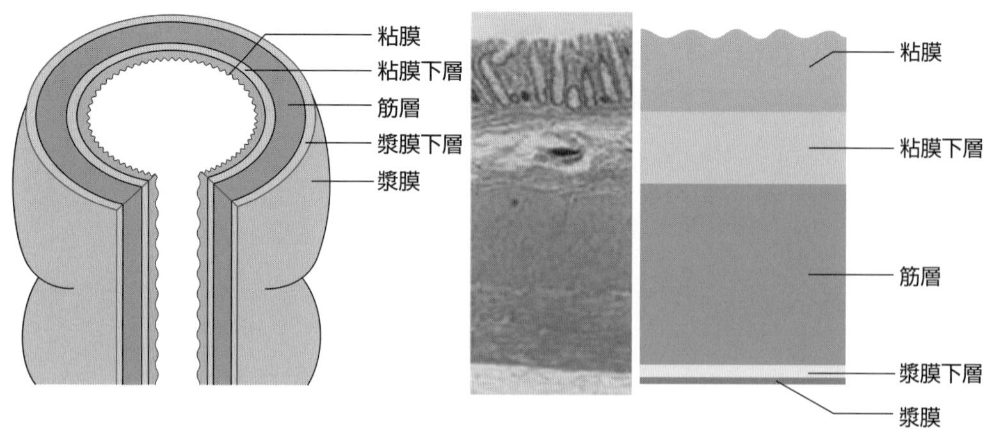

図 9-2　消化管の層構造（大腸癌研究会 HP より）

を持つことも特徴です（図 9-2)。口腔，咽頭，食道，十二指腸，直腸の一部では，消化管の一番外側は外膜で覆われています。一方，これ以外の消化管はすべて，漿膜で覆われています。

筋層は平滑筋から構成されていて，筋層の運動は**蠕動運動**（ぜんどう），**分節運動**，**振子運動**という 3 つの運動を生みだします。**蠕動運動**は，消化管の内容物を口側から肛門側に移動させる運動です。**分節運動**は，消化管を区切る運動で，内容物を混和します。**振子運動**もまた，内容物を前後させることで混和する働きがあります。それでは，消化器系の各部位を見ていきましょう。

2．口腔

口腔は消化管の入り口の部分で，外界と接している部分を特に**口裂**と呼びます。口腔には歯と骨格筋（横紋筋）でできた舌が存在し，唾液を分泌する唾液腺があります。食物が口腔内に入ると，歯によって嚙み砕かれ，舌の動きによって唾液と混合されます。その後，嚥下によって食物は口腔から咽頭に送られます。

3．咽頭・食道

咽頭は口腔に加えて鼻腔ともつながり，食物だけでなく吸気，呼気の通路となります。咽頭は食道に続きます。**食道**は約 25 cm の管で，その上部は運動神経の調節を受ける骨格筋，下部は平滑筋によって構成されています。食道は咽頭から送られてきた食物を，蠕動運動によって胃に送ります。胃への輸送は落下運動ではないため，横に寝ていても消化物を飲み込むことが可能です。また，食道の上端と下端には，それぞれ上部食道括約筋，下部食道括約筋があり，食物の逆流を防いでいます。

4．胃

胃は食道に続いて十二指腸につながる臓器です（図 9-3)。食道とつながる箇所は**噴門**と呼び，先ほど紹介した下部食道括約筋が，その境界となっています。**胃底**は噴門より上部に位置する箇所で，胃の中央を**胃体**，弯曲（わんきょく）した箇所を**幽門部**と呼びます。幽門と十二指腸は幽門括約筋が境界

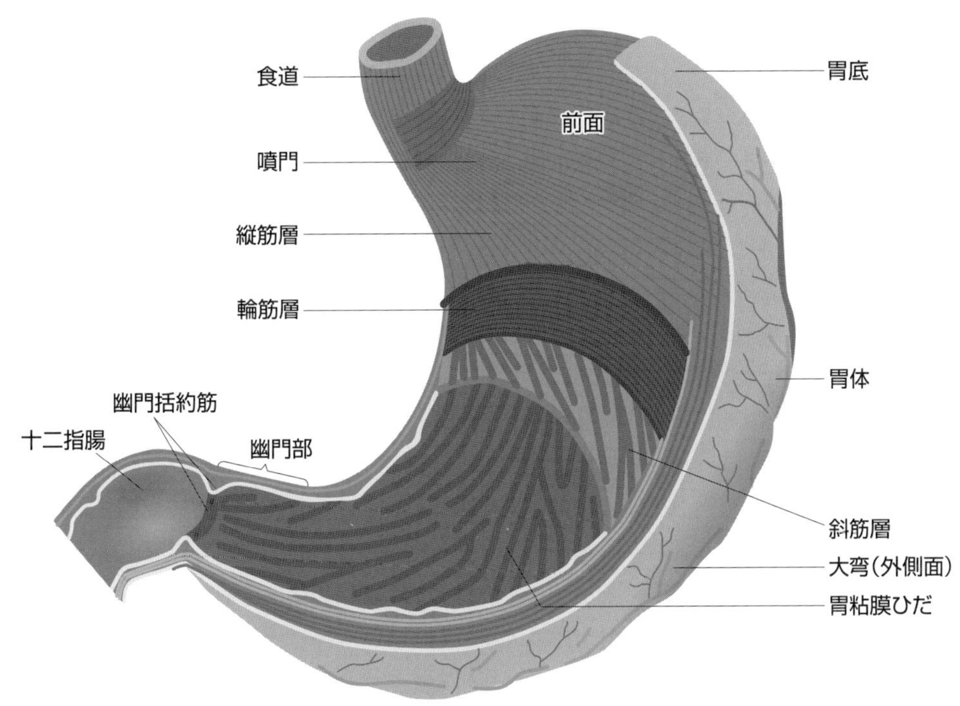

図 9-3　胃の構造（渡辺，2016，p. 116）

となっています。胃の筋層は，他と異なり三層から作られ，縦筋層，輪筋層，斜筋層を持ち，蠕動運動を行います。

胃の役割は，食道から送られた消化物を胃液と混ぜて，消化しやすい状態にすることです。また，その消化しやすい状態になった食物を，小腸に適量ずつ送り出す一時保管所としての役割を持ちます。胃の粘膜には**胃小窩**（いしょうか）と呼ぶくぼみが存在し，その中に胃液を分泌する**胃腺**があります（図 9-4）。胃小窩は，**表層粘液細胞**，**副細胞**，**壁細胞**，**主細胞**などがあり，それぞれ物質を分泌します。胃ではペプシンによってタンパク質の分解が行われ，胃の細胞は常にペプシンと胃酸にさらされます

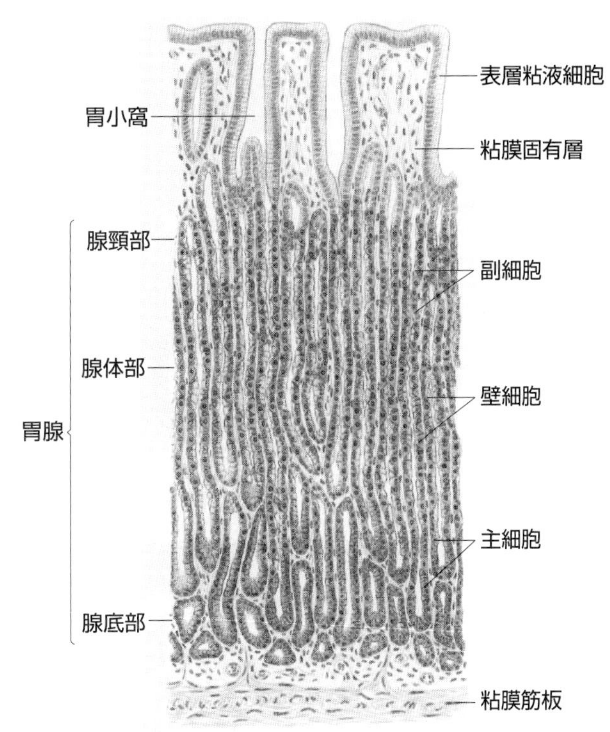

図 9-4　胃小窩と胃腺（藤田，2012，p. 176）

が，胃には防御機構が備わっているため，胃それ自体が消化されることはありません。

胃粘膜を壊す作用のあるものを**攻撃因子**，保護するものを**防御因子**と言います。攻撃因子には，胃酸やペプシン，ストレス，ステロイドホルモンや鎮痛剤などがあり，防御因子には胃の粘膜や，胃が分泌する粘液があります。攻撃因子と防御因子のバランスが崩れて攻撃因子が優勢になると，胃粘膜が障害されて，胃それ自体が消化される事態となり，**潰瘍**が形成されます。

この攻撃因子と防御因子のバランスですが，近年，それを崩す要因として注目されているのが，**ヘリコバクターピロリ**です。ヘリコバクターピロリは，自身が分泌した酵素によって尿素を分解し，アンモニアを作ることによって胃酸による殺菌を免れます。また，ヘリコバクターピロリの作るさまざまな分解酵素の働きによって胃の粘膜が破壊され，炎症，潰瘍が起きます。

5．小腸

次は小腸です。**小腸**は胃と大腸の間にあって，胃に近い部分から，**十二指腸**，**空腸**，**回腸**に区別されます（図9-5）。十二指腸は胃から続く部分で，肝臓で作られる胆汁と膵臓から分泌される膵液は，総胆管を介して十二指腸に分泌されます。空腸と回腸の区別は明確ではありませんが，空腸は小腸のほぼ2/5の長さで，中が空のことが多いです。回腸は小腸の残りの3/5を占める部分です。

小腸には**輪状ひだ**があり，輪状ひだにはさらに多数の**絨毛**（じゅうもう）があります。個々の絨毛の内部には，毛細血管と乳糜管（にゅうびかん）と呼ばれるリンパ管が入り込んでいます。さらに絨毛にはブラシのような

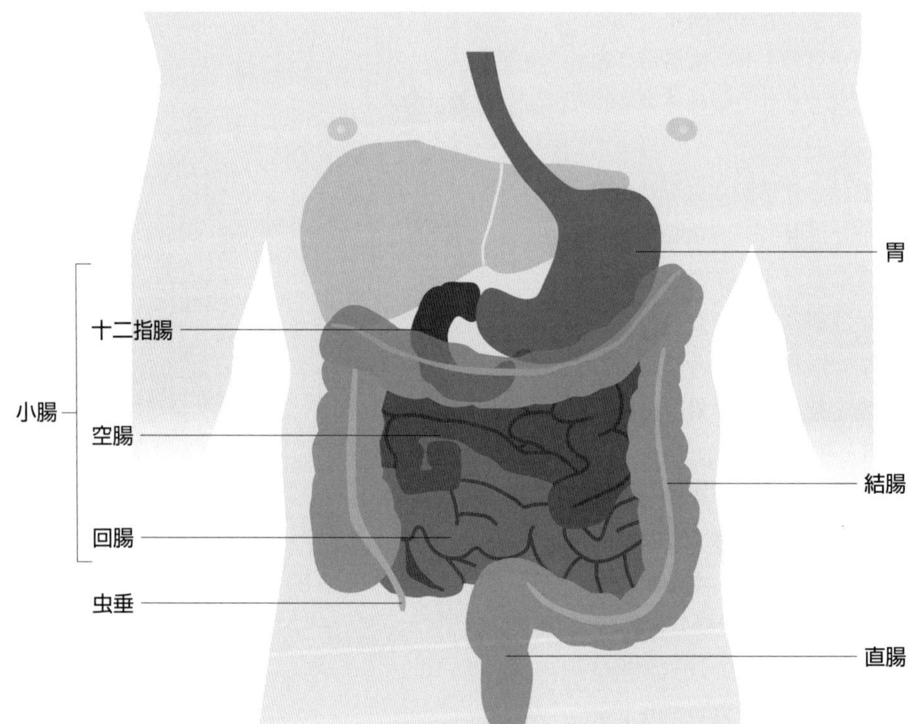

図9-5　小腸の構造

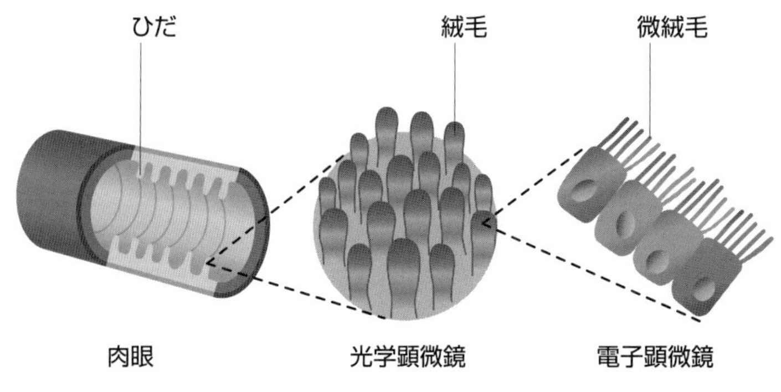

図 9-6　輪状ひだと絨毛

突起である**微絨毛**が密に存在し，栄養を吸収するために表面積を広くしています（図 9-6）。

小腸では，蠕動運動，分節運動，振子運動が起こり，内容物の混和を行うとともに大腸へ向かって進めます。これらの運動は消化液と食物を混合するのに役立つとともに，粘膜との接触を多くし，消化，吸収を助けます。十二指腸には十二指腸腺があり，アルカリ性の重炭酸ナトリウムに富んだ粘液を分泌することで胃からの酸を中和します。

小腸全体には小さいくぼみである**陰窩（リーベルキューン腸陰窩）**が分布して，そこには弱アルカリ性の粘液を分泌する**杯細胞**と，水と電解質を分泌する**小腸上皮細胞**が存在します。この粘液は 1 日に約 1,800 ml も分泌されます。

胃から送られた食物は小腸の管腔内で，肝臓から分泌される**胆汁**，膵臓から分泌される**膵液**，そして小腸自身が分泌する**腸液**によって消化されます。また，小腸は消化された栄養素を吸収し，それに含まれる水分の 80%をここで吸収します。吸収された栄養は，毛細血管または乳糜管に送られていきます。

6．大腸

大腸は小腸に続く部分で，**盲腸**，**虫垂**，**上行結腸**，**横行結腸**，**下行結腸**，**S 状結腸**，**直腸**に区別されます（図 9-7）。大腸は蠕動運動，分節運動，振子運動によって，食物を肛門まで運びます。大腸の粘膜は，小腸のような輪状ひだや絨毛がなくなめらかです。腸陰窩には杯細胞があり，酸性の粘液を分泌します。大腸の分泌液には消化酵素は含まれず，食物から水分と電解質を吸収します。そして，吸収されずに残ったものが糞便を形成し，肛門まで運ばれていきます。

7．肛門

肛門は直腸に続く部分で，外界と接する糞便の出口です。肛門は，平滑筋である**内肛門括約筋**と，骨格筋である**外肛門括約筋**の働きによって，排便をコントロールしています。大腸の蠕動運動によって便が直腸に入ると，直腸壁が伸展してその刺激が排便中枢に伝わり，内肛門括約筋を弛緩させます。この排便反射により便意が起こりますが，実際の排便は，体性神経の陰部神経により外肛門括約筋が随意的に弛緩することで，はじめて起こります。

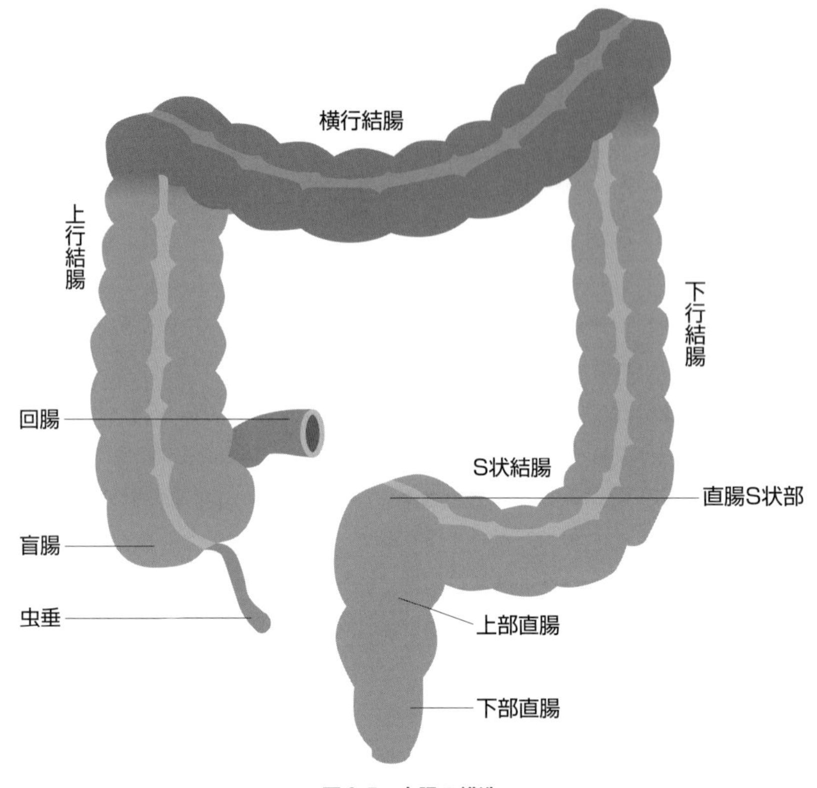

図 9-7　大腸の構造

8．歯・舌・唾液腺

次は，消化管の付属器について紹介していきます。それらは，歯，舌，唾液腺，肝臓，胆嚢，膵臓です。歯と舌は物理的消化，化学的消化を行います。舌の機能は味覚，嚥下機能，構音機能です。舌の表面は粘膜で覆われていて，味覚の受容器である味蕾が存在します。内部は骨格筋で，歯による咀嚼の際には，舌は食べ物を移動させる働きをし，唾液と混ぜ合わせて噛み砕いた食物を塊にし，嚥下しやすいようにします。

唾液は，**耳下腺**，**舌下腺**，**顎下腺**(がっかせん)という大唾液腺と，これとは異なる小唾液腺から，1日に約1～1.5L分泌されます。耳下腺は漿液腺[*41]のみで，舌下腺と顎下腺は漿液腺[*42]と粘液腺を有する混合腺です。副交感神経の興奮は漿液腺の分泌を起こし，交感神経の興奮は粘液腺の分泌を起こします。そのため，緊張が高まって交感神経が興奮すると，粘稠性(ねんちゅうせい)のある唾液が分泌されるため，喉が渇きます。一方，空腹時に食べ物を見た場合や，においや味覚刺激が入ると，反射的に漿液性の唾液が分泌されます。漿液性の唾液は，咀嚼などの機械的な刺激によっても分泌され，これにより，口に入った食物は湿って，噛み砕くことが容易になります。また，消化という点では，唾液腺からは糖質を分解する**α-アミラーゼ**が分泌されます。

＊41　粘性の低い液を分泌する腺。

＊42　粘性の高い液を分泌する腺。

９．肝臓

肝臓は，上部が横隔膜に接しており，腹部の右側部分に位置します。単一の臓器としては人体のなかでは最も大きく，成人の肝臓の重量は体重の約２％（1,000〜1,500 g）ほどだと言われています。肝臓は，肝鎌状間膜（かんかまじょうかんまく）を境に右葉と左葉に分かれていて，消化，排泄，栄養分の貯蔵と新生，有害物質の解毒，体液の恒常性維持などの働きを担っています。消化においては，胆汁を産生します（図 9-8）。

肝臓は，他の臓器が動脈から血液を供給されるのとは異なり，**固有肝動脈**と**門脈**から血液が供給されます。肝臓に入った後，固有肝動脈は小葉間動脈に，そして門脈は小葉間静脈になり，どちらも**類洞**と呼ばれる毛細血管に血液を注ぎます。ここで肝臓の細胞と物質交換をした後，**中心静脈**から小葉間静脈を経て**肝静脈**に血液が集まり，それが**下大静脈**に流れます。

肝臓の基本的な単位は，多角柱の**肝小葉**です（図 9-9）。肝臓は肝小葉が詰まった構造をしていて，肝小葉は結合組織である**グリソン鞘（しょう）**に覆われています。小葉間静脈，小葉間動脈，小葉間胆管はグリソン鞘によって１カ所にまとめられ，**３つ組**と呼ばれています。肝小葉の中心には中心静脈が存在し，肝細胞が放射状に規則正しく並んでいます。これは**肝細胞索**と呼ばれます。肝細胞索には類洞があり，小葉間動脈と小葉間静脈と中心静脈をつなぎます。

肝臓の働きには，代謝，解毒，消化などがあります。これらについて詳しく見ていきましょう。まずは代謝です。

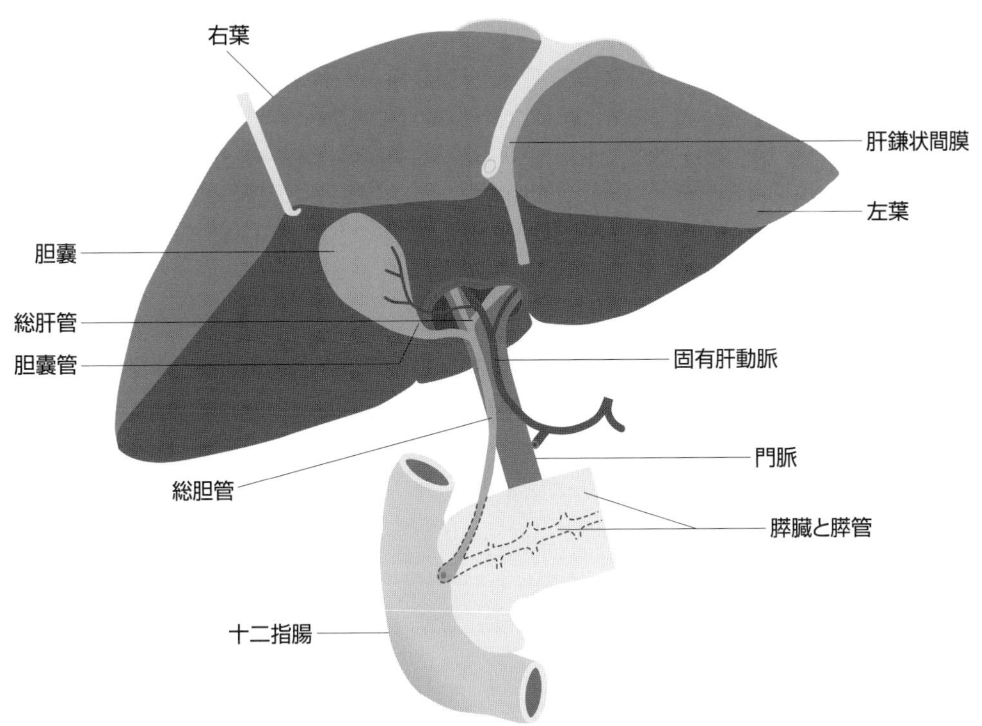

図 9-8　肝臓の構造（藤田，2012，p. 186）

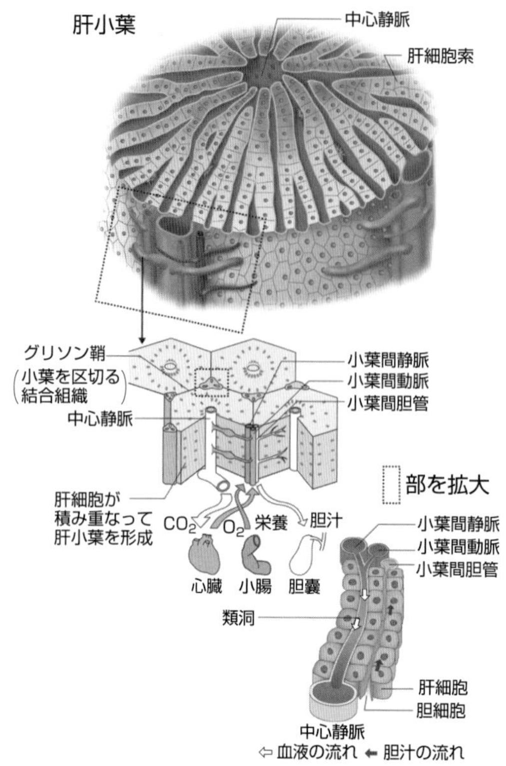

図 9-9　肝小葉（山田，2016，p. 153）

代謝には，**糖代謝**，**タンパク質代謝**，**脂質代謝**，**ホルモンの代謝**があります。**糖代謝**では，糖新生を行うとともに，過剰な糖をグリコーゲンとして一時的に肝細胞内に貯蔵し，必要に応じてグルコースを供給します。

タンパク質代謝では，血液凝固因子であるプロトロンビン，フィブリノーゲンなどを生成し，抗血液凝固物質のヘパリン，血漿タンパク質であるアルブミンの合成も行います。

脂質代謝では，コレステロール，中性脂肪やリン脂質などの脂質合成，脂肪酸の分解，ケトン体の産生を行います。脂質の多くは，超低密度のリポタンパク質*43として血中に分泌されます。コレステロール合成はほとんどすべての細胞で行われますが，コレステロールの合成の50％は肝臓で行われます。

ホルモンの代謝では，アンジオテンシノーゲンなど，ある種のホルモンの前駆物質の生成と，エストロゲンやバゾプレッシンなどのホルモンの不活性化を行います。

次に解毒の機能についてです。肝臓はアルコールや食品添加物，薬物や毒物など，有害な物質・異物を解毒し，体外に排出しやすい物質に変換します。これらの無毒化された代謝物は，胆汁中（一部は尿中）に排出されます。また，腸内や腎臓，組織中でのタンパク質の分解などによって生じた有害なアンモニアを，無害で排泄可能な尿素に転換します。

最後に消化についてです。肝臓は胆汁の生成と分泌を行います。肝細胞で作られた胆汁は，消化管において脂肪を乳化*44し，脂肪の分解と吸収を促進するとともに，腸粘膜からの脂溶性ビタミンの吸収にも必須です。胆汁は肝臓で作られて，総肝管，胆嚢管を通り，大部分が胆嚢で貯蔵，濃縮されて，脂肪などを摂取すると総胆管を通じて十二指腸に分泌されます。胆嚢は，肝臓のすぐ下に位置する袋状の器官で，肝臓で作られた胆汁を6～10倍に濃縮します。胆嚢から分泌される胆汁は1日でおよそ0.6～1Lになります。

10. 膵臓

消化管の付属器で最後に紹介するのは膵臓です。**膵臓**は，インスリンやグルカゴンなどのホル

＊43　脂質が血漿中に存在する様態のこと。
＊44　乳のような粘りのある液にすること。

モンを分泌する内分泌腺の役割も果たしますが，その組織の約99%が消化酵素と消化酵素の前駆体，そして膵液を分泌する外分泌臓器でもあります。膵臓で作られた膵液は膵管を通り，総胆管と合流して十二指腸へと分泌されます。

11. 消化機能の調節機構

消化器系の紹介もいよいよ大詰めです。次は消化機能の調節機構について見ていきましょう。消化管を支配する神経は，外来神経として交感神経と副交感神経，そして内在神経として**筋層間神経叢**（しんけいそう）**（アウエルバッハ神経叢）**と**粘膜下神経叢（マイスナー神経叢）**があります。外来神経である交感神経は，胃腸管の平滑筋の運動および腺分泌を抑制的に制御します。一方，副交感神経は内在神経とシナプスを形成し，アセチルコリンを伝達物質として消化管の運動を促進します。

内在神経のうち筋層間神経叢は，蠕動運動などの消化管の運動を調節します。交感神経と副交感神経の両方を有し，副交感神経の節後線維として働くほか，発達した網目構造には介在神経が存在し，内在性の反射回路が腸管神経系内に形成され，統合的に機能しています。また，粘膜下神経叢は，副交感神経のみを有しており，十二指腸腺などの分泌腺，粘膜の運動に関わる筋に分布し，粘膜での分泌や吸収を制御します。筋層間神経叢と粘膜下神経叢の間には神経を介した連絡があり，神経管の複雑なネットワークを形成しています。

消化管の機能は，ホルモンによっても調節されています。これは消化管ホルモンと呼ばれ，消化管で生成され血中へと分泌されています。主な消化管ホルモンとその働きを表9-1に示します。これらは特に覚える必要はありませんが，何かあった際にはすぐに調べられるようにしておきましょう。

12. 消化液の分泌制御

次に，個々の消化液の分泌制御について見ていきます。まず，**胃液**です。胃液は主に胃酸，ペプシノーゲン，粘液，内因子から構成されています。食物を摂取した後の胃液の分泌は，**脳相**，**胃相**，**腸相**に分けることができます。

脳相は頭相とも呼ばれ，食べ物を口に含んでいるときの味覚や嗅覚，また，食べ物を見たときの視覚，もしくは料理する音の聴覚，さらに食物を考えたときなどに起こる胃酸の分泌を指します。

胃相は食物が胃に移動したときに起こる分泌で，胃壁が伸展し，胃壁内にある伸展を感じる受容器が刺激される結果，胃液の分泌が起こります。さらに，食物中のタンパク質が分解された結果生じるアミノ酸が胃の細胞を刺激し，これによってガストリンが分泌されて，胃酸の分泌が起こるのです。胃相では約80%の胃液が分泌されます。

腸相は，胃の内容物が十二指腸に到達してからの胃酸の分泌を指します。胃からの内容物の刺激で，十二指腸の細胞からガストリンが分泌され，胃酸の分泌が起こります。また，小腸から吸収されたアミノ酸は，ガストリンの分泌を促進します。したがって，腸相の初期には胃酸の分泌が促進されますが，胃酸分泌全体での腸相の寄与はわずかとなります。

胃酸の分泌制御については以上です。次に胆汁，膵液の分泌制御について見ていきましょう。

表 9-1　主な消化管ホルモンとその働き

	消化管でのおもな分泌器官	機能
ガストリン	胃幽門前庭部G細胞	胃酸分泌促進，細胞増殖促進
コレシストキニン	上部小腸 I 細胞	摂食抑制，膵外分泌促進，胆汁排出促進，胃排出抑制，ソマトスタチン分泌促進
セクレチン	十二指腸，上部小腸 S 細胞	膵液中の水・炭酸水素分泌促進，ソマトスタチン分泌促進，ガストリン分泌抑制
グルカゴン	膵A細胞（B細胞，D細胞とともにランゲルハンス島を形成）	インスリン分泌促進，糖新生促進，消化管運動抑制，膵外分泌抑制，胆汁排出促進
GLP-1	下部小腸 L 細胞	摂食抑制，インスリン分泌促進，グルカゴン分泌抑制，胃排出抑制
GIP	上部小腸K細胞	胃酸分泌抑制，ガストリン分泌抑制，インスリン分泌促進
OXM	下部小腸 L 細胞	摂食抑制，インスリン分泌促進
VIP	腸管神経叢	膵外分泌促進，平滑筋弛緩（腸管，血管）
PACAP	胃・膵臓の腸管神経叢	膵外分泌促進，胃酸分泌調節
モチリン	腸クロム親和性細胞（十二指腸から上部小腸）	消化管運動調節，胃酸分泌促進，膵外分泌促進
グレリン	胃 X/A-like 細胞	摂食促進，空腹期消化管運動，胃酸分泌促進，インスリン分泌抑制，エネルギー消費抑制
PP	膵 PP 分泌細胞	摂食抑制，胃排出抑制，膵外分泌抑制，胃酸分泌促進
PYY	下部消化管 L 細胞	摂食抑制
ソマトスタチン	D細胞（膵，胃から小腸）	ホルモン分泌抑制（CCK，セクレチン，ガストリン，グルカゴン，インスリンなど），膵外分泌抑制，消化管運動抑制
GRP	腸管神経叢	ホルモン分泌促進（ガストリン，CCK，ソマトスタチン，グルカゴンなど），摂食抑制
CGRP	胃粘膜下・筋層間神経叢	平滑筋弛緩（腸管，血管），内臓知覚
ガラニン	腸管神経叢	消化管運動調節，胃酸分泌抑制，胃排出抑制，膵アミラーゼ分泌抑制
レプチン	胃	摂食抑制，胃排出抑制（CCK の生理作用増強）
アミリン	膵B細胞	摂食抑制，胃排出抑制，グルカゴン分泌促進
セロトニン	腸クロム親和性細胞（胃から大腸），神経	摂食調節，消化管運動調節

胆汁の分泌も胃酸の分泌と同様に，神経性の調節とホルモンによる調節を受けます。一般に，迷走神経の興奮は胆汁分泌を促進し，交感神経の興奮は胆嚢を拡張させるとともに，胆汁分泌を抑制します。ホルモンによる調節では，アミノ酸や脂肪分の多い内容物が十二指腸に流入すると，コレシストキニンが分泌され，これが胆嚢を収縮させて胆汁分泌を促進します。また，酸性の内容物が流入して十二指腸の pH が低下すると，セクレチンが分泌されます。これにより胆汁の分泌は促進されます。

最後は膵液についてです。膵液はコレシストキニンの作用によって，消化酵素および消化酵素の前駆体を含む膵液の分泌が促進されます。また，セクレチンの作用によって，重炭酸イオンに富む膵液が分泌されます。

以上が消化器系の概要になります。少しわかりづらいと感じた方は，ひとつひとつを丁寧に読み進めれば，決して理解できない内容ではないので，あせらずゆっくりと再度読み直してみてください。

COLUMN 11

ストレスで胃が痛い？

この章までの内容を勉強した方は，自律神経には，ストレスがかかるような緊張したときに優位になる交感神経と，リラックスしているときに優位になる副交感神経があることを知っているはずです。また，胃酸の分泌は，副交感神経が優位のときに盛んになることも理解できたと思います。

さて，何か疑問に思うことはないでしょうか。胃が痛いという場合，おそらくそれは，胃粘膜を壊す作用のあるもの，すなわち攻撃因子が優勢の状態が続いた結果と考えることができます。先ほど，攻撃因子としてストレスを挙げましたが，ではなぜ，副交感神経が優位のときに起こる胃酸の分泌増加は，胃痛を引き起こさないのでしょうか。

もちろん，防御因子の分泌も合わせて増加するから，という考え方はあります。別の理由としては，交感神経が優位の緊張状態は長く続くものではなく，時折，副交感神経が強く優位になるときがあり，この反動時に胃酸が一気に分泌されてしまうことが挙げられています。

胃はストレスに弱い臓器です。そのため，できるだけストレスを溜めないよう，適度な運動をしたり，しっかりと休息をとったりすることが大切です。さらに，過剰な胃酸分泌で，胃や十二指腸の粘膜がえぐられたような状態になると，胃潰瘍や十二指腸潰瘍を発症します。

このように，心の働きは消化器系に多大な影響を与えるので，消化器系の不調を訴える方のなかには，心の問題が隠されていることも，注意深く見なくてはいけません。

第２節　呼吸器系

消化器系のお話は以上になります。次は呼吸器系について見ていきましょう。

私たちが生命活動を維持していくためには，消化器系で吸収する栄養素だけでなく，呼吸器系を通じて酸素を体内に取り込んでエネルギーを産生し，その結果生じる二酸化炭素を体外に排出する必要があります。酸素と二酸化炭素は，組織と血液の間で行われる**内呼吸**と，外界と血液の間で行われる**外呼吸**によって交換されます。そして，後者の外呼吸をつかさどる臓器や組織を総称して，**呼吸器系**と呼びます。

呼吸器系は，**鼻腔**，**咽頭**，**喉頭**，**気管**，**気管支**，**肺**によって構成されています（図 9-10）。鼻腔から気管支までは**気道**（上気道，下気道）と呼ばれ，吸入した空気は，気道を通過して肺胞に入るまでに 37℃，湿度 100％にまで加温加湿されます。気道の粘膜は主として，多数の線毛を持つ**線毛上皮細胞**により覆われていて，その間に粘液を分泌する**腺細胞（杯細胞）**が散在します。異物や粘液（痰）は，これらの細胞の線毛と粘液の働きによって，口側へ排出されます。また，気管分泌物には IgA[*45] が含まれていて，免疫に重要な役割を果たしています。

＊45　免疫グロブリン（Immunoglobulin, Ig）は，免疫の中で大きな役割を担い，IgA・IgG・IgM・IgD・IgE の５種類がある。

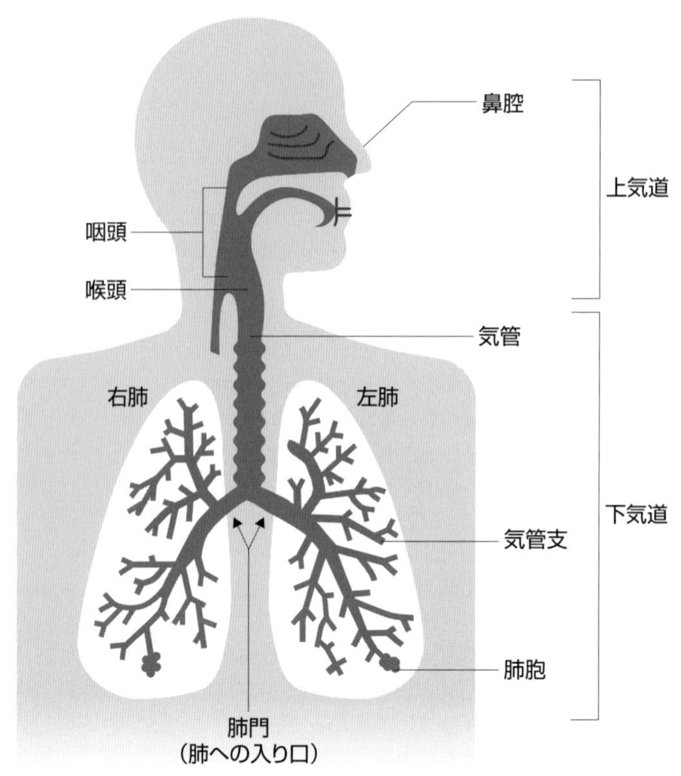

図 9-10　呼吸器系の構造

呼気終了時に気道にたまった空気は，酸素が少なく，二酸化炭素が多くなります。これが次の吸気の最初に肺胞に流れ込むこととなり，換気には役立たないため，気道の部分は**死腔**と呼ばれています。この部分の容積（死腔量）は約 150 ml あり，呼吸不全による血流のない**肺胞死腔**と区別するため，気道による死腔を**解剖学的死腔**と呼びます。

1．鼻腔

それでは次に，呼吸器系を構成する各部位について見ていきましょう。まずは鼻腔です。**鼻腔**は**鼻中隔**によって左右に分かれ，その後方は咽頭上部に開口しています。空気の通り路である鼻道は，**上鼻甲介**（じょうびこうかい），**中鼻甲介**，**下鼻甲介**という突起物で区分けされて狭くなっていて，表面の粘膜の血管が拡張して厚くなると鼻詰まりが起こります（図 9-11）。また，血管がたくさんあるため，出血しやすいことも鼻腔の特徴のひとつです。

鼻腔では，吸気の湿度と温度が整えられるので，口で呼吸するときなど吸気が鼻腔を通らない場合は，咽頭以下の気道粘膜の乾燥による障害に注意が必要です。

鼻腔を取り巻く骨のなかには，鼻腔と連絡する 4 つの腔所，**上顎洞**（じょうがくどう），**篩骨洞**（しこつどう），**前頭洞**，**蝶形骨洞**があり，これらは**副鼻腔**と呼ばれています（図 9-12）。これらの副鼻腔は鼻腔に通じていて，鼻呼吸をすることで空気の交換が行われています。副鼻腔も鼻腔と同じく線毛があり，粘膜で覆

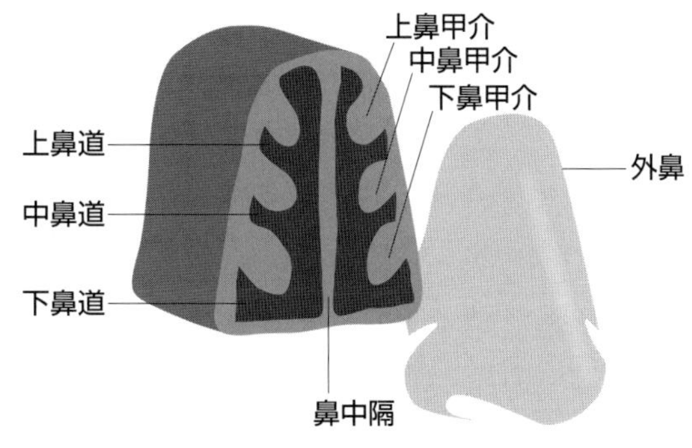

図 9-11　鼻腔の構造

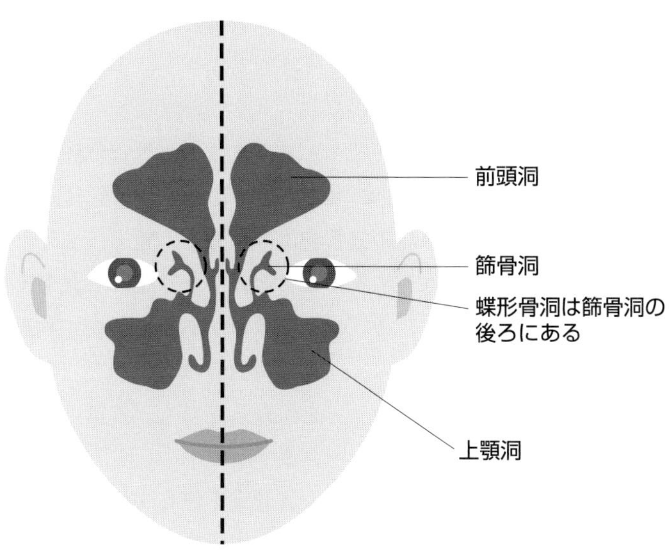

図 9-12　副鼻腔

われていて粘液を分泌します。

副鼻腔炎は，副鼻腔の開口部が閉じて正常に排液できなくなった際に，炎症が起きて生じます。副鼻腔の役割としては，頭蓋を軽くすることに加え，発声時の共鳴に役立ちます。鼻腔の上部には線毛を持つ嗅覚受容器細胞があり，さまざまな化学物質に反応して，嗅球への神経細胞へ情報（におい）を伝えます。副鼻腔炎は，この神経伝達を障害し，副鼻腔炎によって嗅覚障害が起こることがあります。

2．咽頭

鼻腔からの空気と，口腔からの食物は，咽頭で交叉します。咽頭周囲には**咽頭扁桃**があり，これは俗に扁桃腺と呼ばれています。咽頭扁桃はリンパ組織の一群で，咽頭の口内部にある**口蓋扁桃**や，舌の基部にある**舌扁桃**などとともに，口や鼻から入ってくる細菌や異物を捕らえて除去します。

食物を嚥下するときには，鼻腔，口腔，喉頭，気管が閉塞され，食物の塊を食道に向かって圧迫します。このとき，1～2秒の間，呼吸が抑制されることから，これを**嚥下性無呼吸**と呼びます。昏睡など意識レベルが低下しているときには，舌根沈下による気道閉塞が起こる可能性があります。睡眠時無呼吸症候群もこれが原因で，睡眠時の舌根沈下により，気道が閉塞するまでに至らない程度にふさがる場合は，**鼾**（いびき）が生じます。

3．喉頭

咽頭の下には喉頭があります。これは気管に続く部分で，喉頭の外側は**甲状軟骨**と**輪状軟骨**などの軟骨で構成されていて，甲状軟骨は体表から喉仏として触ることができます（図 9-13）。咽頭の外壁の粘膜には声帯ひだがあり，これは発声器官としての役割を果たしています。音は声帯ひだの振動によって生じ，咽頭，口，鼻腔，副鼻腔が，共鳴装置として機能します。

4．気管・気管支

喉頭は気管へと続き，その後に分岐して，肺へと続きます。気管は喉頭の下方に続く管で，U型の**気管軟骨**と平滑筋から構成されています。気管は，胸の上部で左右に分かれて気管支となり，左右の肺に至ります。右の気管支は左の気管支よりも太く，短く，より垂直になっているため，気管に入った異物（食べ物など）は右に入ることが多くなります。気管支の上部にもU型の気管軟骨がありますが，食道と接する下部の気管支に軟骨はないので，食物の大きなかたまりを飲み込んでも，食道は前方に広がることができます。

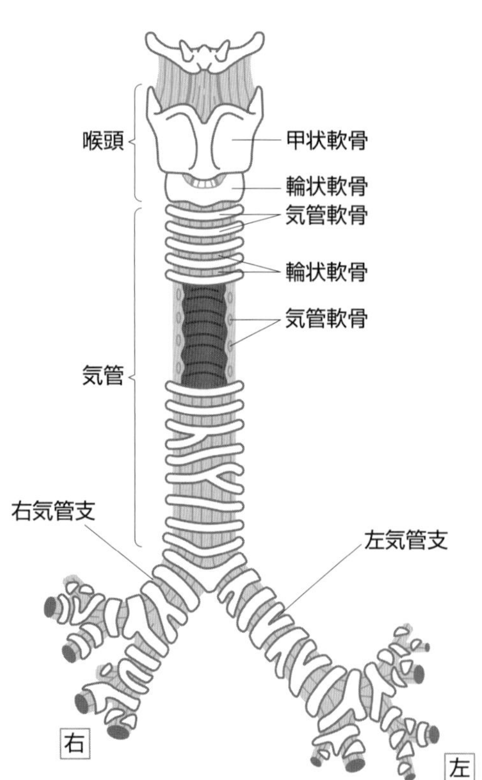

図 9-13　咽頭と気管の構成（渡辺，2016，p. 102）

気管支を作る平滑筋は，自律神経系の支配を受けます。交感神経が興奮すると気管支は拡張し，副交感神経が拡張すると気管支は収縮します。副交感神経が過度に興奮すると平滑筋が強く収縮するため，気道の内径が狭くなり，**気道抵抗**が増大します。これが気管支喘息を引き起こす原因となります。また，副交感神経の興奮は，気道の分泌を促進する働きもあり，喘息時の分泌亢進という病態にもつながります。

5．肺

左右の肺に入った気管支は，さらに分岐を繰り返しながら，**細気管支**，**終末気管支**へと次第に細くなっていきます。肺は左右一対の気管で，胸椎，肋骨，胸骨により構成されるかご状態の胸郭と，横隔膜が作る**胸腔**と呼ばれる空間

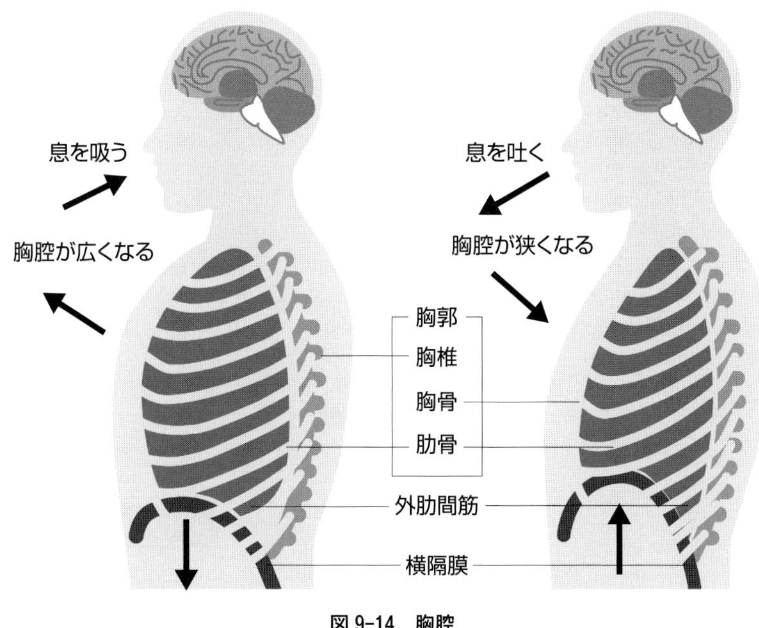

図 9-14　胸腔

の中に収まっています。胸腔は，息を吸うと広くなり，息を吐くと狭くなります（図 9-14）。

肺の表面は**胸膜**に覆われています。この膜は，胸郭の内面を覆う**壁側胸膜**と，肺の表面を覆う**肺胸膜**より作られる二重の膜で，2枚の膜の隙間は**胸膜腔**と呼びます。内側面のおよそ中央に，胸膜に覆われない部分があり，この部分は**肺門**と呼びます（図 9-15）。肺門は，気管支，血管，リンパ管，神経などが肺に入る場所であることから，このように名付けられました。

心臓は左に偏って位置します。そのため，左肺は右肺に比べて容積が小さいことが特徴です。右肺は**上葉**，**中葉**，**下葉**に，左肺は上葉と下葉に分かれます。肺の中に入った気管支は分枝を繰り返して，気管支，細気管支，終末気管支，呼吸細気管支，肺胞管と，気道の大きさが小さくなり，最終的には肺胞の集まりである**肺胞嚢**に至ります（図 9-16）。

呼吸は主としてこの肺胞嚢の肺胞で行われますが，呼吸細気管支，肺胞管にも肺胞が存在し，ここでも呼吸が行われています。肺胞の上皮は，基底膜と呼ばれる膜を介して，毛細血管の内皮細胞に接しています。肺胞内と毛細血管内の酸素や二酸化炭素のガス交換では，肺胞上皮，基底膜，毛細血管内の上皮細胞の層を，これらが通過することになります。

肺胞は，直径 100～300 μm ほどの半球形の袋で，肺には総計3億個ほどあります。総表面積は 60～100 m^2 で，毛細血管が上皮の外側を網の目のように取り囲んでいて，血液と肺胞内の空気との間で，酸素と二酸化炭素の交換が行われます。肺胞では弾性線維がよく発達していて，呼吸における肺の収縮に関わっています。

肺胞の表面には，**肺胞マクロファージ**と呼ばれる貪食作用の強いアメーバに似た大型の細胞が存在します。肺胞内にまで達した脂肪や異物は，この肺胞マクロファージによって処理されます。

肺胞壁の内面は**サーファクタント（表面活性物質）**と呼ばれる液体で覆われていて，この液体

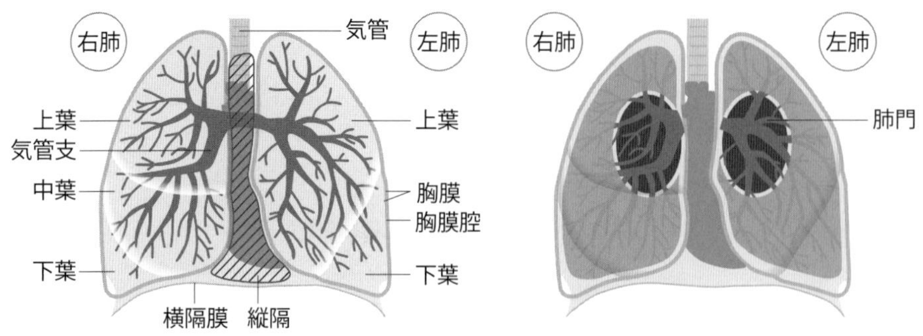

図 9-15　肺の構造

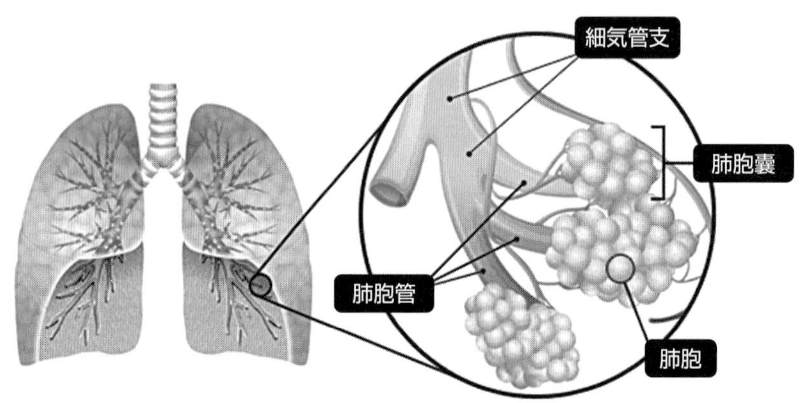

図 9-16　肺胞の構造（小林製薬株式会社 HP より）

の層が作られています。これは，肺胞の表面張力を減少させて，肺の拡張を容易にする役割を担っています。未熟児ではこのサーファクタントの生成が不十分なため，呼吸障害を伴うことがあり，これは**新生児呼吸困難症候群**と呼ばれます。

6．換気

次に，肺の換気についてお話します。**換気**とは，肺における空気の入れ替わりのことです。つまりは呼吸運動である**吸息**と**呼息**によって行われます。驚くかもしれませんが，肺自体には運動能がありません。したがって，肺が拡張と収縮を繰り返して呼吸が行われているわけではないのです。呼吸運動は，胸郭の拡張と収縮，横隔膜の下方への収縮と復元によって行われています。

底にゴム膜を張ったガラス瓶の中にゴム袋を入れて，口を密封した状態をイメージしてください（図 9-17）。これは，呼吸器における換気のモデルとしてよく用いられるものなのですが，ガラス瓶は胸郭，ゴム袋は肺，ゴム袋と瓶の間の空間は胸腔，ゴム膜は横隔膜に相当します。横隔膜にあたるゴム膜を下に引くと，胸腔内圧がより陰圧となって外気がゴム袋の中に入り，風船は

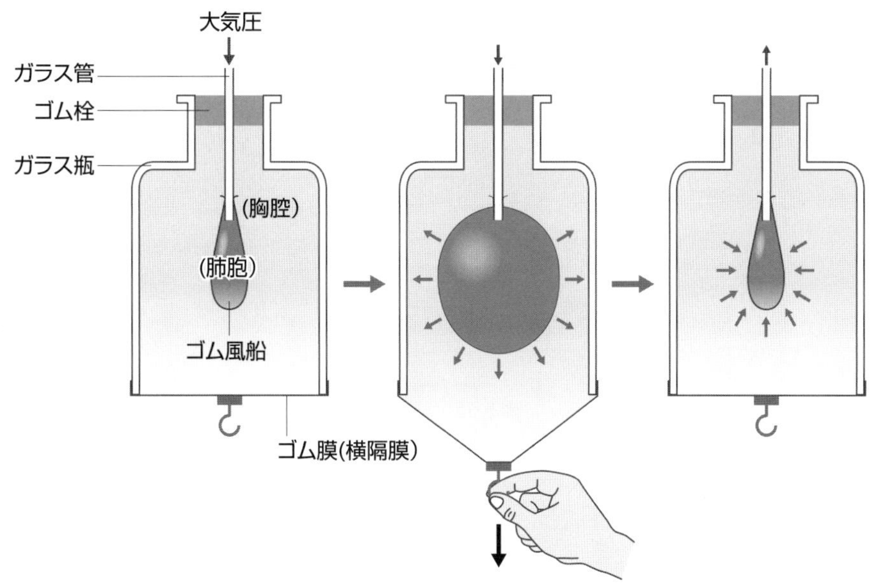

図 9-17 換気力学の模型（山田，2016，p. 32）

膨らみます。これが吸息です。一方，ゴム膜を元に戻すと，ゴム袋中の外気が外部へ出ます。これが呼息です。

このモデルは，横隔膜の収縮・弛緩の繰り返しによって行われる**腹式呼吸**に相当します。一方，ガラス瓶に相当する胸郭が伸び縮みして，胸腔の内圧を変化させることによる呼吸は，**胸式呼吸**と呼ばれます。胸腔内圧は常に陰圧になっているので，胸腔や肺が外傷などによって穴が開いてしまった場合に，肺胞は虚脱（潰れる）します。これを**気胸**と呼びます。気胸を生じた肺は膨らまないため，著しい呼吸困難が生じます。

7．ガス交換

次に，肺胞と組織における，酸素と二酸化炭素の交換について見ていきましょう。

肺胞に入った酸素は，肺胞を取り囲む毛細血管内へ単純拡散し，血液により組織に運ばれ，組織の毛細血管から組織液中へ単純拡散し，細胞膜を通過して細胞内に入ります。一方，細胞で産生された二酸化炭素は，これとは逆の経路をたどり，肺胞気内へと排出されます。

図 9-18 は，肺胞，静脈血，動脈血の酸素分圧，二酸化炭素分圧を示しています。酸素と二酸化炭素は，分圧の高いほうから低いほうへと拡散します。すなわち，肺胞において酸素は，酸素分圧の高い肺胞から低い静脈血へと向かい，拡散によって移動します。一方，二酸化炭素はこれとは逆に，静脈血から肺胞へと拡散します。

肺胞から血液へと拡散した酸素の大部分は，赤血球内のヘモグロビンと可逆的に結合し，また，わずかですが血液に物理的に溶解します。ヘモグロビンは，ヘムという赤色の色素と，グロビンというポリペプチド鎖が結合した，サブユニット 4 個からなる球状のタンパク質です。

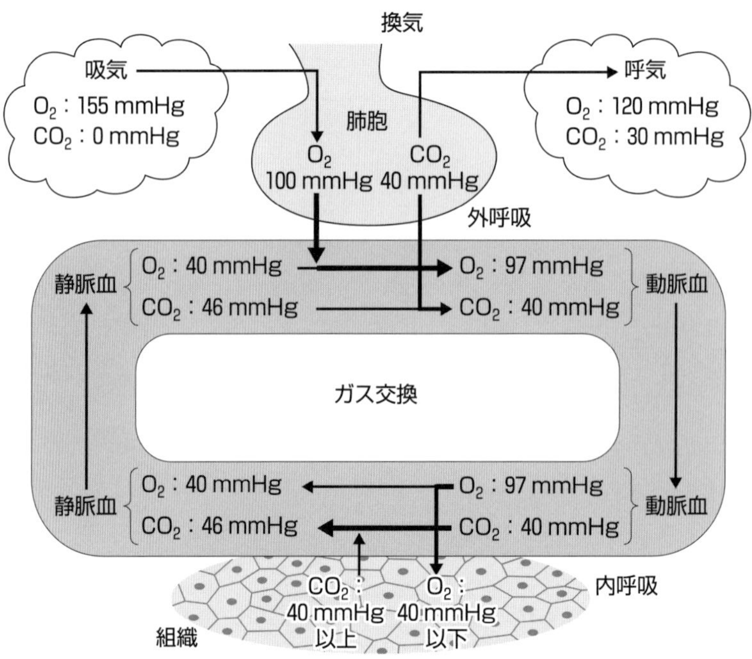

図 9-18　分圧と拡散

ヘモグロビンと酸素の結合は，ヘムの鉄原子との間で起こります。一般に酸素分圧が 100 mmHg 以上になると，ヘモグロビンと結合する酸素の量はほとんど増加しませんが，酸素分圧の低いときは，わずかの酸素分圧の低下で，ヘモグロビンは大量の酸素を解離することがわかっています。肺胞における酸素分圧が 100 mmHg のとき，酸素結合量は 97.4％であり，これ以上酸素分圧が高くなっても血液の酸素含有量の増加は期待できません。一方で，酸素分圧が 40 mmHg 以下になる組織液と血液が接触する部分においては，わずかな酸素分圧の減少で，大量の酸素がヘモグロビンから解離するので，生体にとって合理的なかたちになっています。

ヘモグロビンからの酸素の解離は，二酸化炭素分圧，pH，温度，2.3-ジホスホグリセリン酸濃度の影響も受けます。二酸化炭素分圧の変化により，pH は変動します。pH が下がると，ヘモグロビンの酸素結合度は下がることがわかっています。また，血液の温度が上がると酸素結合度が下がり，運動して代謝が盛んな組織に酸素が送り込まれることに役立っています。2.3-ジホスホグリセリン酸は低酸素状態で産生が増加し，これは酸素結合度を下げます。これもまた，低酸素状態の組織に酸素が供給されやすくなる仕組みづくりに貢献しています。

一酸化炭素は血液中のヘモグロビンとの親和性が極めて高く，酸素の 200〜300 倍以上の親和力で，ヘモグロビンと結合します。酸素は一酸化炭素が結合しているヘモグロビンとは結合できないので，組織に供給される酸素が激減します。これが，**一酸化炭素中毒**です。しかし，一酸化炭素とヘモグロビンの結合は可逆的なので，急性一酸化炭素中毒は，物理的に血漿に溶解する酸素を増やせる高圧酸素療法などによって，治療することができます。

骨格筋や心筋には，ヘモグロビンと似た**ミオグロビン**という鉄を含む色素タンパクがあり，1

分子のミオグロビンは1分子の酸素と結合します。酸素分圧が60 mmHg以下のところでは，ミオグロビンの酸素との親和性はヘモグロビンよりも高く，ミオグロビンはヘモグロビンから酸素を取り込んで貯蔵し，運動中の骨格筋や収縮時の心筋のように，酸素分圧が極端に低下したときに酸素を離します。

次に，二酸化炭素の運搬についてです。二酸化炭素は，約5％が血漿あるいは赤血球の細胞内液中に直接溶解して，約5～25％が**カルバミノ化合物（R-NHCOO$^-$）**として，そして残りの大部分が**血漿炭酸水素イオン（重炭酸イオン，HCO_3^-）**のかたちで運ばれます。血漿中の二酸化炭素は，赤血球内へ拡散し，赤血球内に豊富に存在する**炭酸脱水酵素**の働きにより，水と反応して炭酸となり，炭酸はさらに水素イオンと重炭酸イオンになります。

$$CO_2 + H_2O \rightleftarrows H_2CO_3 \rightleftarrows H^+ + HCO_3^-$$

生成された水素イオンは，強い水素イオン吸収能を持つ，ヘモグロビン中のヒスチジンの緩衝作用[*46]により中和され，同時に生成された重炭酸イオンは赤血球から血漿へ出ていきます。また，二酸化炭素の一部は，ヘモグロビンや血漿タンパク質のアミノ基と直接結合して，カルバミノ化合物を形成します。

$$CO_2 + R\text{-}NH_2 \rightarrow R\text{-}NHCOO^- + H^+$$

血漿に含まれる血漿タンパク質も緩衝作用を持っており，このとき生成される水素イオンを中和します。ヘモグロビンを構成するグロビンにも同様に，血漿タンパク質を緩衝する作用があります。肺胞では，二酸化炭素分圧が低いため，まず血漿中に分子のかたちで溶解していた二酸化炭素が拡散によって肺胞に出ていき，血漿の二酸化炭素分圧が下がって，$H^+ + HCO_3$は二酸化炭素となって呼気中に排出されます。

8．呼吸の調節機構

これまでの器官系と同様に，呼吸もさまざまな調節因子の影響を受けて調節されます。はじめに，呼吸の神経性調節についてお話しします。

前にも述べたように，肺には肺胞を広げたり，縮めたりする筋肉はなく，呼吸筋の動きによって受動的に膨らんだり縮んだりします。また，呼吸筋は自動性を持たない骨格筋であるため，これらを支配する運動神経からの指令がなければ収縮はしません。この指令を送る運動神経の細胞体は延髄に存在し，**呼吸中枢**と呼ばれます。

呼吸中枢には，**吸息中枢**と**呼息中枢**があり，血液の二酸化炭素分圧の上昇，酸素分圧の低下により，これらの中枢は興奮します。具体的には呼吸が深くなり，回数が増えるのです。また，血液のpHが酸性に傾くと，二酸化炭素分圧が高くなり，呼吸中枢は興奮します。呼息中枢と吸息中枢は，抑制性の神経を介在して吸息と呼息の切り替えを行っているので，吸息と呼息が同時に起こることはありません。

＊46　pHを一定に保つ作用。

吸息中枢には，心臓の洞結節のように自動的に周期的な興奮を繰り返す性質があり，呼吸の自動性および周期性は，この吸息中枢の働きによります。しかしながら，この吸息中枢の活動は，その上部の橋（きょう）に存在する**呼吸調節中枢**や，末梢受容器からの情報により，調節を受けています。呼吸調節中枢は，同じく橋にある**持続的吸息中枢**を制御し，吸息中枢の自動的・周期的活動をさらに円滑にするように調節しています。橋の障害は，呼吸回数の減少，１回呼吸量の増大を引き起こすことから，呼吸調節中枢は吸息と呼息の切り替えを調節していると考えられます。

吸息運動で肺が広がると，肺胞にある伸展受容器が興奮し，迷走神経を介して吸息中枢を抑制し，反射的に呼息を引き起こします。また，呼息が進んで肺が縮むと，反射的に吸息に切り替えられます。大脳皮質も，延髄の呼吸中枢に存在する呼吸筋運動ニューロンに指令を送っており，**随意的調節系**と呼ばれています。私たちが日常よく行う深呼吸や，話したり笑ったりするときに呼吸が変化するのも，この調節系によるものです。

呼吸筋の支配体制は二重になっていて，他の骨格筋と同様に，大脳皮質中心前回の運動野からの随意的な支配と，延髄を中心とした脳幹からの不随意的な支配があります。不随意的な支配のおかげで，睡眠時も呼吸筋のリズミカルな収縮は持続しています。

神経性の調節以外に，呼吸は化学受容器を介して調節を受けます。実際，血液の酸素分圧，二酸化炭素分圧，水素イオン濃度が変化すると，呼吸運動に影響が生じて換気量が変化します。化学受容器は血液中のこれらの情報を検知して，呼吸中枢に伝えます。動脈血酸素分圧の減少，動脈血二酸化炭素分圧の増加は，呼吸数と換気量の増加を引き起こします。酸素分圧が 40 mmHg 程度まで低下，あるいは二酸化炭素分圧が 40 mmHg 以上に上昇したときに，換気量は急激に増加します。つまり，化学受容器は，生命を脅かすような低レベルの酸素分圧の場合には換気量を調整しますが，日常的な換気量の調整には，二酸化炭素分圧の変化を検知して換気量を調節するのです。

化学受容器には，**末梢化学受容器**と**中枢化学受容器**があります（図 9-19）。**末梢化学受容器**は，総頸動脈が内頸動脈と外頸動脈に分岐する部位にある**頸動脈小体**と，大動脈弓近傍にある**大動脈小体**です。頸動脈小体は舌咽神経を介して，大動脈小体は迷走神経を介して，特に酸素分圧の低下で興奮して呼吸中枢を刺激し，一回換気量と呼吸数を増加させます。また，頸動脈小体と大動脈小体は，二酸化炭素分圧の上昇や水素イオン濃度の低下でも興奮しますが，その反応は弱いことも特徴です。大動脈小体は頸動脈小体に比べて，呼吸調節に果たす役割が小さいです。

中枢化学受容器は延髄にあります。これは脳脊髄液中の水素イオンにより刺激され，呼吸促進を起こす情報を伝えます。近傍の毛細血管には血液脳関門があって，水素イオンや炭酸水素イオンは通過しにくいのですが，血液中の二酸化炭素は血液脳関門を速やかに通過し，脳脊髄液へ移行した後，水と反応して水素イオンと重炭酸イオンになります。その水素イオン濃度の変化によって，中枢化学受容器が刺激されます。つまり，中枢化学受容器は，血液中の二酸化炭素に対して敏感な感受性を持つ化学受容器なのです。通常の呼吸のほとんどは，中枢化学受容器の二酸化炭素分圧に対する刺激によって調節されています。

化学受容器以外にも呼吸はさまざまな種類の受容器によって調節されます。そのひとつが**肺伸展受容器**です。これは，気管や気管支の平滑筋周囲に存在し，肺の進展によって興奮して吸息抑

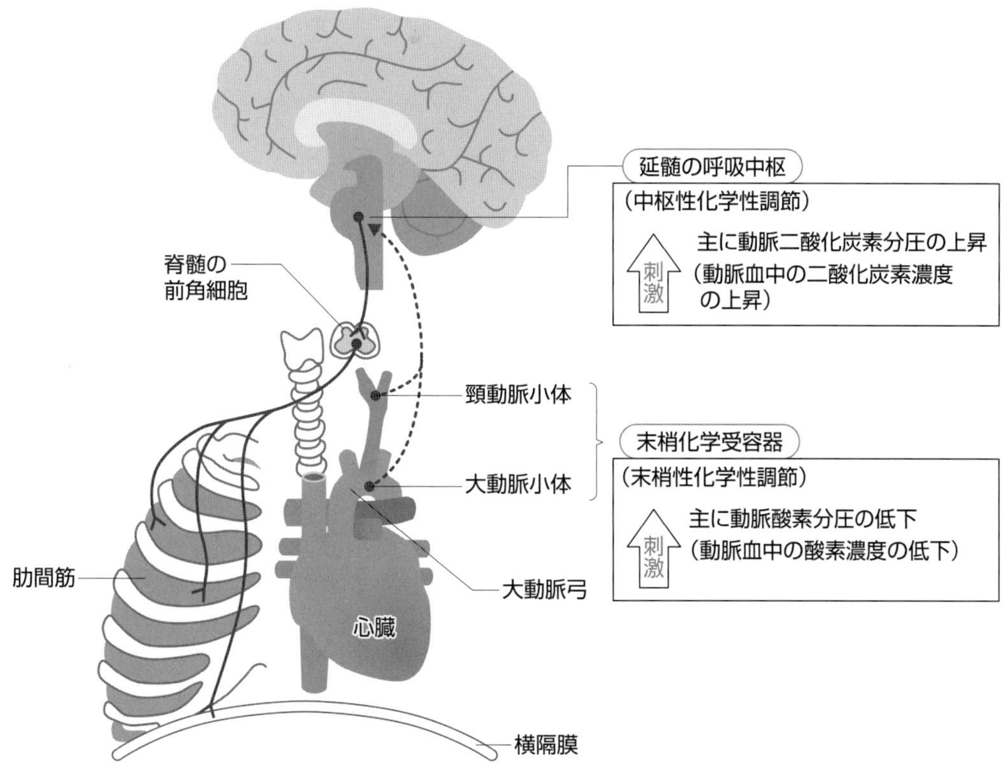

図 9-19　末梢化学受容器・中枢化学受容器（江口，2015，p.48）

制を誘発する受容器です。肺が閾値を超えて進展されると，それ以上拡張しないように，迷走神経を介して延髄の吸息中枢を抑制し，吸息を呼息に切り換えます。この呼吸反射を**ヘーリング・ブロイエル反射**と呼びます。

J受容器は，肺，気管，毛細血管近傍に存在し，肺の毛細血管圧や浮腫によって興奮し，呼吸頻度を増加させる受容器です。この受容器の興奮によって，呼吸は速く浅いパターンとなり，呼吸困難の感覚に関与すると考えられています。

刺激（イリタント）受容器は，気道に並ぶ上皮細胞の間に，自由神経終末として存在しています。機械的な触刺激や，吸入される化学的刺激など，さまざまな刺激に反応して咳反射を誘発します。これによって異物の排出や除去に役立ちます。これらの受容器からの情報は，迷走神経を通じて伝達され，気管支平滑筋の反射性収縮と呼吸頻度の増加を引き起こします。

9．呼吸の異常

いよいよ呼吸器系も大詰めです。最後に，呼吸の異常，呼吸不全についてお話します。

成人の安静時の正常呼吸は，1分間に16～20回の頻度で，500 mL程度の吸気と呼気を繰り返します。しかし，何らかの原因で呼吸頻度が高まり，1分間あたりの呼吸数が24回を超えると，これは**頻呼吸**と呼ばれます。一方で1分間あたりの呼吸数が12回を下回ると，これは**徐呼吸**と呼ばれます。これに対し，頻度が変わらず呼吸深度が深いものを**過呼吸**，浅いものを**低呼吸**と呼

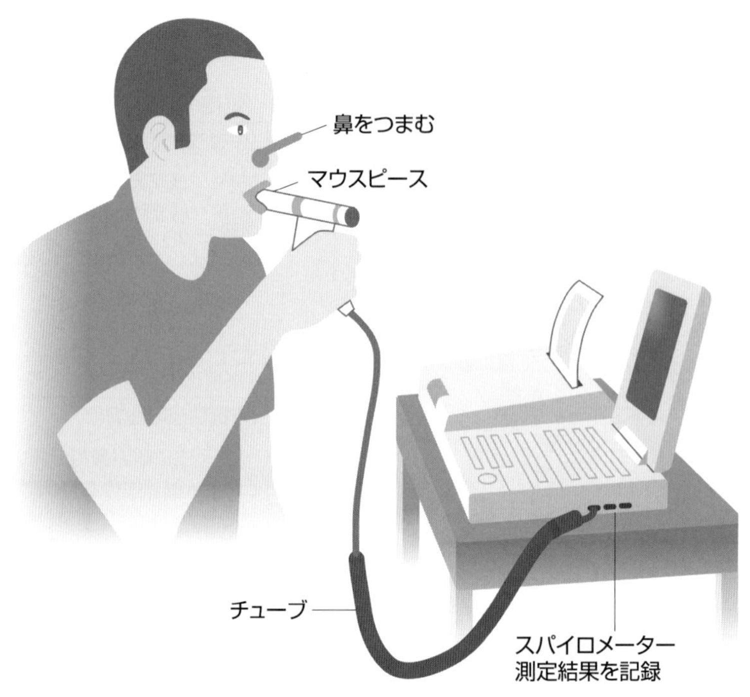

図 9-20　スパイロメーター

びます。また，頻度と深さがともに増したときを**多呼吸**，両者が低下したときを**少呼吸**と呼びます。

これらの呼吸の異常以外にも，安静時呼吸では使用されない呼吸筋を使って行う呼吸は**努力呼吸**と呼ばれます。健常者の安静時呼吸では，横隔膜と外肋間筋といった呼吸筋の収縮と弛緩が呼吸に関与し，胸腔内は常に陰圧に保たれていますが，努力呼吸では，胸鎖乳突筋や内肋間筋，腹筋が呼吸に関与し，この間，胸腔内は陽圧になっています。努力呼吸は，重度の低酸素血症や喘息時に見られます。

次に呼吸不全についてです。呼吸不全にはいくつかの種類がありますが，**閉塞性換気障害**は，肺気腫や慢性気管支炎，気管支喘息などの疾患が原因で起こる呼吸不全です。気管支が狭くなり，気道の抵抗が高まるため，息を吐き出すことが困難になる換気障害です。

呼吸不全の有無は**スパイロメーター**（図 9-20）で測定します。スパイロメーターは呼吸器の機能を測定することで，換気機能の状態を調べる検査です。呼吸により肺から出入りする空気の量を測って，肺の容積や気道が狭くなっていないかなど，呼吸の能力を調べる検査で，閉塞性肺機能障害や，次に紹介する拘束性肺機能障害について調べることができます。スパイロメーターの計測値によって，どのような呼吸不全かがわかるのです。

計測に際し，まず鼻をクリップで留めて，鼻から空気が漏れないようにします。そして，計測器とホースでつながったマウスピースを装着し，通常の呼吸を繰り返した後に，思いっきり吸ったり，勢いよく吐いたりして，肺活量や1秒間にどの程度息を吐き出せるかなどを計測していきます。

スパイロメーターによる検査で，通常の肺活量に対して1秒間あたりの努力性肺活量の占める割合（1秒率）が70％未満のときに，閉塞性換気障害と判断されます。肺活量も基準値未満の場合は，全般的な換気障害として，**混合性換気障害**（閉塞性換気障害と拘束性換気障害の混合）と判定されます。

拘束性換気障害は，肺線維症や肺水腫，無気肺などの疾患が原因で起こる呼吸不全です。胸郭や肺の弾力性が低下し，肺が十分に拡張できず，息を十分に吸えないという換気障害です。スパイロメーターによる検査で，予測肺活量に占める実際の肺活量の割合（％肺活量）が80％未満のときに，拘束性換気障害と判定されます。1秒率も基準値未満の場合は，混合性換気障害と判定されます。

呼吸不全の原因のひとつである**無気肺**とは，肺全体として十分な換気量があっても，肺胞の単位では虚脱して，空気の出入りの無い部分が存在する状態を指します。肺でのガス交換は，換気のある肺胞を血液が流れて初めて可能になりますが，この無気肺では，肺動脈から流れてきた酸素が少なく，二酸化炭素の多い静脈血がガス交換を受けずにそのまま動脈血に流れ込むことがあり，これは**シャント**と呼ばれます。

ヘモグロビンの酸素解離曲線は，通常の酸素分圧ではほとんど飽和近くになっているため，余分に取り込める量はごくわずかで，静脈血混入により動脈血の酸素分圧の低下が起こります。二酸化炭素については，無気肺の肺胞で排出されないぶん，他の肺胞から排出されるため，シャントがあっても動脈血中の二酸化炭素分圧はほとんど変わりません。

肺胞死腔は，肺胞はふくらんでいて換気はあっても血流がない場合に，ガス交換できない状態を指し，この肺胞死腔が増えると，有効換気量が減少して二酸化炭素を十分に排出できません。そのため，動脈血の二酸化炭素分圧は高くなります。酸素分圧は，有効換気の低下で少し下がる可能性はありますが，血液の大部分は換気のある肺胞を流れているのであまり変化しません。この肺胞死腔は，気道による解剖学的死腔とは区別されることを思い出してください。

組織への酸素供給量が減少し，組織の酸素消費をまかなえなくなり，ミトコンドリアの有酸素代謝が維持できない状態を，**組織低酸素症**と呼びます。通常，静脈血酸素分圧が20 mmHg以下の場合は組織低酸素症であると考えられ，これには**低酸素性低酸素症**，**貧血性低酸素症**，**虚血性低酸素症**，**組織中毒性低酸素症**などがあります。

低酸素性低酸素症とは，動脈血の酸素分圧が低下した状態を指します。呼吸状態が悪くなったときには，二酸化炭素分圧の上昇とともに生じますが，肺胞膜が厚くなった拡散障害，無気肺によるシャントなどでは，酸素分圧の低下だけが起こります。高山など空気の薄いところに上ると酸素分圧の低下が起こり，**高山病**の原因となります。

貧血性低酸素症は貧血，特にヘモグロビンが少ない貧血の場合に起こり，酸素分圧は高くても，酸素含量が減少して，組織への酸素供給が少なくなる状態を指します。ヘモグロビンは，一酸化炭素に対する親和性が，酸素に対してよりも200～300倍以上高いので，一酸化炭素中毒の場合は，貧血性低酸素症と同様な病態が強く現れます。このとき，動脈血の酸素分圧は不変で，化学受容器は刺激されないので，呼吸の促進は起きずに息苦しさもありません。

虚血性低酸素症は，心拍出量や血圧低下，局所循環障害など，組織血流量の減少によって起こる低酸素症です。

組織中毒性低酸素症は，ミトコンドリアにおける酸素の利用が障害される場合を指し，青酸化合物によりミトコンドリアの解糖系が阻害される状態です。

10. 人工呼吸

呼吸器系の最後に，人工呼吸についてお話します。**自然呼吸**は，胸腔の容積を増やし，それによって生じる陰圧で空気を吸い込む，陰圧式の呼吸でした。以前の人工呼吸器は，頭部以外の全身をタンクに入れ，内部の空気をポンプで抜く陰圧式でした。しかし，これは効率が悪いので，現在使われている人工呼吸器は，圧力をかけて空気を押し込む陽圧式です。さらに，送り込む吸気の流量パターンを自然呼吸に近く，気道内圧を上げずに肺胞まで空気が入るように，人工呼吸の効率が高められた機器が用いられています。

設備がない緊急の状態での人工呼吸は，**口対口人工呼吸法**で行います（図 9-21）。昏睡など，意識レベルが低下しているときには筋緊張が低下するので，仰臥位（ぎょうがい）では舌根沈下により気道が閉塞します（図 9-22）。まず，舌根沈下で気道閉塞が起こらないように，頭部後屈あご先挙上法で，気道を確保します。次に空気が漏れないように鼻をつまんで，胸が上がるのを確かめながら，口から術者の呼気を吹き込みます。呼気にも 16～18％と十分な酸素が含まれており，二酸化炭素の濃度がやや高いことは，傷病者の呼吸を刺激するのにむしろ有益であることは覚えておいてください。

心肺蘇生法では，30 回の胸骨圧迫と，2 回の人工呼吸を繰り返しますが，近年，心停止を見逃さないことを重要視し，胸骨圧迫を最優先することが推奨されています。ただし，小児や乳児においては窒息の場合が多いため，溺水の場合と合わせて人口呼吸を優先します。

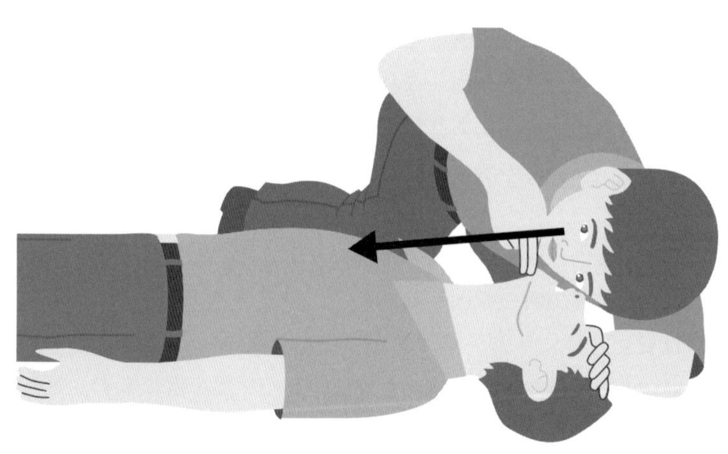

図 9-21　口対口人工呼吸法

正常な状態

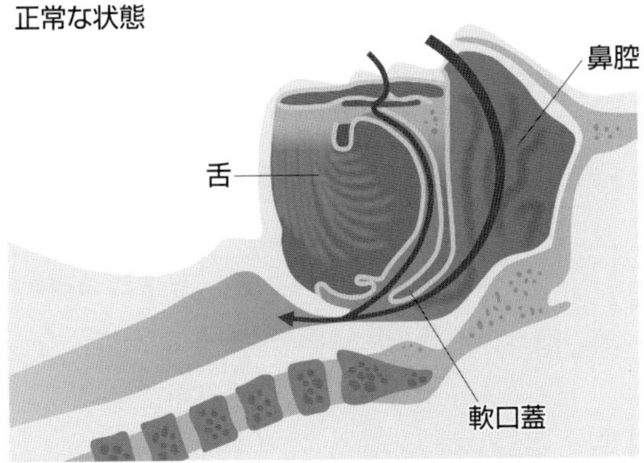

意識レベルの低下時

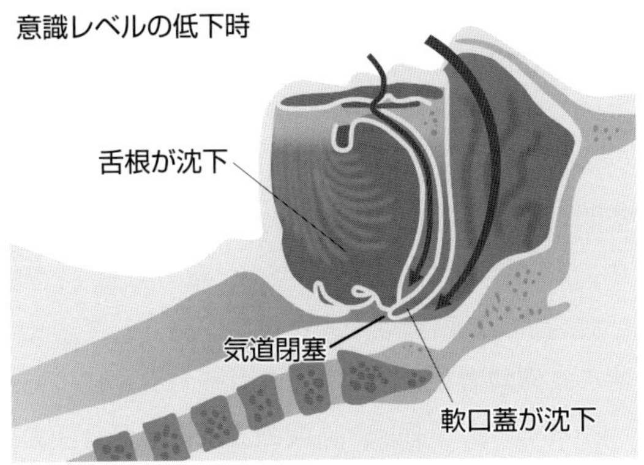

図 9-22　気道閉塞

挑戦!!　第9章　確認問題

❶ 大部分の消化管は，外側から順に，（　　）または（　　），（　　），（　　），（　　），（　　）の層構造を持つ。

❷ 消化管の筋層の運動は（　　），（　　），（　　）という3つの運動を生みだす。

❸ （　　）は胃と大腸の間にあって，胃に近い部分から，（　　），（　　），（　　）に区別される。

❹ （　　）は小腸に続く部分で，（　　），（　　），（　　），（　　），（　　），（　　），（　　）に区別される。

❺ 肝臓の基本的な単位は多角柱の（　　）である。

❻ 鼻腔から気管支までは（　　）と呼ばれる。

❼ 肺は左右一対の気管で，胸椎，肋骨，胸骨により構成されるかご状態の胸郭と，横隔膜が作る（　　）と呼ばれる空間の中に収まっている。

❽ 一酸化炭素は，血液中のヘモグロビンとの親和性が極めて高く，酸素の200〜300倍以上の親和力でヘモグロビンと結合する。酸素は一酸化炭素が結合しているヘモグロビンとは結合できないので，組織に供給される酸素が激減する。これが（　　）である。

❾ 呼吸中枢には（　　）と（　　）があり，血液の二酸化炭素分圧の上昇，酸素分圧の低下により，これらの中枢は興奮する。

❿ 組織への酸素供給量が減少し，組織の酸素消費をまかなえなくなり，ミトコンドリアの有酸素代謝が維持できない状態を（　　）と呼ぶ。

解答：①漿膜，外膜，漿膜下層，筋層，粘膜下層，粘膜，②蠕動運動，分節運動，振子運動，③小腸，十二指腸，空腸，回腸，④大腸，盲腸，虫垂，上行結腸，横行結腸，下行結腸，S状結腸，直腸，⑤肝小葉，⑥気道，⑦胸腔，⑧一酸化炭素中毒，⑨吸息中枢，呼息中枢，⑩組織中毒性低酸素症

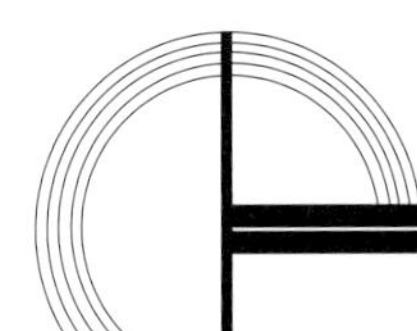

第 10 章　泌尿器系・生殖器系

Urinary system & Reproductive system

第 1 節　泌尿器系

泌尿器系の役割は，腎臓に運ばれた血液内の不要な物質から尿を生成して，体外に排出することです。皆さんは，人が食物や酸素を体外から取り入れて生命活動を営んでいることを，これまでの章で学んできました。この生命活動の際に起こる代謝の結果，体内で産生された不要な産物は，体外に排出する必要があります。本章では，まずはじめに，排出システムとしての泌尿器系の役割について説明していきます。

1．腎臓

泌尿器系は，**腎臓**，**尿管**，**膀胱**，**尿道**から構成されています（図 10-1）。

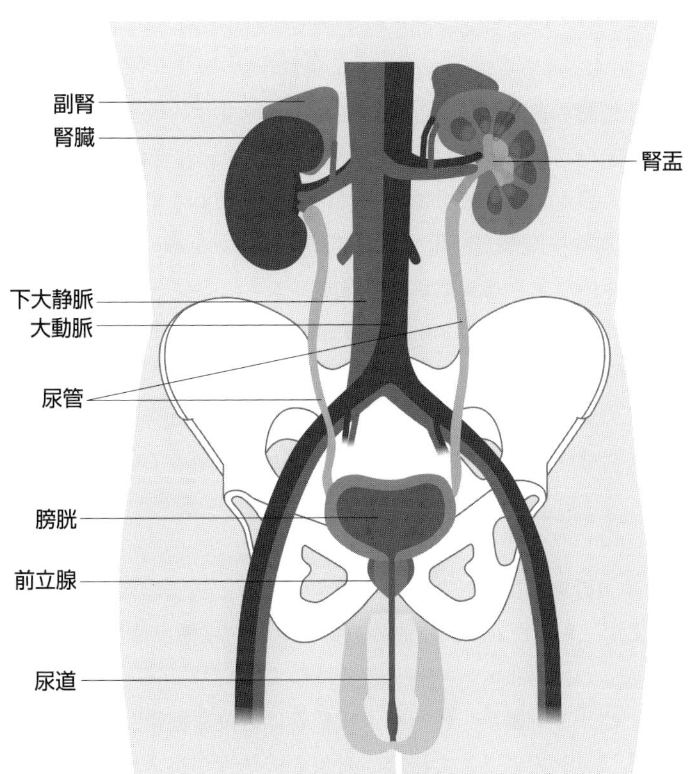

図 10-1　泌尿器系

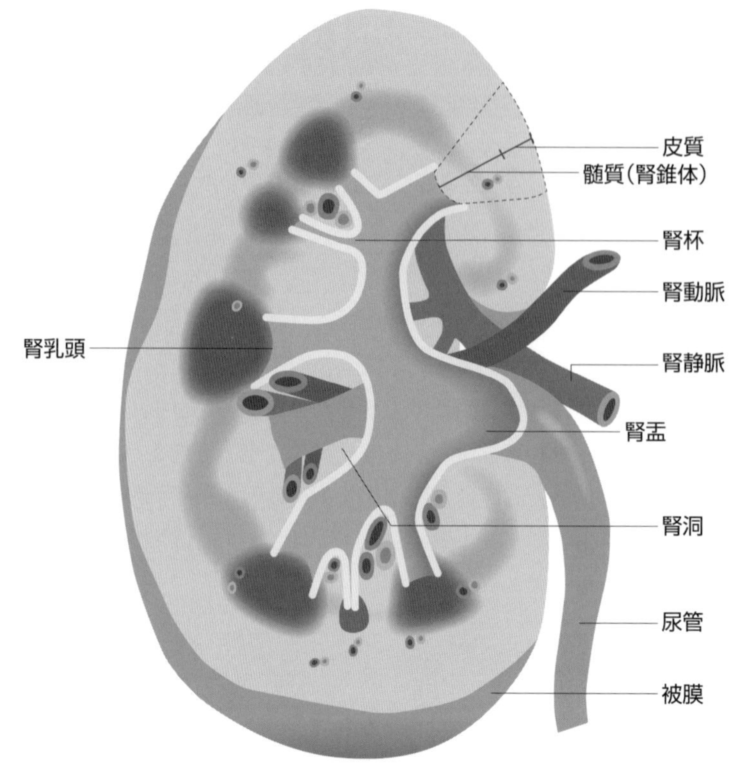

図 10-2　腎臓の構造

腎臓は横隔膜の下，肝臓の後ろに位置し，左右一対あります。大きさは握りこぶし大で，重さは約 110〜130 g ほどのソラマメのような形をした器官です。左腎は右腎よりも少し高い位置にあり，それぞれの腎臓の真上には，内分泌器官である**副腎**があります。腎への血流量は，心拍出量の 20〜25%に及び，血液は腹部大動脈から分岐した腎動脈を通ってから腎臓に入り，腎臓から出てきた血液は腎静脈から下大静脈に合流します。

腎臓の断面を見ると，**被膜**から約 1 cm の厚さを持つ**皮質**と，その内側の**髄質**に大きく分かれています（図 10-2）。髄質は 8 〜10 個の**腎錐体**とその間の腎柱からなり，腎錐体の先端は円錐状に内側に突出しているため，**腎乳頭**とも呼びます。髄質の内側は空洞構造となっており，外側から**腎杯**，**腎盂**（じんう）となっています。そして，腎臓は**尿管**へとつながっています。

2．ネフロン

腎臓には，**ネフロン（腎単位）**と呼ぶ尿を生成するための構造物があり，1 つの腎臓に 100〜130 万個存在しています。ネフロンは，血液のろ過装置である**腎小体**と，ろ過された液体（**原尿**）が通る**尿細管**から構成されています。

腎小体は，**糸球体**と**ボーマン嚢**（のう）から作られ，尿細管は**近位尿細管**，**ヘンレ係蹄**（けいてい），**遠位尿細管**から作られています。ネフロンで作られた尿は，複数の尿細管が集まる**集合管**を流れ，集合管が合流する腎乳頭に達し，腎杯，腎盂を経て，尿管へと流れていきます（図 10-3）。

腎小体へは 1 本の**輸入細動脈**が入り，そこで 20〜40 本に分かれて毛細血管となり，それが糸玉状に集まって糸球体を形成します。糸球体を形成する毛細血管は再び集まり，**輸出細動脈**となって腎小体から出ていきます。糸球体を取り囲んでいる袋状の組織はボーマン嚢と呼ばれ，尿細管に接続しています。

糸球体の血管内皮細胞には直径 70〜90 nm の小孔があり，この血管内皮細胞と糸球体の基底膜，さらに上皮細胞は血液をろ過する装置として働いています。また，糸球体の基底膜を作るプロテオグリカンは陰性に荷電しているため，同じく陰性に荷電する血漿タンパク質は，静電気的な反発により糸球体基底膜を通過することが困難となっています。

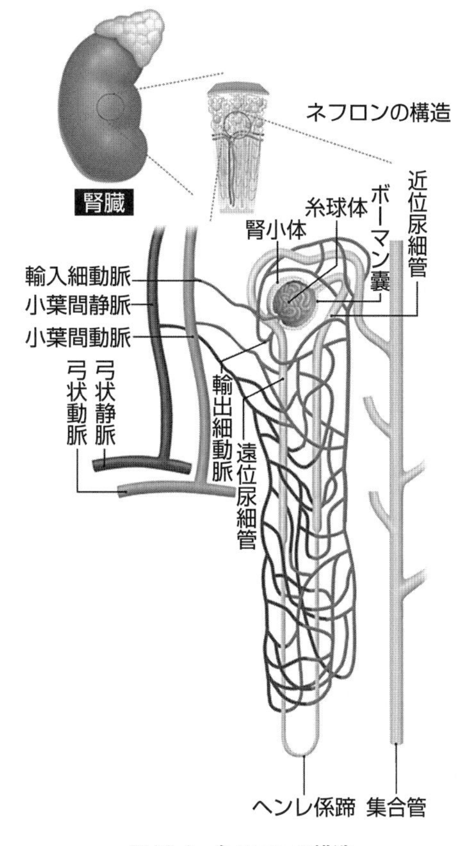

図 10-3　ネフロンの構造

3．原尿

このように，分子量や電荷によってろ過された液体を，**原尿**と呼びます。分子量の小さな物質は糸球体のろ過膜を通過することができるため，原尿には老廃物のみでなく，グルコースやアミノ酸などの生体に必要な成分が含まれています。これらの生体に必要な成分は，尿細管を通過する過程で再吸収されることによって，血中に戻されます。

糸球体でろ過された原尿中には，血漿タンパク質以外のほとんどの血漿成分が含まれていますが，そのうちの多くの成分は，生体に必要なものです。これらの成分の大部分を占める水は，尿細管や集合管を流れる間に再吸収されます。再吸収される主な成分は，水，グルコース，アミノ酸などの栄養物，Na^+，Cl^-，HCO_3^- などのイオンです。尿細管の各部位，そして集合管では，それぞれ特定の物質が再吸収されます（図 10-4）。

4．腎臓で作られる生理活性物質

近位尿細管での Na^+ の再吸収は，**アンジオテンシンⅡ**によって促進されます。アンジオテンシンⅡは，腎臓の傍糸球体細胞で産生，分泌される**レニン**の働きによって作られます。血中に分泌されたレニンは，肝臓や脂肪細胞で産生されて，血中に存在する**アンジオテンシノーゲン**を**アンジオテンシンⅠ**に変換し，アンジオテンシンⅠは，肺循環において肺毛細血管に存在するアンジオテンシン変換酵素の作用を受けて，アンジオテンシンⅡになります。

アンジオテンシンⅡは，強力な血管収縮作用，副腎でのアルドステロンの生成と分泌促進作用，近位尿細管での Na^+ 再吸収促進作用，バゾプレッシン分泌促進作用などを介して，血圧の上

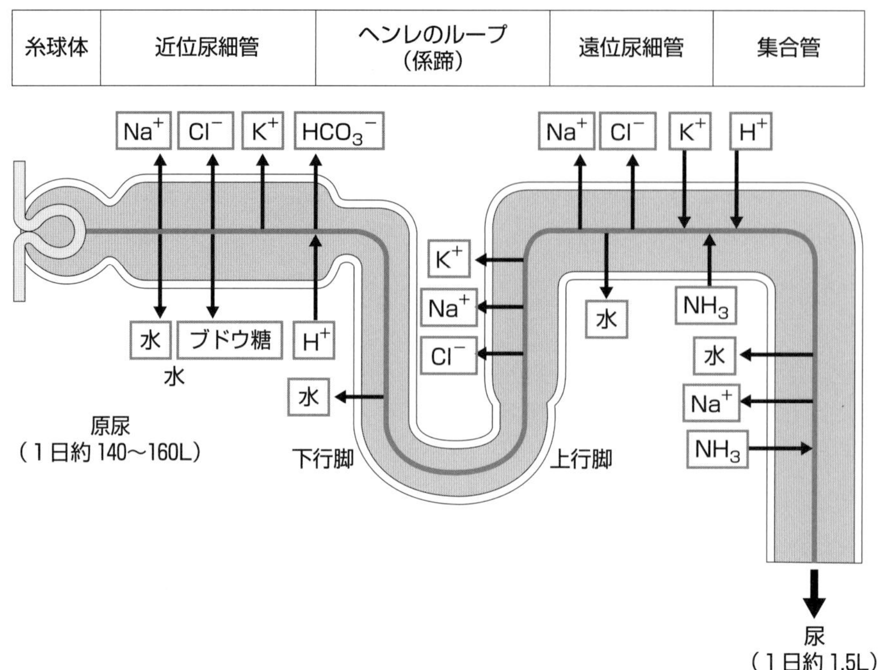

図 10-4　尿細管および集合管における再吸収

昇と体液量の増加をもたらします。そのため，レニンは，血圧の低下，交感神経を介した傍糸球体細胞の活動の促進，血中 NaCl 濃度の低下により，分泌が促進されます。逆に，血圧の上昇や血中 NaCl 濃度の増加は，負のフィードバックによりレニンの分泌を抑制します。

腎臓で産生されるその他の生理活性物質としては，**エリスロポエチン**と**活性型ビタミン** $\mathbf{D_3}$ があります。エリスロポエチンは赤血球の産生を促進するホルモンで，血漿中の酸素分圧の低下により，産生が促進されます。慢性腎不全では，赤血球の産生が低下して**腎性貧血**が生じます。活性型ビタミン D_3 は，ビタミン D_3 が腎臓で代謝されて作られます。これは小腸からの Ca^{2+} の吸収を促進し，さらに腎臓での Ca^{2+} の再吸収も促進して，血漿中の Ca^{2+} 濃度を上昇させます。これが低下すると，小児では**くる病**，成人では**骨軟化症**になります。

5．クリアランス

腎臓が血漿中のある物質を尿中に排泄する速度を，その物質の**クリアランス**と呼びます。クリアランスは，腎臓の機能を調べるために必要な項目であり，次のように表すことができます。

クリアランス（mL/min）＝尿中に排泄された物質の濃度（mg/mL）
×１分間の尿量（mL/min）／血漿中の物質の濃度（mg/mL）

排泄された物質は，尿管を通って膀胱に至ります。**尿管**は，長さが 25〜30 cm，直径が４〜７ mm の平滑筋で作られた管です。尿は尿管の蠕動運動によって，膀胱に送られます。尿管と膀胱の接続部では，尿管は膀胱壁を斜めに貫いていて，膀胱内圧が上昇しても膀胱壁内を通る尿管も圧迫されて閉塞するため，尿は逆流しません。

6．膀胱

膀胱は平滑筋に囲まれた伸縮性に富む袋状の器官で，尿道と接続する部分は，輪状の平滑筋からなる**膀胱括約筋（内尿道括約筋）**があります。また，尿道が骨盤から出るあたりには，骨格筋からなる**尿道括約筋（外尿道括約筋）**があります。尿道括約筋は，意思による排尿の開始や停止に関与し，排尿時には膀胱の外側にある平滑筋層である**排尿筋**が収縮し，膀胱括約筋および尿道括約筋が弛緩して，尿が排出されます。

7．排尿

膀胱内に尿が貯留して膀胱壁が伸展すると，骨盤神経の求心路を経由して情報が仙髄の**排尿中枢**に伝わり，交感神経（下腹神経）を興奮させます。これにより，排尿筋の弛緩と膀胱括約筋の収縮が起こり，尿を貯留します。これは**蓄尿反射**と呼ばれます。

やがて，膀胱内の尿量が150～300 mLになると，膀胱壁の伸展受容器を介して情報が大脳皮質に伝わり，**尿意**を感じます。そして，尿量が400 mL以上になると，急激な内圧の上昇を来して，排尿筋の律動的な収縮が認められるようになり，尿意が激しくなります。排尿は内圧の上昇による伸展刺激から求心性に膀胱神経叢に興奮が伝わり，反射的に排尿筋が収縮して，同時に膀胱括約筋が弛緩することで起こります。これを**排尿反射**と呼びます。なお，感覚が過敏になっていたり，寒い場所にいたり，精神的に興奮している際は，内圧が低くても尿意を感じることがあります。

膀胱から出た尿は，**尿道**を通って体外に排泄されます。女性の尿道は長さ3～4 cmで，膣前庭に開口しています。一方，男性の尿道は長さ約16～18 cmで，膀胱を出ると**前立腺**を貫いて陰茎内を通り，**陰茎亀頭**の先端に開口しています。男性では尿路のほかに精液の排出路としての役割も，尿道は担っています。前立腺が肥大すると尿道が圧迫されるため，排尿が困難になります。

8．尿の成分

排出される尿の成分を表10-1に示しました。最大の固形成分は尿素で，成人では1日あたり約30 g排泄されます。1日の平均尿量は，男子が約1500 mL，女子が約1200 mLであり，そのうち500 mLは**不可避尿**と呼ばれて，老廃物の排泄に必須の尿量です。尿量は季節や飲食物の量によって変化しますが，1日の尿量が1500 mLを越えることはありません。

表10-1　尿の成分（中野，1979）

物質	尿（%）
水分	96.0
食塩	1.538
尿素	1.742
乳酸	—
硫化物	0.355
アンモニア	0.041
尿酸	0.129
クレアチニン	0.156
アミノ酸	0.073

その他の尿の性状として，pH，色調，臭気があります。新鮮な尿のpHは，平均6前後でやや酸性です。尿のpHは，食事や体の状態によって酸性化したり，塩基性化したりしますが，酸性側の最大値は4.5になっています。

色調は，尿に排泄された**ウロビリン**と呼ばれる色素の影響で，淡い黄色から麦わら色となっています。また，正常な尿は一般に芳香性の臭気を発します。空気中に長く放置したときや膀胱炎のときには，細菌によって尿素が分解し，**アンモニア臭**となります。重症の糖尿病や飢餓時に，尿にアセトンが含まれる場合には，尿は果実のにおいがします。

COLUMN 12

サイコネフロロジー

腎不全で透析を受けている人や，腎移植のレシピエントとドナーなどに関係する心理学の領域を，サイコネフロロジーと呼ぶことがあります。サイコネフロロジーは，「サイコ＝心理」と「ネフロロジー＝腎臓病学」の合成語です。主な研究テーマには，透析を導入した人がまず直面する生活の変化や，週数回の透析とそれに伴う生活の制約が心に与える影響，そして，透析に伴う社会的役割や職場の人間関係，家族関係の変化などがあります。

生活のさまざまな変化を受け入れるのは，困難が伴います。継続して治療を続けるなかで，医療従事者や家族とのトラブル，さらには患者同士のトラブルが起こることもあります。このような困難をどのようにして乗り越えていくのかは，サイコネフロロジーの大きなテーマとなっています。

日本サイコネフロロジー研究会（http://www.jspn-ndt.com/greeting.html）は，多職種が集い，腎臓病領域において心理学の視点から，患者さんとご家族を中心とした医療の提供を目指す組織です。興味を持たれたら，ホームページをご覧になってください。

第2節　生殖器系

それでは次に，生殖器系について見ていきましょう。第Ⅱ部では，個体の構造と機能について，神経系，骨格系，筋系，感覚器系，内分泌系，循環器系，消化器系，呼吸器系，泌尿器系と勉強してきましたが，この生殖器系でいよいよ最後です。頑張りましょう。

生殖器系は，子孫を残す目的のために，特殊分化した器官系です。人間の生殖は，ヒトという種の保存のために不可欠なシステムです。生殖のために男女両性は特有の形態的発生をとげ，また特有の機能調節を受けています。

1．精巣

男性生殖器は，**精巣**，**精巣上体**，**精管**，**射精管**，**精嚢**，**前立腺**，**陰茎**などから構成されています（図 10-5）。**精巣**は，精巣上体と共に陰嚢内に位置する 10～15 g の左右一対の臓器で，骨盤外にあることで，体温より 2～3℃ほど低く温度が保たれています。精巣は，その外表面を**白膜**に覆われています。精巣の中には**精細管**が詰まっていて，この内部には**セルトリ細胞**が存在し，**精子**に栄養を与えています。

セルトリ細胞間は密に接着し，これによって精細管の内と外は連絡をとることはありません。

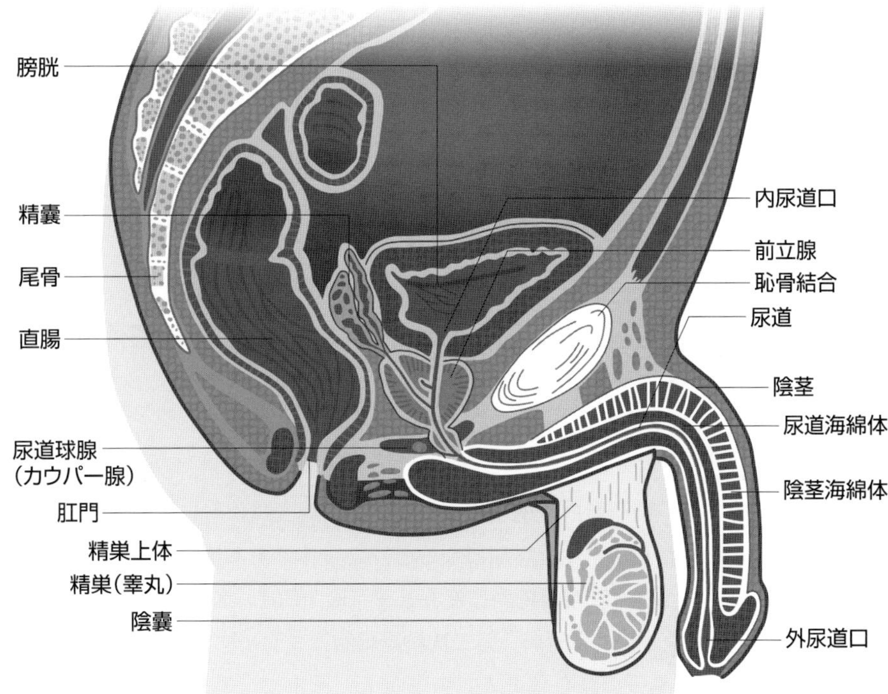

図 10-5　男性生殖器

これは**精巣血液関門**と呼ばれ，精細管が詰められている精巣内部の隙間にいる精子を，血中の有害物質から保護する役割を持ちます。精細管の外には**ライディッヒ細胞**が存在し，思春期になると，ライディッヒ細胞は下垂体前葉から分泌される黄体形成ホルモンの刺激を受けて，血中へ**アンドロゲン**を分泌するようになります。

2. 精巣上体

精巣上体は，精巣の上部から後部に付着する細い小体で，頭部，体部，尾部に分かれます。精巣から出た 10 本あまりの**精巣輸出管**は，屈曲して円錐形の精巣上体頭部を形成し，やがて精巣輸出管は 1 本の**精巣上体管**に開口します。精巣上体管は 4 m ほどあり，複雑に曲がって，精巣上体の体部および尾部を構成します。末端に近づくと次第に屈曲が少なくなって，**精管**に移行します。精巣上体管では，精巣で作られた精子の大部分が蓄えられています。

3. 精管

精管は，精巣上体に蓄えられた精子を尿道まで運ぶ，直径約 3 mm，長さ約 40 cm の細長い管です。精管は精巣上体から始まって，やがて**精嚢**と合流し，**射精管**となって前立腺を貫き，尿道に開口します。射精時には，射精管は精子と精嚢分泌物が通過します。精管には平滑筋がよく発達していて，射精直前には蠕動運動によって精子を運搬します。

4．前立腺

精管は，途中で前立腺を貫いて走行します。**前立腺**は膀胱の下にある尖ったクリの形をしたような臓器で，尿道前立腺部に精液の一部となる分泌液を分泌します。**尿道球腺（カウパー腺）**は，エンドウ豆くらいの大きさの腺で，射精時には精液より先に分泌され，潤滑剤として機能します。

5．陰茎

陰茎は，交接器であるとともに，尿道を含む泌尿器系の一部でもあります。陰茎の内部には，左右の**陰茎海綿体**と，腹側の**尿道海綿体**の3つの海面体があり，これらの海綿体は血液が不規則に連絡し合う類洞から作られています。

6．男性生殖器の機能

男性生殖器系の機能には，**精子形成**，**射精**があります。原始生殖細胞に由来する**精祖細胞**は，精細管の基底膜に接して存在します。思春期になると，二倍体である精粗細胞は，体細胞分裂によって数を増やし，成熟して**第一次精母細胞**になります（図10-6）。第一次精母細胞は，DNA合成の後，減数分裂（減数第一分裂）を行い，**第二次精母細胞**になります。第二次精母細胞はDNAの合成を行わず，体細胞の半分の染色体しか持ちません。そして，ただちに減数第二分裂を行い，精母細胞，引き続いて**精子細胞**になります。精子細胞は成熟すると運動能を獲得し，**精子**になります。この一連の過程が**精子形成**です。

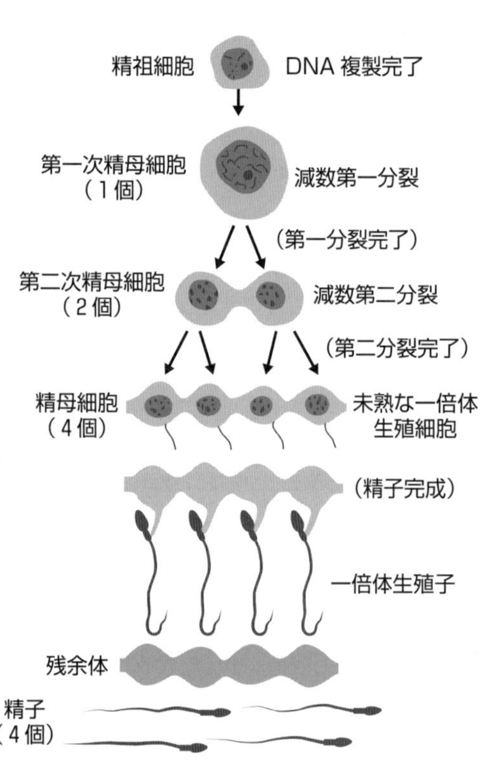

図10-6　精子形成（弘前大学農学生命科学部HPより）

精子形成が適切に進むためには，体温より低い温度が必要で，精巣は約32℃に維持されるように調節されます。精巣が腹腔内にとどまる病気に**停留精巣**がありますが，この病気では精細管壁が変性して，不妊になることがわかっています。精巣から出たばかりの精子は，十分な運動能を持っていません。精子は精巣上体を通過する間に成熟を続け，運動能を発達させます。精子はそれ単体ではなく，精液とともに運ばれますが，この精液は精嚢，前立腺，尿道球腺（カウパー腺）から分泌され，精液1 mLには約10^8個の精子が含まれています。精子数の減少や活動性の減退は，不妊症の原因になることがわかっています。

精子が受精に至るためには，陰茎から**射精**され，膣内に送られる必要があります。その際，陰茎が勃起していないと，適切に性交を行うことができません。**勃起**は，陰茎の細動脈の拡張で始まります。陰茎の海綿体が血液で満たされると，静脈が圧迫されて血液の流出が妨げられ，陰茎は固くなります。勃起神経は**骨盤内臓神経の**副交感神経に含まれ，一酸化窒素の生成を促す酵素を大量に含んでいます。一酸化窒素は平滑筋を弛緩させて，強力に血管を拡張する作用を持っています。

勃起不全の治療薬は，この過程に影響する薬剤です。交感神経が刺激されると，血管が収縮し，勃起は消失します。ストレスなどにより勃起不全となってしまうのは，このためだと考えられます。勃起の後，射精に至る際に，精液は尿道へと射出され，さらに尿道から体外に排出されるという 2 段階を経ます。この各段階は脊髄反射です。

7．卵巣・卵管

次に女性生殖器についてです。**女性生殖器**は，**卵巣**，**卵管**，**子宮**，**膣**および**女性外陰部**から構成されます（図 10-7）。卵巣は，男性の精巣と相同の器官で，**卵子**を作り，さらに女性ホルモンである**エストロゲン**や**プロゲステロン**を分泌します。

卵巣は扁平の楕円形をしていて，親指の頭くらいの大きさです。左右 1 対あり，卵巣は**皮質**と**髄質**に区別されます。成人の女性の皮質には，さまざまな発育段階の**卵胞**が存在します。**卵管**は

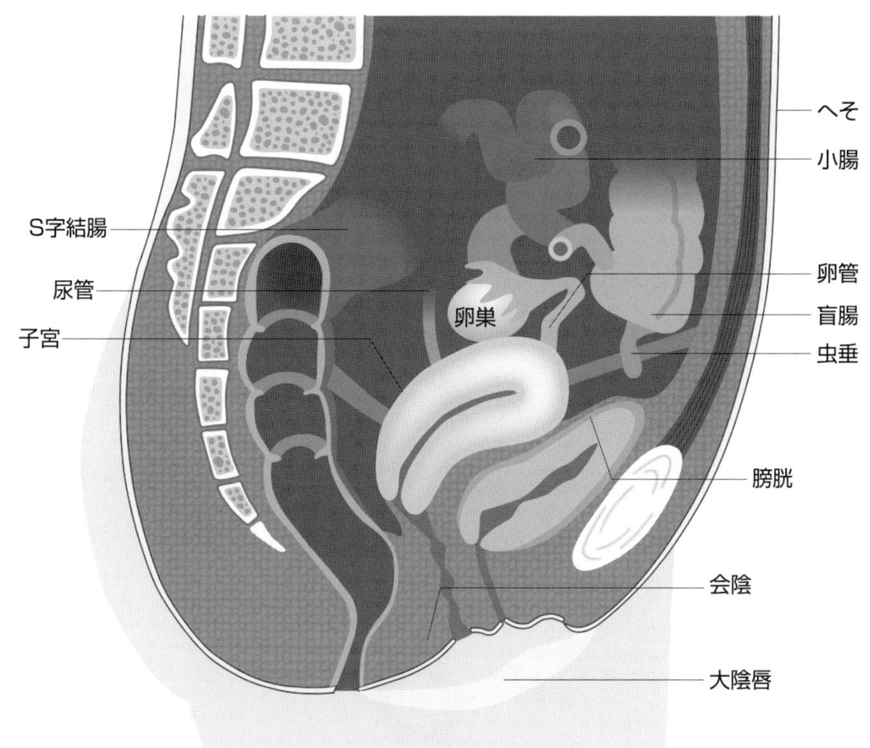

図 10-7　女性生殖器の断面

受精が起こる場所で，卵子または受精卵を**子宮**へと輸送する通路です。卵管は子宮体から腕を伸ばしたような約 10 cm の管で，その末端は卵巣に近接はしているのですが，腹腔に開口する構造となっています。卵管の開口部は房状の**卵管采**が取り囲んでいて，内腔は線毛を有する細胞で覆われ，絨毛運動と平滑筋の働きで，卵子を子宮へと移動させます。

8．子宮・膣

子宮は，受精卵が着床し，**胎盤**を形成して胎児を育成する場所です。膀胱の後方，直腸の前方に位置し，前後に扁平で，西洋梨のような形をした中空の臓器です。子宮は**子宮体部**，**子宮頸部**に区別されます。子宮内膜は，ぶ厚い平滑筋の子宮筋層から構成され，子宮内膜はさらに**機能層**と**基底層**の 2 層から作られます。機能層は月経に伴って崩壊する部分で，月経後は残った基底層から，新しい機能層が作られます。

膣は，子宮頸部の下方に連なる，前後に扁平な管です。その上端は子宮の入り口を取り囲んでいて，交接器であるとともに，胎児を娩出するための産道となります。

9．卵子形成

女性生殖器系の主な機能は，**卵子形成**，**月経周期の回転**，**妊娠**，**出産**です。胎生期，卵巣に達

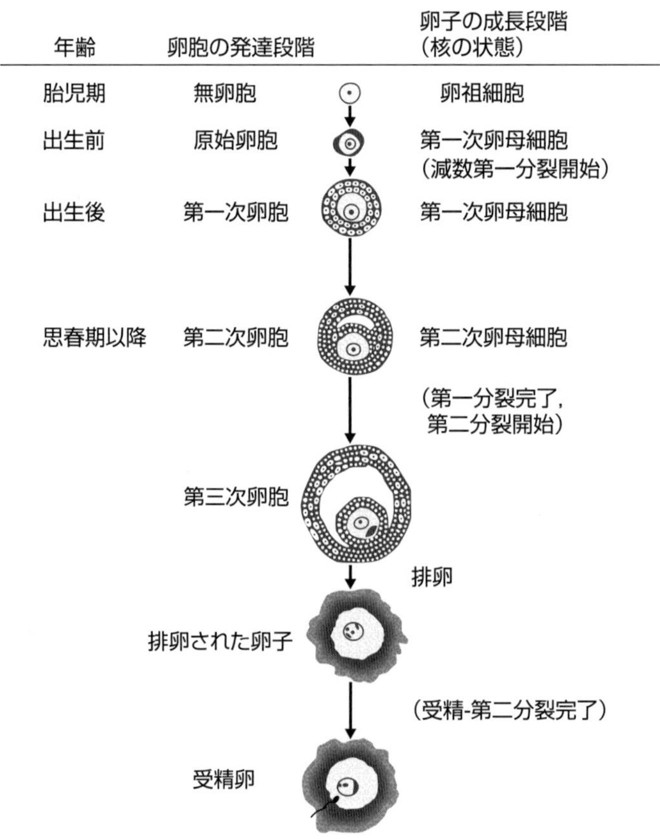

図 10-8　卵子形成（弘前大学農学生命科学部 HP より）

した原始生殖細胞は，盛んに分裂して数を増やし，**卵祖細胞**に分化します。そして胎生期に卵祖細胞は，**第一次卵母細胞**に分化します（図 10-8）。出生時にはすべての卵祖細胞は第一次卵母細胞に分化しているため，これ以上，増えることはありません。むしろ，卵母細胞は退化していき，最終的に排卵に至るのは，一生のうちで 400 個程度となります。

思春期になると，卵子を含んだおおよそ球状の細胞の集合である**原始卵胞**が，発育し始めます。卵胞の発育は，扁平な顆粒膜細胞が立方体になることから始まり，この状態の卵胞を**第一次卵胞**と呼びます。さらに，顆粒膜細胞が増殖すると隙間に**卵胞腔**ができ，内部は卵胞液で満たされます。この状態の卵胞を**第二次卵胞**と呼びます。

排卵時に，第一次卵母細胞は第一減数分裂を完了し，第二次卵母細胞と極体になります。その後，第二次卵母細胞は直ちに第二減数分裂に入りますが，これが終了するのは受精時になります。

10. 月経周期

成人女性の生殖器は，男性の場合と異なり，周期的な変化を示します。**月経**は，子宮粘膜が周期的に脱落し，体外に排出される現象を指します。この周期には個人差がありますが，平均で 28 日周期です。通常，月経の最初の日を，周期の第 1 日と算定します。**月経周期**は，さらに**卵巣周期**と**子宮内膜周期**に大別されます。それぞれを図 10-9 に示します。

卵巣周期は，排卵を挟んで**卵胞期**と**黄体期**に分かれます。卵胞期には下垂体前葉ホルモンであ

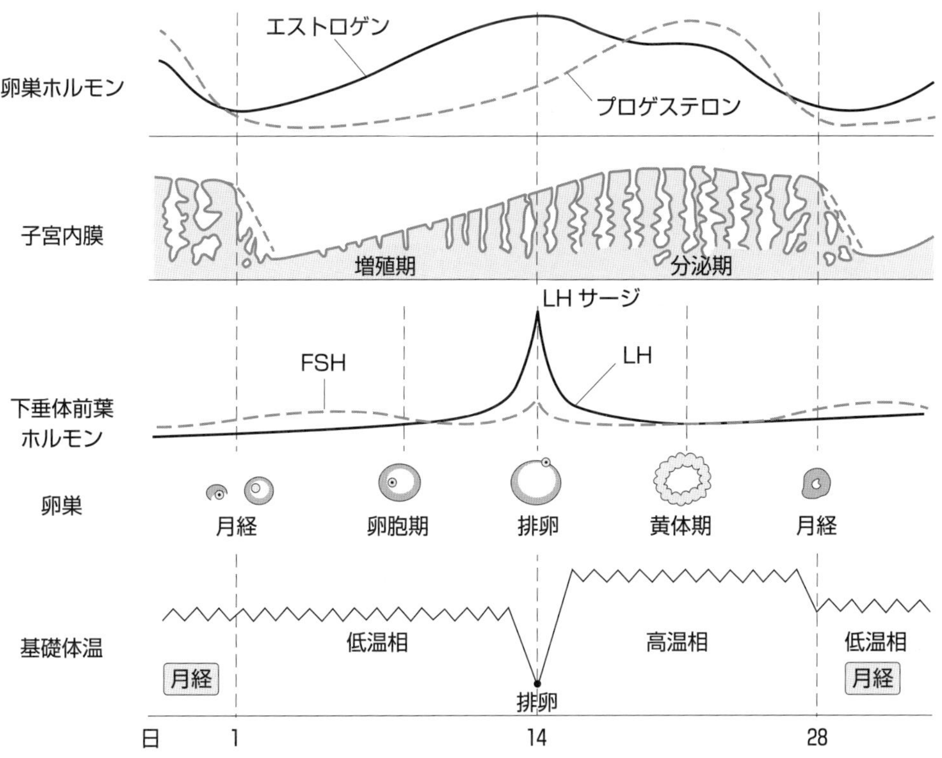

図 10-9　月経周期中の卵巣，子宮内膜，ホルモン，基礎体温の変化（山田，2016，p. 274）

るFSHの働きで，複数の原始卵胞が大きくなり始めますが，1つの卵胞のみが急速に成長し，第一次卵胞，第二次卵胞へと成長します。そして，他は退化して**閉鎖卵胞**となります。卵胞の**顆粒膜細胞**にはFSH受容体が発現していて，FSHの刺激によってエストロゲンを産生します。しかし，顆粒膜細胞は，エストロゲンを直接産生するために必要な要素を欠いているので，その産生には**内卵胞膜細胞**の協力が必須です。

エストロゲンの生合成は，図10-10にある経路をたどります。もともとはコレステロールから作られます。内卵胞膜細胞は，アンドロステンジオンを分泌し，顆粒膜細胞に供給します。顆粒膜細胞では，アンドロステンジオンがテストステロンになり，酵素（P450arom）によってエストラジオールに変換されます。

第二次卵胞が成熟すると，その顆粒膜細胞には，FSH受容体のほかにLH受容体が発現します。そして，周期の14日頃に，LHサージが引き金となって卵胞から卵子が腹腔内に放出される，**排卵**が起こります。排卵後，LH受容体を持つようになった卵胞は，脂質が豊富な**黄体**になります。黄体はFSHとLHの刺激に反応して，エストロゲンとプロゲステロンを分泌します。妊娠が成立すると，黄体は存続して**妊娠黄体**と呼ばれますが，妊娠が成立しない場合，黄体は14日間の後に退化して，**赤体**，さらに**白体**となり，最後には消失します。

黄体期には，黄体からプロゲステロンが分泌され，これは中枢神経系を介した熱産生作用があるため，卵胞期に比べて**基礎体温**が上昇します。そのため，正常な月経周期を持つ女性の基礎体

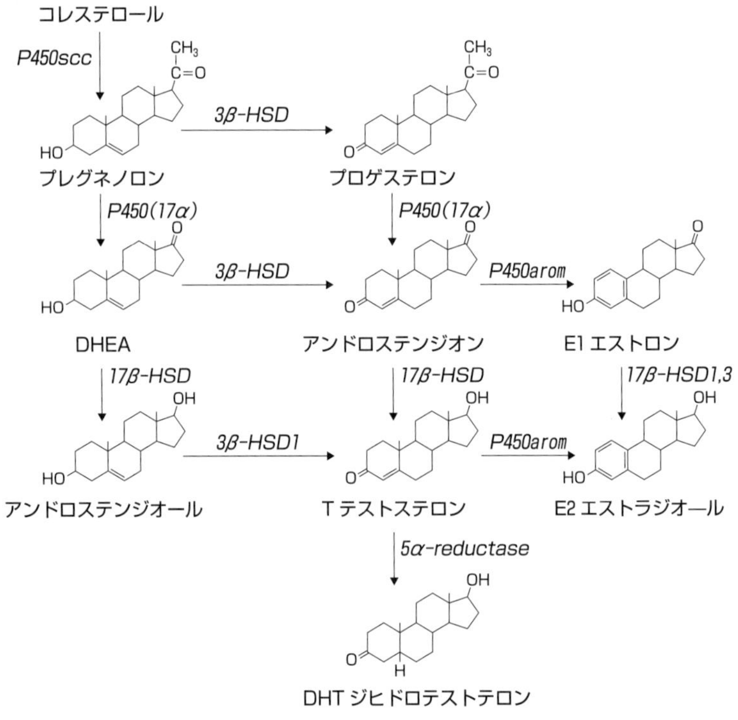

図10-10　エストロゲンの生合成経路

温は二相性で，基礎体温の上昇は排卵の指標として用いられています。

月経周期の子宮内膜の変化に着目した子宮内膜周期は，**月経期**，**増殖期**，**分泌期**の３つに分かれます。月経期は，月経周期の第１〜４，５日までで，子宮内膜が基底層部分を除いて脱落します。第５〜14 日は，卵胞から分泌されるエストロゲンの作用によって，子宮内膜が増殖する増殖期になります。

排卵後，子宮内膜は黄体から分泌されるエストロゲンとプロゲステロンの作用で，血管の分布が密になり，子宮腺は分泌を開始する分泌期に入ります。分泌期の子宮内膜の状態は，受精卵が着床するのに適した時期です。妊娠が成立しないと黄体が退縮するため，子宮内膜の維持が難しくなり，子宮内膜は脱落して再び月経期となります。

11. 妊娠・出産

最後に，女性生殖器系の主な機能である**妊娠**，**出産**についてお話します。排卵された卵子は３日間生存し，この時期に卵子が精子と出会うと，受精することができます。受精は通常，**卵管膨大部**で起こり（図 10-11），受精卵は細胞分裂を繰り返しながら卵管を移動し，約３日で子宮にたどり着きます。そして，受精から６〜７日後に子宮内膜に至り，この段階で**着床**となります。

着床後，胎盤が作られ始めます。**胎盤**は成熟すると 500 g くらいになり，胎児側には臍帯（さいたい）が付着しています。**臍帯**には２本の臍動脈と１本の臍静脈があり，それぞれ母体と胎児間の酸素および物質の交換に役立っています。胎盤の栄養膜合胞体細胞が分泌する**絨毛性ゴナドトロピン**は，妊娠黄体の機能を維持する役割を果たします。また，絨毛性ゴナドトロピンは妊娠初期に著しく増大するため，妊娠検査の指標に利用されています。

人の妊娠期間は受精から平均で 270 日，臨床的には最終月経の第１日目から 280 日となっています。出産の際は，オキシトシンが直接，あるいはプロスタグランジンの生成を促すことによって，間接的に子宮の収縮を促進し，これによって出産が行われます。

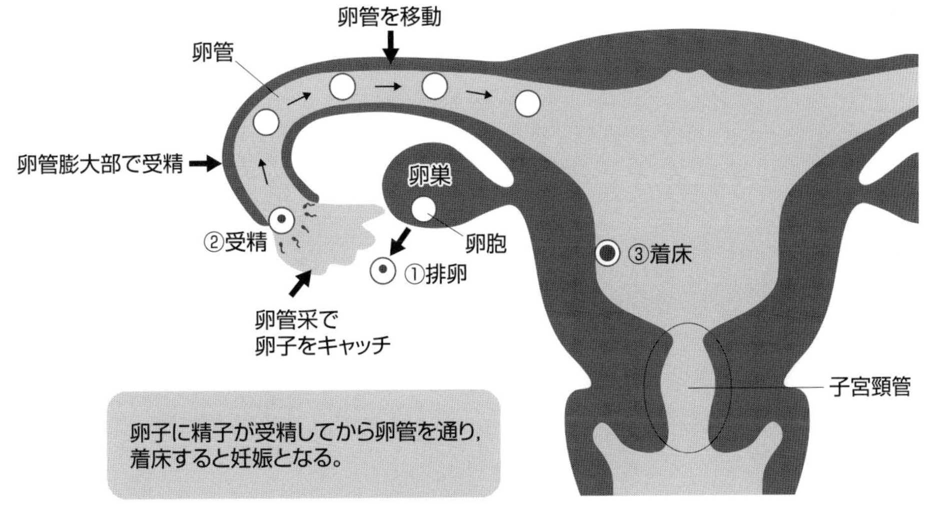

図 10-11　排卵から着床までの過程

以上で，生殖器系の紹介を終わります。

COLUMN 13

産後うつ病と食品

産後うつ病は，女性によく見られる疾患で，出生児にも影響を及ぼすことがあります。この予防に，栄養補助食品である，オメガ3脂肪酸，鉄分，葉酸，S-アデノシル-L-メチオニン，ビタミンB12（コバラミン），B6（ピリドキシン），B2（リボフラビン），ビタミンD，カルシウムなどの摂取が，効果があるという説があります。

産後うつ病の一般的な症状は，動揺，気分の変動，希死念慮，および乳児の健康状態への過剰な反応，あからさまな妄想とさまざまです。現在，産後うつ病の予防的または治療的介入に関して，十分なエビデンスがない状態ですが，食事中のビタミンやミネラル，それ以外の栄養素の不足が，産後うつ病を引き起こしているという考えがあり，すでに紹介した栄養補助食品が，その栄養不足を解消して産後うつ病を予防するという説があります。

これを明らかにする目的で行われた最近の研究から，現時点では，セレニウム，ドコサヘキサエン酸，エイコサペンタエン酸，その他の栄養補助食品が，産後うつ病の予防に推奨されるというエビデンスは不十分であることが示されました（Miller et al., 2013）。また，残念ながら，他の栄養補助食品を検討した研究は，その妥当性を検討するに十分な内容ではないことも示されました。

もし，産後のお母さんの気分が良い状態でない場合，これはお母さんだけでなく，子どもの心の発達にもよからぬ影響を与えます。栄養補充など，生物学的な視点で解決方法が見出せるのであれば，このような事態を回避することができるので，今後の研究の進展を待ちたいところです。

挑戦!!　第10章　確認問題

❶ 泌尿器系は，（　　），（　　），（　　），（　　）から構成されている。

❷ 腎臓は，（　　）と呼ばれる尿を生成するための構造物がある。

❸ 腎小体は，（　　）と（　　）から作られ，尿細管は（　　），（　　），（　　）から作られている。

❹ 近位尿細管での Na^{+} の再吸収は，（　　）によって促進される。

❺ 慢性腎不全では，赤血球の産生が低下して（　　）が生じる。

❻ セルトリ細胞間は密に接着し，これによって精細管の内と外は連絡をとることはない。これは（　　）と呼ばれ，精細管が詰められている精巣内部の隙間にいる精子を，血中の有害物質から保護する役割を持つ。

❼ 精細管の外には（　　）が存在し，思春期になると，ライディッヒ細胞は下垂体前葉から分泌される黄体形成ホルモンの刺激を受けて，血中へ（　　）を分泌するようになる。

❽ 女性生殖器は，（　　），（　　），（　　），（　　）および（　　）から構成される。

❾ 月経周期は，さらに（　　）と（　　）に大別される。

❿ 胎盤の栄養膜合胞体細胞が分泌する（　　）は，妊娠黄体の機能を維持する役割を果たす。

解答：①腎臓，尿管，膀胱，尿道，②ネフロン（腎単位），③糸球体，ボーマン嚢，近位尿細管，ヘンレ係蹄，遠位尿細管，④アンジオテンシンⅡ，⑤腎性貧血，⑥精巣血液関門，⑦ライディッヒ細胞，アンドロゲン，⑧卵巣，卵管，子宮，膣，女性外陰部，⑨卵巣周期，子宮内膜周期，⑩絨毛性ゴナドトロピン

文　献

バイエル薬品株式会社．血圧上昇のメカニズム（レニン-アンジオテンシン・アルドステロン系）解剖／病態編　テキスト解説．(https://www.adalat.jp/ja/home/pharmacist/basic/01/t07.php)

Cooper, R. M. & Zubek, J. P. (1958). Effects of enriched and restricted early environments on the learning ability of bright and dull rats. *Canadian Journal of Psychology*, **12**, 159-164.

大腸癌研究会．大腸壁の解剖図 (http://www.jsccr.jp/forcitizen/comment02.html)

独立行政法人国立病院機構大阪医療センター眼科．網膜硝子体疾患　網膜の構造．(https://osaka.hosp.go.jp/ophthal/momaku.html)

江口正信（2015）．新訂版　根拠から学ぶ基礎看護技術．サイオ出版

Fattal, O., Link, J., Quinn, K., Cohen, B. H., & Franco, K. (2017). Psychiatric comorbidity in 36 adults with mitochondrial cytopathies. *CNS spectrums*, **12**, 429-438.

藤田恒夫（2012）．入門人体解剖学 改訂第５版．南江堂

深井良祐．体液移動と浮腫．役に立つ薬の情報～専門薬学．(https://kusuri-jouhou.com/pharmacology/water.html)

弘前大学農学生命科学部．ヒトの生殖器と生殖細胞．(http://nature.cc.hirosaki-u.ac.jp/lab/3/animsci/text_id/Reproduction%20in%20Human.html)

時事メディカル．耳の構造とはたらき．(https://medical.jiji.com/medical/011-0236-12)

片野由美・内田勝雄（2015）．新訂版 図解ワンポイント　生理学．サイオ出版

小林製薬株式会社．清肺湯 Navi　肺の構造・機能．(https://www.seihaito.jp/structure/lung.html)

京都大学（2007）．ニュースリリース　マウス未分化型精原細胞の精巣内ニッシェと分化に伴う移動を解明．(http://www.kyoto-u.ac.jp/notice/05_news/documents/070907_1.htm)

増田敦子（2015a）．身体のしくみとはたらき：楽しく学ぶ解剖生理．サイオ出版

増田敦子（2015b）．新訂版　解剖生理をおもしろく学ぶ．サイオ出版

Miller, B. J., Murray, L, Beckmann, M. M., Kent, T, & Macfarlane, B. (2013). Cochrane Pregnancy and Childbirth.

Murakami, M., Kashiwadani, H., Kirino, Y., & Mori, K. (2005). State-dependent sensory gating in olfactory cortex. *Neuron*, **46**(2), 285-296.

日本心理学諸学会連合心理学検定局（編）（2015）．心理学検定基本キーワード 改訂版．実務教育出版

Nolen-Hoeksema, S., Fredrickson, B. L., Loftus, G. R., & Lutz, C. (2009). *Atkinson & Hilgard's introduction to psychology 16ed.* Wadsworh Cengage Learning.（内田一成（監訳）〈2015〉．ヒルガードの心理学．金剛出版）

岡田忍（監修）（2016）．看護のための症状Q＆Aガイドブック：患者さんの身体で起こっていることがわかる！メカニズムがわかる！．サイオ出版

小野薬品工業株式会社．内分泌系総論 膵ランゲルハンス島ホルモンと糖尿病．(https://www.iraeatlas.jp/endocrinopathy/general-remarks/pancreatic-islet-hormone-and-diabetes.html)

小野薬品工業株式会社．治療ガイド：免疫の関所として働くリンパ節．(https://p.ono-oncology.jp/cancers/hl/01/02_guide/01.html)

Pinel, J. P. J. (2003). *Biopsychology 5th ed.* Allyn & Bacon.（佐藤敬ほか（訳）〈2005〉．ピネルバイオサイコロジー：脳-心の行動神経科学．西村書店）

Pitkow, L. J., Sharer, C. A., Ren, X., Insel, T. R., Terwilliger, E. F., & Young, L. J. (2001). Facilitation of affiliation and pair-bond formation by vasopressin receptor gene transfer into the ventral forebrain of a monogamous vole. *J Neurosci.*, **21**(18), 7392-7396.

リブロ・サイエンス編集部（編）／永井恒志（画）(2011)．神経：コア・カリキュラム対応　共用試験対策シリーズ３．リブロ・サイエンス

リンパ管疾患情報ステーション．リンパ管とは？（https://www.lymphangioma.net/doc1_2.html）

Strang, S., Hoeber, C., Uhl, O., Koletzko, B., Münte, T. F., Lehnert, H., Dolan, R. J., Schmid, S. M., & Park, S. Q. (2017). Impact of nutrition on social decision making. *Proc Natl Acad Sci U S A.*, **114**(25), 6510-6514.

高木雅行（1989）．感覚の生理学．裳華房

高瀬堅吉（2018）．心の生物学基盤．繁桝算男（編）心理学概論　公認心理師の基盤と実践２．遠見書房

東京大学医学部附属病院 腎臓・内分泌内科．視床下部・下垂体．（http://www.todai-jinnai.com/patient/endocrinology/endocrinology01）

Tryon, R. C. (1934). Individual differences. In F. A. Moss (Ed.), *Comparative psychology*. Prentice-Hall, pp. 409-448.

筑波大学医学医療系／Tomoyuki Masuda．組織標本の案内　甲状腺．（http://www.md.tsukuba.ac.jp/basic-med/anatomy/shigagroup/Anatomy/g_10.jpg）

和田勝（2006）．基礎から学ぶ生物学・細胞生物学．羊土社

和田勝（2015）．基礎から学ぶ生物学・細胞生物学 第３版．羊土社

Walum, H., Westberg, L., Henningsson, S., Neiderhiser, J. M., Reiss, D., Igl, W., Ganiban, J. M., Spotts, E. L., Pedersen, N. L., Eriksson, E., & Lichtenstein, P. (2008). Genetic variation in the vasopressin receptor 1a gene (AVPR1A) associates with pair-bonding behavior in humans. *Proc Natl Acad Sci U S A.*, **105**(37), 14153-14156.

渡辺皓（2003）．解剖学：人体の構造と機能　図解ワンポイント・シリーズ１．医学芸術社

渡辺皓（編著）(2016)．解剖学：人体の構造と機能 新訂版．サイオ出版

渡辺皓・菅野恵美（2016）．感覚器系．渡辺皓（編著）新改訂 解剖学：人体の構造と機能．サイオ出版，pp. 193-217.

山田幸宏（監修）(2016)．看護のためのからだの正常・異常ガイドブック．サイオ出版

山本敏行・鈴木泰三・田崎京二（2005）．新しい解剖生理学 改訂第 11 版．南江堂

吉崎和男（2007）．運動の生理学．森本武利・彼末一之（編）やさしい生理学　改訂第５版．南江堂

INDEX

アルファベット&数字

ア行

カ行

さ行

た行

な行

は行

ま行

や行

ら行

■著者紹介

髙瀬堅吉（たかせ　けんきち）

1978 年生まれ

2002年　立命館大学文学部哲学科心理学専攻卒業

2004年　横浜市立大学大学院医学研究科修士課程医科学専攻修了

2010年　筑波大学大学院人間総合科学研究科感性認知脳科学専攻博士（行動科学）取得

現　在　自治医科大学大学院医学研究科・発達生物心理学専攻科教授

主著書　『心理学検定 基本キーワード（改訂版）』実務教育出版 2015 年，『心理学検定 一問一答問題集［B 領域編］』実務教育出版 2016 年，『医と知の航海』西村書店 2016 年，『生理心理学と精神生理学 第 I 巻基礎』北大路書房 2017 年，『公認心理師の基礎と実践 第 2 巻心理学概論』遠見書房 2018 年，『看護を学ぶ人のための心理学』弘文堂 2019 年，『国試・改訂コアカリ対応 地域医療学入門』診断と治療社 2019 年，『健康心理学辞典』丸善出版 2019 年，『〈自閉症学〉のすすめ』（編著）ミネルヴァ書房 2019 年，『心理学検定公式問題集［2020 年度版]』実務教育出版 2020 年，『AI と共生する人間とテクノロジーのゆくえ』集英社 2020 年　ほか

本文イラスト：TAKE design（坂口武久）

心理職のための身につけておきたい生物学の基礎知識

2020年10月25日　第1刷発行

著　者　髙瀬堅吉
発行者　柴田敏樹
印刷者　田中雅博

発行所　株式会社　誠信書房
〒112-0012　東京都文京区大塚3-20-6
電話　03（3946）5666
http://www.seishinshobo.co.jp/

印刷／製本：創栄図書印刷

落丁・乱丁本はお取り替えいたします
ISBN978-4-414-41671-8 C1011

ＳＮＳカウンセリング・ハンドブック

杉原保史・宮田智基 編著

ＳＮＳ相談実績のある執筆陣がＳＮＳカウンセリングに必要な知識・技法を紹介。需要がますます増える相談員の研修に最適なテキスト。

主要目次

第Ⅰ部　SNS カウンセリングの社会的意義と相談員のミッション
第１章　SNS カウンセリングとその社会的意義
第２章　SNS 相談員のミッション
　　──役割と職業倫理
第Ⅱ部　SNS カウンセリングに必要な知識とスキル
第３章　SNS カウンセリングの進め方と基本スキル
第４章　危機介入カウンセリングと危機管理
第５章　いじめに関わるカウンセリングと対応
第６章　さまざまな支援リソースにつなぐ
　　──リファーの技術 / 他
第Ⅲ部　SNS カウンセリングの事例研究
第８章　３つの架空事例
第９章　現代の若者心性と若者文化 / 他

A5判並製　定価（本体2600円＋税）

ＳＮＳカウンセリング・ケースブック

事例で学ぶ支援の方法

杉原保史 監修
宮田智基・畑中千紘・樋口隆弘 編著

ＳＮＳカウンセリングでの相談内容や対話の展開、支援の実際が、豊富な“逐語録”と解説で体感できる。相談員のトレーニングに最適。

目　次

第１章　イントロダクション
第２章　心理カウンセリングとしての SNS カウンセリング
第３章　対面の心理カウンセリングへの移行
第４章　外部リソースとの連携
第５章　繰り返し訪れる相談者への継続的対応
第６章　見守りが必要な相談者への「声かけ」
第７章　ありがちな失敗
第８章　応答技法エクササイズ

Ａ5判並製　定価（本体2700円＋税）